U0586575

萧 红

黄金时代的婉约

李 婍◎著

时代出版传媒股份有限公司
北京时代华文书局

图书在版编目（CIP）数据

萧红：黄金时代的婉约 / 李婍著. —北京：北京时代华文书局，2015.9
ISBN 978－7－5699－0519－9

Ⅰ.①萧⋯ Ⅱ.①李⋯ Ⅲ.①萧红（1911～1942）－生平事迹 Ⅳ.①K825.6

中国版本图书馆 CIP 数据核字（2015）第 214497 号

丑牛系列之民国的婉约

萧红：黄金时代的婉约

著　者丨李　婍

出 版 人丨杨红卫
选题策划丨黎　雨
责任编辑丨胡俊生　孙　开
装帧设计丨张子墨
责任印制丨刘　银
营销推广丨新业文化

出版发行丨时代出版传媒股份有限公司 http：//www. press-mart. com
　　　　　北京时代华文书局 http：//www. bjsdsj. com. cn
　　　　　北京市东城区安定门外大街 136 号皇城国际大厦 A 座 8 楼
　　　　　邮　编：100011　　电话：010－64267955　64267677
印　　刷丨河北信德印刷有限公司
　　　　　（如发现印装质量问题，请与印刷厂联系调换）
开　　本丨880×1230mm　1/32
印　　张丨8.75
字　　数丨194 千字
版　　次丨2015 年 11 月第 1 版　　2024 年 1 月第 3 次印刷
书　　号丨ISBN 978－7－5699－0519－9

定　　价丨46.00 元

版权所有，侵权必究

序

　　萧红，一个红颜薄命的民国才女作家，一个让人心疼到不忍去触碰的苦情女子。写她，一股凄冷之气氤氲于笔端；走近她，她特立独行的精神世界，凄美的千疮百孔的爱情传奇，让红尘中的烟火男女多少有些看不懂她。

　　她是冰天雪地一只畸零小鸟，孤独寂寞，在文字中寻找梦中的故乡和亲情。童年的故乡，或许并不美好，却是她一生写不尽的故事。呼兰河畔，一年四季都有风景的祖父的后花园，感情冷漠的父亲，早逝的母亲，用缝衣大针扎她手指的祖母，对她永远不冷不热的后妈，呼兰小城的那年那月那人那事……缺乏温度的童年占据了她整个生命的大部分，那些故事深深烙刻在记忆深处。她的童年美丽而忧伤，故乡的家园不是她遮风避雨的地方，她只有从文字间，从梦境中，从《生死场》上，从《呼兰河传》里寻找亲情和温暖，她用生命书写人生，文字中充满温暖、柔软、轻盈。

亲情的冷漠，使她格外渴望爱情并期许能从中感受到阳光和温暖。她向往爱情，一生有过几次爱情，但每一场爱情都是以凄凉的形式落下帷幕。

她爱过表哥陆振舜，美好而青涩的初恋不了了之。

她和未婚夫汪恩甲同居怀孕，未婚夫弃她而去，把她丢在宾馆当人质。

她深深爱着志同道合的萧军，怀着汪恩甲的孩子和萧军走到一起的时候，就注定了她是弱势群体。她和初恋表哥私奔过，和未婚夫同居过，在男人们眼里已经算是二手的残花败柳，中国男人都有处女情结，他们自己可以三妻四妾，却不许自己的女人出轨，哪怕精神出轨，他们也会很痛苦，更不用说身体出轨了。萧军一边爱着萧红，心里一边痛苦着，于是，他说"爱便爱，不爱便丢开"，他不断寻找新的爱情，通过自己的出轨，他觉得和萧红扯平了。

在爱情的凄风苦雨中，萧红等来了看上去儒雅文静的端木蕻良，贪恋温暖的萧红，又一次以孕妇的身份嫁给这个男人。本来是想从一个缺少温暖的地方奔向温暖，她以为她寻找到的新生活会幸福温暖，她以为强势男人的出轨和拳头让她痛苦不堪，找一个儒雅的弱势男人，她就拥有了温柔的臂膀替她遮风挡雨，到最后，却变成了她要用自己的双手为男人撑起一片天，她要用自己的付出为男人开辟一个安静的港湾。

在爱情上，她曾说：我孤独的和一张草叶似的了……

和同时代张爱玲对胡兰成低到尘埃中的爱情相比较，萧红的爱情更卑微，她在尘埃中卑微到连花都开不出来，只能变成一片不起眼的草叶。

事实上，她连草叶都不是，她永远不和她的那些男人肩并肩走在一起，她永远没有最无忧无虑的快乐，总有这样那样的不如意。她寻找的爱情总是这样不确定，她寻找的温暖总是这样带着寒意，她害怕孤独，却总是陷入孤独中。

她走进了人生的漩涡中不能自拔，在写作上她是个天赋极高的女子，在爱情上，在生活中，她的智商和能力都比不上智商平平的一般女子。她的每一段爱情，刚刚启程的时候都是美好的，她都掌握着主动，她是主宰感情的女王，几个回合之后，她最后都沦为被人主宰的女奴，屡战屡败，她依然不吸取教训，从这一点来讲，她又是个笨女人。

她人生阅历丰富而坎坷，渴望真情，渴望温暖。她是幸运的，在人生和事业的关键时刻遇上了鲁迅这样的恩师，在生命的最后一息遇上了义重如山的骆宾基，在她最需要帮助的时候，总有朋友伸出温暖的手……她灵魂深处的苦痛和哀伤需要有人来慰藉，那一丝丝温情给她苦闷沉郁的人生增添了一点暖黄的亮色。这暖意给苍凉中的她带来安慰，她不顾一切去捕捉和投奔唯一的温暖，她整个灵魂都依赖这点暖意。

有时候，她弱小孤单，让人心生怜悯期盼有一个温暖强大的臂膀能呵护她；有时候，她强大傲然，让身边的男人不知道该怎样面对这样一个另类女子。

她美丽纯洁的生命短暂得如同绚烂的烟花，只在天空绽放出一片冷艳，转瞬便归于冷寂，她把凄婉苦难的命运活成了一串动人的歌谣。

女性的天空是低的，羽翼是稀薄的，而身边的累赘又是笨重的！她觉得自己永远都一无所有，她觉得自己永远孤独地一个人行走，她无法停止寻找温暖的流浪脚步。她的生命太短暂了，三十一岁，一切还都刚刚开始，她却香消玉殒，心有不甘地匆匆而去。

梦想永远搁置在了香港遥远的浅水湾，在生命最后一刻，她留给世界的最后一句话是：我将与蓝天碧水永处，留得那半部"红楼"给别人写了。半生尽遭白眼冷遇……身先死，不甘，不甘！

李　婍

目 录

第一章　呼兰河边长大的女孩

　　她是冰天雪地一只畸零小鸟，不管缺乏温度的童年是否美好，总有一些故事深深烙刻在记忆深处，祖父的后花园，呼兰小城的那年那月那人那事……

呼兰河畔的乡绅之家

呼兰河、萧红、飘雪的东北。

这些主题词集结在一起，会产生一种独特神秘的美感。

萧红的根在呼兰河畔，在飘雪的东北。

在那座遥远的名叫呼兰的东北小镇，留下过萧红童年时代的欢笑和少女时代的泪水。

哈尔滨北部的呼兰小城城南的二道街 204 号，是萧红出生的地方。

这里离上个世纪初繁华的国际大都市哈尔滨不过三十公里之遥，这个距离在交通并不发达的民国初年，也算得上近在咫尺，如果坐马车半天就能到，即使步行有五六个钟头也差不多。

民国初年的呼兰小城有着东北乡镇原生态的从容，也有着临近大都市的小城镇特有的喧嚣热闹和不安分。

1911 年 6 月 1 日，那天恰好是农历的端午节，在浓烈的节日氛围中，乡绅张维祯的儿媳临产了。从那个即将做父亲的年轻小官吏张廷举脸上，却看不出即将成为父亲的欣喜和焦虑，反倒是做老公爹的张维祯更显得激动和不安。张维祯高高瘦瘦的，久久站在离一棵树不远的日头下，地上大部分浓阴是树的身影，他的身影折在地上显得很单薄，他手里拄着文明棍，嘴上则不住地抽着旱烟管。

张维祯急切地盼望儿媳妇给自己生个传递香火的男丁，他太需要一个孙子了。

祖上从山东莘县闯关东过来的张家人，所经历的大约就是李幼斌主演的那部电视连续剧《闯关东》里面朱开山的生存模式，萧红的祖爷爷张岱带领一家人，从遥远的山东故乡用大煎饼支撑着，历尽艰难来到东北阿城县的一片荒原，跑马占荒地成为暴发户。他开辟的那个地方起名叫做福昌号屯，张家人顺理成章成了福昌号屯的大地主。张维祯也是在福昌号屯长大的，他喜欢附庸风雅，喜欢城镇生活，不甘心在偏僻的屯子里永远做土地主，所以成年后就变卖了一部分属于自己的家产，从福昌号屯搬到了呼兰城。

张维祯的老婆范氏生过一个儿子和三个女儿，唯一的儿子没等到长大就夭折了，也就是说他自己其实没有儿子，这个儿子张廷举原本是哥哥张维岳的三儿子，后来被他过继到自己名下。

张维祯骨子里有着根深蒂固的传统观念，不孝有三，无后为大，自家没有儿子，就必须从哥哥家过继一个替自己传宗接代。张廷举很小的时候就从阿城县福昌号屯过继到叔叔家，他是被作为传递香火的工具来看待的。张维祯本来就是个随遇而安的人，读过一些诗书，却没成为文人，家里有过殷实的家底，如今他只剩下四十垧地了。对这些地，不善于经营的张维祯采取了最粗放的经营模式，他把它们全部租给当地的农民，他坐等收租做他的土地主。自己一辈子没什么大出息，所以也不希望这个过继到身边的儿子有多大出息，张维祯对过继儿子的最大期望，就是他将来长大后只要能给他生个孙子就是了。

偏偏过继儿子张廷举不甘于把一生的命运拴在土地上，他骨子里执拗好强，其实这一点萧红和他很像，萧红的身上就遗传了父亲这种倔强。张廷举少年时代也是个叛逆的孩子，他自作主张，离开呼兰到齐齐哈尔去读书。那时候齐齐哈尔是省城，黑龙江省立优级师范学堂就设在那里，张廷举在那所学校毕业后，先是分配到汤原县的农业学堂担任教员，后来大概为了方便照顾家庭，调到呼兰教学，当过校长，当过县教育局长，日伪时期当过呼兰县协会会长，日本投降后是县维持会副会长，这些都是后话。

萧红出生的时候，张廷举还只是个教书育人的老师，张老师为人师表，不苟言笑，习惯了天天板着一张脸，给学生看，也给家里人看。

对于正在产床上生产的女人姜玉兰，张廷举说不上爱，也说不上不爱，在他看来这个女人和所有男人的老婆一样，是家里一个必不可少的物件。清朝末年的婚姻爱情，基本上还是凭借父母之命媒妁之言，张廷举在省城读优级师范学堂，开了眼界，见了世面，其实很希望自己未来的媳妇是那种读过诗书的美丽淑女，红袖添香夜读书的美好生活是每一个书生所向往的。

张廷举的婶娘范氏，过继后应该叫母亲了，很操心这个儿子的婚事，某一日范氏到乡下串亲戚喝喜酒，在喝喜酒的亲朋中，看中一个女孩子，这个女孩子也是来这家串亲戚的，是姜家窝堡的姜玉兰。范氏凭着眼缘感觉这个女孩子不错，娶回家做儿媳妇再好不过了，就自作主张找了媒人到姜家提亲，提亲的时候，按照当时风俗，给姜家送去了裹脚布和装烟钱。

姜家和张家算是门当户对，姜玉兰家也是当地的土地主，和张廷举家一样，祖上都是跑马占荒的暴发户，姜家窝堡就是这样形成的村落。姜玉兰姐妹四个，她是老大，对每个女儿，父亲姜文选都估价而嫁，坚决不做赔本买卖。他最看好的是大女儿姜玉兰，这个女儿容貌俊秀，性格温柔，他一定要给她选个如意郎君，挑来挑去地就把女儿挑成了剩女，直到她二十二岁了，直到二妹都出嫁了，她还没嫁出去，姜文选心里就有些着急了。

对于张家的提亲，姜文选打听了一下，觉得这户人家还可以，家境说得过去，彼时张家正在盖新房子，就在呼兰小城二道街上，那工程在当地算是很宏大的，几十间房子一气呵成。男方张廷举还在省城读书，虽然没见到本人，但应当是个很有前途的后生。他就替女儿答应下了这门亲事，收下张家送过来的裹脚布和装烟钱，答应等房子落成装修完迁进新居就完婚。

张廷举对于这个比自己大两岁，从没谋过面的未婚妻，没有什么概念。眼界开阔了的他也曾幻想着找个学历高一些的美女做老婆。一是拗不过范氏的坚持，二是他自己并没有什么目标，就遵从家里的安排和那个名叫姜玉兰的女子结了婚。

好在姜玉兰长得身材模样还说得过去，在当地算是大户人家的女儿，虽然文化不高，但做事还是有模有样的，张廷举便草草把婚事答应下来。

1908 年，张家新房子落成后，八月，是呼兰一年中气候最舒适的季节，就定在了那个月成亲。

结婚的日子，偏偏赶上阴雨绵绵，接亲用的是大车，这在当时已经算是最先进的交通工具了。天上下着雨，总不能让新娘子淋着雨来成亲吧，张家把两辆大车都搭上炕席，搭成奇特的篷车。这两辆特制的篷车一路泥泞把新娘子姜玉兰娶到家，陪在她身边的是浩浩荡荡二十多人的送亲亲友团。

贴在车棚上的大红的喜字在雨中被浇得流着红红的泪，后来连红颜色都淡去了，只剩下一页洗刷得发白的纸片。

结婚两三年后，姜玉兰才怀孕生子，在张家人的热盼中，产床上的姜玉兰生下一个女孩儿。

在得知生下的是个女宝贝的一刹那，第一个失落到极点的是张维祯，不过当他在确认自己延续香火的希望已经无可扭转地变成泡影之后，他并没有在失望中纠结，而是迅速调整心态，投入到做祖父的喜悦中。不管怎么说自己当爷爷了，儿媳第一胎生个孙女也没什么，说不定下一个就是孙子了。从刚刚升级为父亲的张廷举的脸上，看不出高兴还是失望，他的表情依然是让人猜不透的漠然。姜玉兰却是泪流满面，她一直盼望着生个儿子，母凭子贵迅速在张家站稳脚跟，自己却不争气地生了个小丫头片子，生个女孩子并不是自己的心愿。她虚弱地躺在产床上，满心的懊丧，好像所有的错都在那个刚出生的孩子身上，所以看都不看一眼，接生婆把孩子包好，放在她怀里，她心生怨恨地用泪眼瞟了瞟这个看不出丑俊的孩子，心里在默默怨她：你为什么是个女孩子，如果生成个男孩该有多好。

爷爷张维祯给新出生的小孙女取了名字，乳名荣华，学名秀环。

荣华这个乳名有些俗，大意就是希望这个孩子长大之后荣华富贵。后来姜玉兰又生了三个儿子，乳名一如既往的大俗，大弟叫富贵，二弟叫连贵，三弟叫连富，连贵就是长大后参加了革命的张秀珂，其余两个没长大成人就夭亡了。

秀环这个学名也一般般，既不美也不雅，后来的学名乃莹是她的外祖父姜文选改的，其实起名字这种事是轮不上姜文选这个外祖父的，只是因为秀环这个名字和姜玉兰的二妹姜玉环有一个重字，张家人可以不在乎这个，可姜家人在乎。姜家窝堡的这个土地主喜欢读书，年轻的时候曾经到大地方参加过科举考试，不知道是心理素质不行，还是学问不够高深，屡屡不中，只好回到老家姜家窝堡继续当他的土地主。为了给外孙女起个既和她姨妈不重名又好听的名字，姜文选很是动了一番脑筋，最后选定了张乃莹，他觉得这个名字更雅致一些，更文气一些。

后来，一直长到二十多岁，这个女孩子的名字都是叫张乃莹。

姜玉兰对这个新出生的小生命，刚开始有些怨，从她吸吮自己第一口乳汁的那一刻，才骤然间唤起她原始的母爱。轻轻抚摸着小女婴粉嘟嘟毛茸茸的小脸，姜玉兰一天天越来越喜爱自己的小女儿，孩子的每一点成长都让她无限欣喜。

只是，这个小女孩从小就不怎么乖。

人家的婴儿都要包裹得像粽子一样，姜玉兰照例也学着别的妈妈那样用裹布缠住她的手脚，这个孩子似乎从小就不喜欢被褓褓捆绑着，每每妈妈要把她裹紧的时候，她就会使劲挣脱，这让初为人母本身就技术不熟练的姜玉兰无所适从，和这个小孩子战斗半天，最终总是以小女婴的胜利而告终。

那些邻居家的婶子大娘都不相信褓褓捆不住一个小孩子，见识过萧红婴儿时代的一些大婶曾经说："这个小丫头从小就厉害，根本裹不住她的手脚，长大了注定是个渣子。"

萧红从刚出生开始，就不是人们眼里的乖乖女。

中国传统的观念中，女孩子还是乖一些更可爱，她不乖，自然就不可爱，她不可爱，自然就会有人不喜欢。明确表示不喜欢她这个样子的，一个是她的父亲张廷举，还有一个就是奶奶范氏。

第一胎生了个女孩子，本来就让张廷举觉得很没面子了，这个女孩子还这么不招人待见，如果你用不友好的目光看她一眼，她似乎能读懂，不像别的小孩子那样用示弱来讨好你，而是用挑衅的倔强的眼神回敬你，她的目光犀利尖锐，像受伤之后不服输的小兽的眼神，这眼神让张廷举心里很不快乐，有时候他都不敢和她对视。

至于奶奶范氏，则纯粹是因为这个孩子不是她盼望中的男丁，才对她不热络。另外，这个孩子生在端午节，在当地有一种说法，生在端午节的孩子是不吉祥的，奶奶对这个不吉利的女孩子带着深深的成见。奶奶的柜子里总会有许多好吃的，但那些好吃的不是为萧红准备的，只有来了串亲戚的孩子，她才会拿出来给那些孩子们吃。那个时候如果萧红恰好在跟前，会跟着沾沾光，混上一块糖或者一小块点心，就连给她那一点点东西时，奶奶总是一脸的不情愿。

萧红知道奶奶不喜欢她，一两岁的时候就知道。她对抗这种不喜欢的手段是，用纤细的小手指不断戳破奶奶窗棂上糊的窗户纸。东北的传统建筑那年月都是窗户当中嵌着玻璃，四边糊纸，这层窗户纸是用来抵御冬季的严寒的。奶奶糊窗户的纸白得耀眼，两三岁的萧红站在炕上，这耀眼的洁白诱惑着她，她便尝试着用手指捅一下，砰的一下，她居然能把这洁白捅穿一个洞，这小小的成功激发了她的热情，趁着奶奶和妈妈唠嗑的当儿，她认真地用手指戳破她的身高够得到的那些窗户纸。每戳一个小洞，她就很有成就感地笑一笑，窗外寒冷的风透过那些小洞钻进屋子，寒冷趁机在空气中安营扎寨。等大人们感觉到了冷，萧红已经把最下面的窗户纸捅得千疮百孔。

妈妈急急伸手去把她从炕上扯过来，虚张声势要打她的小屁屁，趁着妈妈过来逮她的那个时间差，她又争分夺秒多捅了两个。

奶奶却不是虚张声势，她从自己的针线笸箩拿起一根缝衣针，站在门口对着萧红的手指比划着："再敢捅窗户纸，当心用针扎你的手。"说着，还用针尖在她的手指上比划了一下。萧红哇哇大哭起来，她以为奶奶真的扎她了，她从此记住了这个用针扎她手指的老太婆。

若干年后，回忆起小时候的事，萧红曾经说：

> "我记事很早，在我三岁的时候，我记得我的祖母用针刺过我的手指，所以我很不喜欢她。"

萧红的哇哇大哭还是会引来救兵的，那个救兵就是爷爷张维祯。

在张家，最盼着抱孙子的是张维祯，但是既然这个孙女来到了自己家，就要像孙子一样善待她，所以一听到小孙女的哭声他就会第一时间赶过来，把她抱在怀里哄啊哄，直到哄得她破涕为笑。

爷爷的眼睛笑盈盈的，这笑，是萧红的安慰，也是她的靠山。

有了爷爷的笑撑腰，她不在乎爸爸的冷漠和奶奶的刁钻。

妈妈真的很争气，第一胎生育了一个女儿之后，她铆足了劲憋着生儿子，再生果然就生了个男孩，而且一发而不可收地连着生了三个儿子。这样一来，在妈妈眼里，萧红反而成了稀有品种。自从有了第一个弟弟之后，妈妈对女儿更加疼爱了。姜玉兰短暂的生命中，留下的照片不多，她和女儿的合影更是少之又少，在萧红故居纪念馆，有一张萧红三岁的时候和妈妈的合影照。照片是在一个寒冷的季节拍摄的，背景是千篇一律的民国年代照相馆的特色布景，妈妈身着棉旗袍，但是身段依然苗条婀娜，身穿中式马甲的萧红一身富家小姐打扮，偎依在妈妈身边，小脸胖嘟嘟的，很萌很可爱。

这是萧红一生中最无忧无虑的一段幸福时光，有不算厚重的母爱，有爷爷的呵护，那时候，奶奶和爸爸的冷漠她几乎可以忽略不计。

张家是呼兰城不大不小的地主，萧红就成了这座城里不大不小的地主家大小姐，在当地也算是大家闺秀了，只是她从来也没有大家闺秀的范儿：

一出生，她就抗拒被襁褓捆绑；

刚到幼儿园小班年龄，就学会用手指捅奶奶的窗户纸，奶奶用针对着她手指比划了一下，她可以长时间不理那个老太太；

稍稍长大一些，她喜欢带着弟弟到东二道街的那个常常淹死牲畜的大泥坑看热闹；

还有，这个地主家的大小姐喜欢和家里的佣人们混在一起。

这哪像个大家闺秀啊，从小就是奔着野蛮女友发展的节奏。

这个小女孩从小就很个性，那个时代，个性的小孩子就是各色的另类。

各色的孩子只有妈妈能容忍。妈妈不断给这个家中增添新的生命，随着一个个小生命的到来，她的忍耐力也不断增强，一份母爱分割成若干份，分到萧红那儿的那份母爱想细致都细致不起来。事实上，妈妈后来变得很粗心，粗心到萧红偷偷玩她的首饰盒，弄丢了里面的戒指、耳环，她都顾不上追究。

就这份不很细致的母爱很快也消失了。萧红八岁那年秋天，姜玉兰得了一场暴病，应当是一种很严重的传染病，家里请了当地最好的医生，高大儒雅的大夫经不住高额出诊费的诱惑，带着一帮徒弟来诊治因为传染病病入膏肓的张家少奶奶，他用针灸刺了病人腿上一个穴位，针灸之后，大夫失望地摇摇头，这个病人已经没治了。

果然，没过三两天，姜玉兰就死去了。

萧红还不太懂得死亡是怎么一回事，前两年大弟弟富贵得病死去的时候，她根本不知道落泪，以为他只是睡着了，一会儿就能醒过来。奶奶去世的时候，那热热闹闹的出殡场面只是让她觉得好玩。现在妈妈也死了，她依然不知道发自内心的放声痛哭，只是被嗷嗷待哺的小弟弟撕心裂肺地寻找妈妈的哭声感染，陪着弟弟一起哭泣。

后来，这个哭哭啼啼的小弟弟被爸爸送回阿城四叔的家。没了妈妈，没了幼弟，院落一下子冷寂下来。

爸爸整天沉郁着一张脸，那冷酷的表情常常让她不寒而栗，她才想起妈妈的温暖。看来妈妈永远不会再回来了，没妈的孩子就像深秋园子里的野草，在寒风中无依无靠地挣扎着。

失去母爱的萧红敏感而神经质，她凭着本能学会了自己去寻找温暖的庇护，四顾左右，她想到了爷爷。

老祖父的后花园

童年的故乡，只有两个去处能给萧红带来快乐：一处是爷爷的后花园，一处是东二道街那个常常淹死牲畜的大泥坑。

大泥坑淹死牲畜的事不常发生，爷爷的后花园却是一年四季都有风景。

萧红记事的时候，爷爷张维祯已经是七十来岁的老头了，这个老爷子号称乡绅，估计一辈子也没参加过科举考试，没当过政府的小官吏，充其量也就是个在当地有些文化的中小地主。不过，正是因为读了些圣贤书，这个肚子里面有了些墨水的地主和一般的土地主就有了些不同，他身上有中国传统文人的超然脱俗，而对经商理财之类却是一窍不通。

柔弱的男人背后，往往站着一个女汉子。萧红的奶奶范氏是个内心强大的女人，她很有些《红楼梦》贾府里贾母兼王熙凤的范儿，不但统领着家里的经济大权，政治大权也由她把控着，家里的一切都由她说了算。

男人既然没有能力打理好家政，范氏索性就让他闲着，实在闲得难受了，张维祯就主动找点力所能及的工作做做，比如擦擦自家卧室地柜上的一套锡器。他搞卫生的能力不是很强，经过他的擦拭，那本来看上去很整洁的物件就变得满是擦痕，越擦越不干净，于是常常招来范氏一顿骂，骂老东西"死脑瓜骨"的同时，每次都会捎带上小孙女萧红这个"小死脑瓜骨"，骂"老不成器"的同时，也会捎上萧红"这个小不成器的"。也就是说，这一老一小就是奶奶的出气筒，不过这些骂都是善意的，并没有恶意的成分。

在萧红童年的视角中，爷爷是心地善良的老人，一天到晚自由自在地闲着，眼睛永远是笑盈盈的，喜欢和孩子们开开玩笑。爷爷和小孩子开玩笑的方式也带着孩子气，一见到谁家的小孩子，就会笑眯眯地对小朋友说："快看，天上飞来个家雀。"小孩就往天上看，爷爷便趁机把孩子的小帽子摘下来，藏在自己的长衫里或者袖口里，告诉孩子："看到没，你的帽子让家雀叼走了。"这种学龄前儿童智商水平的小游戏，常常会逗得孩子们笑成一团。

爷爷年轻的时候怎么过来的不知道，到了老年，他最后的领地就剩下了后园里那片菜地。像许多赋闲的老人一样，从春暖花开的季节开始，他就忙碌在后园里种菜养花，这不是奶奶分配给他的工作，这是他自己给自己找乐，恰好小孙女萧红没人待见，他就把她带在身边，这个聪明伶俐的小孩子能帮他解闷儿，为他驱逐了很多寂寞。

现在去萧红故居参观，还能看到那片菜地花圃，那个地方并不是很大，但是，足以让一个老人和孩子从这里获得充实和快乐。

萧红很小很小的时候，爷爷就喜欢带着她到后园里玩，那里是萧红的童话世界，有蝴蝶、蜻蜓、蚂蚱、蜜蜂各式各样的虫儿和花花草草的陪伴，有流转的白云，飞翔的紫燕，有大地蒸发出的温暖气息。在那个地方，足以慰藉一个小孩子孤冷的心。

萧红五岁那年，奶奶的身体突然间变得很差，差到根本没力气拿着大针吓唬捅窗户纸的小孙女。萧红依然会抽冷子去捅奶奶的窗户纸，捅完就跑，她已经跑得足够快，奶奶追不上的，老太太气急败坏，小孙女则跑到远处得意地拍着手跳着脚大笑。

她不喜欢奶奶的地方还在于，她的皮球又脏又旧，看上去黑乎乎的。拥有一个邻家小弟那样的又新又大的皮球，成了她一个时期以来的目标和愿望，奶奶早就答应给她买个新皮球，每次上街回来都说忘了，所以她的新皮球一直是奶奶的口头承诺，直到奶奶去世，也没兑现这个承诺。

孩子评价大人的几个星的标准就这么简单。

奶奶的病越来越重，不停咳嗽，她医治咳嗽的良方就是吃猪腰烧川贝母，这虽然是药，因为用炖猪腰做药引子，猪腰的味道大概也不错，孩子们不懂得这是药，看着她吃炖猪腰，会馋得口水直流。奶奶高兴的时候，会把这个美味的药引子分给孩子们吃，萧红也吃过奶奶分给她的猪腰，吃完了还是不喜欢这个老太太，甚至有时候搞点恶作剧，比如趁着奶奶熬中药，她在外屋搞点诡异的动静，这动静能把老太太吓得灵魂出窍，手中的铁火剪子都能掉到地上。

奶奶去世那天，萧红记得最清楚的是爸爸踹她的那一脚，奶奶已经奄奄一息，这个老太太的生与死在六岁女童萧红眼里还没什么概念，所以，那天她依然在爷爷的花园里嬉戏玩耍。天空飘着雨，她把酱缸上的缸帽子戴在头上遮雨，因缸帽子遮着头和眼睛看不见路，她跌跌撞撞满心得意。那时节，奶奶已经死了，一身重孝的爸爸大约觉得女儿太不懂事了，所以重重地踹了她一脚。她清楚地记得爸爸飞起的是右腿，这一脚让她差点儿没有滚到灶口的火堆里去，这一脚不但没有把她的孝心踹出来，反而把父女之间的情谊踹得烟消云散，这一脚被萧红永远记在了心上，后来又记录在文字中，这个恶毒老爸从此成为所有人心目中的坏爸爸，永远也无法翻案。

奶奶的死对于五六岁的萧红来讲只有空前的热闹，亲戚们来了很多，拿着烧纸在灵前或真或假哭上几鼻子，就驻扎下来等着出殡。热热闹闹的吹打班子开了张，有哭的，有唱的，还有念经的和尚老道。最重要的，亲戚们带来了许多小伙伴，可以短时间内陪着她上树爬墙登房顶。直到去世的人下葬，尘埃落定，她的这场娱乐活动才宣告结束。

奶奶死了，萧红就搬到了爷爷那里去陪他，和爷爷睡在一张炕上，跟着他学古诗，跟着他在后园里疯玩。当初，对这个不长出息的女孩子，妈妈是很失望的，她曾经叹息："荣华这孩子，都让他们给惯坏了。"这种没出息的孩子，让她上学也不一定有什么培养前途，所以，妈妈活着的时候，已经到了学龄的萧红，并没有到学校读书。萧红把没能如期上学这笔账算到了妈妈头上，认为是妈妈不想让她上学。

没了妈妈，爸爸张廷举也一如既往地不疼爱这个女儿，姜玉兰活着的时候，他一直在外面工作，顾不上家里的事，也顾不上疼爱孩子们。如今姜玉兰死了，张廷举在悲痛中只停留了短短的时日，就感觉没老婆的日子很艰难，虽然阿城福昌号的亲人们经常过来帮他打理家政，虽然家里的事务有下人帮着打理，没有女主人的家总感觉不像个家。所以，姜玉兰刚刚入葬，他就张罗着让人帮他寻找续弦。

媒人提亲的这个女子名叫梁亚兰，比张廷举小十岁，刚刚二十一岁，还是个青春妙龄女子。张廷举对这个女子很满意，待到前妻的百日祭刚过，在姜玉兰去世当年飘雪的某个冬日，他就急不可待续娶了第二个妻子梁亚兰。

大红的双喜字把姜玉兰去世的一片素白都抹了去，张廷举的居室布置一新，已经没有了前妻留下的痕迹。新娶进门的梁亚兰娇美可爱，她根本就没有做好给人家当继母的心理准备，她不是个坏女人，只是不知道如何给三个小孩子当后妈。刚刚提亲没几天就过门了，只是听人说这个比自己大十岁的男人不错，有学问，还是个小学校长。

这个新妈妈来得太早了，早的有些不合时宜，那时候，萧红还在为妈妈穿重孝，她的鞋子上粗针大线缝了一层白布。新妈妈娶进门了，要萧红姐弟去拜见新妈妈，亲友们觉得萧红穿着重孝去见新媳妇不吉利，也不合适，就三下两下把她鞋子上的白布拆了下来。

天寒地冻的日子，天空飘着细细的雪花，萧红牵着三四岁的二弟连贵也就是张秀珂，有人抱着四五个月的三弟连富，来给新妈妈梁亚兰磕头认妈妈。

那天萧红表现得很乖，她磕了头，叫了妈妈，张秀珂还不会磕头，被别人按着也磕了，梁亚兰象征性地抱了一下襁褓中的连富，认妈的仪式算是完成了。

面对着一群孩子，梁亚兰不知所措，对于妈妈这个陌生的称呼，她的表现有些冷漠，在萧红看来，这冷漠和窗外的天空一样冰冷，从见到她的第一眼起，她就不喜欢这个新妈妈。

新妈妈来了，萧红上学了。

张廷举在新一任老婆娶到家不久，就把整天不让人省心的女儿送进学堂，把刚出生的小儿子送给四弟家，这样，家里只剩下三四岁的张秀珂，平时就清净多了，不会让新娶到家的老婆觉得心烦。

爸爸娶回新妈妈对于萧红来讲是件不快乐的事，但是，让她去上学却是她梦寐以求的。

新妈妈梁亚兰像个长不大的孩子，她喜欢玩牌，所以睡得晚起得也晚。她有一群比萧红大不了多少的弟弟妹妹，她的妹妹经常到姐姐家来串亲戚，陪着姐姐玩耍。梁亚兰的妹妹梁静芝和梁玉芝后来还和萧红合过一张影，那是两个美丽的女孩子，实话实说，模样比萧红好看。因为不喜欢新妈妈，萧红对这些小姨妈一开始也不是很喜欢，她觉得这些人都和自己不是一类人，他们属于正房那边的，她和爷爷属于后园的，新妈妈进了家门后，她就很少到那边去了。后来，长大了一些，才和小姨妈们的关系渐渐融洽起来。

萧红上学后，课余时间就泡在爷爷的后园里，那里是她信马由缰的地方，她满园子无拘无束地乱跑，踩坏了花，踩坏了草，踩坏了菜，却没人责怪她。她用爷爷浇地的水瓢玩水，不是帮着爷爷浇花浇菜，而是把水洒向空中，玩人工降雨。这些还算是靠点谱的，最让人啼笑皆非的是，这个张家的大小姐居然爬到梯子上当众大便，还口中念念有词，说自己在下蛋。

她学会了爬树，经常翻墙头，偶尔还会尿裤子。

这样顽劣的女童，的确该严加管教才是，即使在今天，在开放的年代，谁家也不会把女孩子培养成这个成色。看得出来，爷爷对这个小孙女过于溺爱了，这种溺爱造成了萧红的我行我素，这种溺爱让她觉得家里别的亲人都不疼她爱她，只有老祖父是唯一疼爱她的人。她一厢情愿地认为自己不被别人喜欢和重视，除了爷爷的后园，世界上到处都是冷冰冰的，这种感觉，随着新妈妈的小弟弟小妹妹的出生，在她心中越发根深蒂固。

在爷爷身边，萧红最大的收获就是接受了良好的古典文化启蒙教育。

早上一睁眼，爷爷要给她念一首古诗，晚上睡觉前还要念一首，半夜里她睡不着，也是在爷爷念古诗的呢喃声中慢慢入睡，那些古诗让她牢记了一生，对她后来成为女作家起了关键作用。

爷爷大概不懂得怎样哄小孩子入眠，他不会唱催眠曲，一首首的《千家诗》就成了爷爷的催眠曲，这些诗都是爷爷小时候在私塾里学会的，所以用不着课本，全凭口口传诵，爷爷念一句，她念一句，这看似无心的启蒙教育，让萧红受益一生，她把这些诗全记在了脑子里。

在家里，萧红对别的人很冷漠，但是却知道疼爱妈妈留下的亲弟弟张秀珂，她上学后有时候会把弟弟带在身边，她上课，弟弟就坐在一边乖乖玩耍。

后来弟弟也搬到了爷爷的屋子里住，一起住在爷爷的炕上，一起听爷爷念诗。

新妈妈对前任留下的孩子，采取不打不骂不管的"三不政策"，并说不上她有什么不好，因为她从来没有打骂过萧红姐弟，他们即使做错了什么，她也不动一手指头，偶尔会指着桌子或椅子，或者鸡啊狗的指桑骂槐。等孩子的爸爸回来，她会及时告上一状，把发生的那些事告诉他，由他去管教。爸爸明显比妈妈在世的时候严厉多了，新妈妈的告状常常给萧红带来一顿爸爸的暴打，所以，她在仇恨爸爸的同时，更加仇恨这个感情冷漠的女人。

后来，爷爷的后花园也不是遮风避雨的地方了，爷爷老了，浑身的病痛。他染上了抽大烟的恶习，刚开始只是偶尔抽几口，慢慢吸上了瘾，他自顾不暇，已经顾不上萧红姐弟了，他们只好从爷爷那里搬出来。

弟弟张秀珂是个男孩子，比姐姐更惨一些，他住在下屋里，和家里的老厨子睡在一个炕上，被子永远没人帮着拆洗，满是油腻，还爬满虱子。萧红比弟弟也强不到哪儿去，他们手里没有多余的零花钱，偶尔从家里偷个小瓶子换糖球解解馋，吃完糖球，连糖球中间粘着的草棍都不舍得扔，草棍上沾着甜味，他们会含着草棍慢慢品尝上面残留的那点甜蜜。

萧红一天天长大，爷爷一天天老去，她在回忆爷爷的文章中这样写着：

> 我生的时候，祖父已经六十多岁了，我长到四五岁，祖父就快七十了。我还没有长到二十岁，祖父就七八十岁了。祖父一过八十就死了。从前那后花园的主人，而今不见了。老主人死了，小主人逃荒去了。

爷爷是八十出头的年纪去世的，在他去世的时候，正是后园里满树玫瑰花开放的时候，但是那片美丽的后花园就已经不属于他了，他早就没有气力去打理那些花花草草了，爷爷离开后花园的日子，也是萧红远离那里的日子。

到爷爷去世，萧红经历了许多亲人的生离死别，妈妈、奶奶，还有两个弟弟，但是，只有爷爷的死让她最悲痛，所以她哭了，整个丧事自始至终都是以泪洗面。最疼爱她的爷爷去世了，她生活中最重要的一个人走了，他的死让萧红感觉，人间一切爱和温暖都被他带走了，她的心被丝线扎住或铁丝绞住了。她觉得这个家再也没有温暖了，她一心想逃离这里，一心想到外面寻找一份温暖和快乐。

叛逆小姐的生活

萧红上学那年九岁。

在今天看来，九岁的孩子应当是小学三四年级的学生了，九岁开始上小学一年级，算是大龄学童了。其实在那个年代，九岁上学还不算晚，特别是女孩子，许多人家是不让女孩子上学的。萧红的妈妈姜玉兰对于让女儿上学这件事积极性就不高，一直拖到她去世，也没能送女儿走进学堂，她大概觉得女孩子上学也没有什么用，另外萧红这样的小女孩，整天上树爬墙的，送她进了学堂也不一定是读书的材料。

妈妈去世后，爸爸对这个不着调的女儿不知道该怎么管理，特别是续娶回个年轻的夫人，女儿整天在家里晃荡，让新夫人很为难，管也不是，不管也不是。恰好 1920 年呼兰小镇首开小学女生部，也就是呼兰县立第二小学女生部，爸爸把萧红送进学校上学，萧红成为小学女生部的第一期学生。

按照萧红在《呼兰河传》里写的，东二道街上两家小学学堂，南头一个北头一个，一个在龙王庙里，一个在祖师庙里。龙王庙里的那个经常学学养蚕什么的，祖师庙里的那个小学还有高级班，所以又叫做高等小学。萧红刚上学的时候进的是设在龙王庙院内的龙王庙小学，就是那个经常学养蚕的呼兰县乙种农业学校女生班，这所学校离他们家很近，只有百步之遥，她三两分钟就能步行到学校。

这个顽皮的女孩子念书格外聪明，学习成绩一直在班级名列前茅，爸爸长吁一口气，好在这个孩子学习上还算是让人省心，如果她三天两天的逃课，不就麻烦了。

萧红本来在大家眼里不是乖巧的好孩子，她上学后，大家突然发现，这调皮的孩子竟是个会读书的好学生，于是周围的人对她开始另眼相看。本来并不是很喜欢她的伯父也会偶尔教教她语文，给她讲故事，或者买些儿童读物。

县立第二小学虽然有女生部，在呼兰县并不是最好的小学，她上到小学四年级，爷爷坚决要求在县教育部门工作的儿子给孙女转学，转到教学质量更好一些的县立第一初高两级小学上学，这所学校建于清光绪三十二年，也就是 1906 年，在县里算是重点小学。后来，这所学校因为出了萧红这样的优秀学生，就改名叫哈尔滨市呼兰区萧红小学，现在的萧红小学就是当年的县立第一初高两级小学。

萧红的学习从来不用人督促，事实上，也没人督促她，她的所有功课中，成绩最好的是作文，所以说萧红成为女作家不是偶然的。

上学之后，她的天地比过去宽多了，过去她眼里最宽阔的天地就是爷爷的后花园，现在她可以走出自己的家，行走在上学的路上，路上不但可以经过那个热闹不断的大泥坑子，还可以经过几家碾磨房、豆腐店、扎彩铺、"李永春"药铺和染布匹的染缸房。一路上有看不完的风景，经常能撞上一些奇奇怪怪的故事，让她的业余生活多了些八卦色彩。

她其实是个喜欢听坊间八卦的小孩子，有时候甚至让自己参与到一些八卦当中去，这些八卦为她后来的小说创作提供了丰富素材。

萧红这个呼兰县城的大家小姐常常显得很另类，童年时代的另类是因为年幼不谙世事，少女时代的另类则是她有意而为之。

上学后，她接受了一些新思潮新观念，开始用另外一种眼光打量眼前的世界。

她觉得人是残酷的东西，爸爸就是这方面的典型代表，他对自己永远是冷酷的，从来不给一个好脸子，即使女儿考了个好成绩，从他脸上也读不出一点欣慰和快乐来，萧红曾一度怀疑这个人是不是自己的亲生父亲，怀疑自己的身世血统。她发现，这个冷酷的男人不但对自己的女儿冷冰冰的，对家里的仆人也格外冷酷。如果爸爸是个穷人，待人冷一些没人追究，顶多会让人认为这人穷得心理不正常了，但是，作为富人，对家里的下人过于冷酷，在过去的那些岁月，上纲上线地说，就有恶霸地主的嫌疑了。

萧红立场坚定，旗帜鲜明地和家里打工的下人站在一边，这在富家小姐来说是很另类的。

有二伯是萧红家的长工，这个长工是他们老张家的本族同宗，过去也曾是很富有的地主，因为不会理家，家道败落下来，沦落到给人扛长活混饭吃的地步。这个有二伯叫什么名字萧红从来没细究过，因为从小就叫他有二伯，这个称谓也就成了他的名字。有二伯并不是个优秀员工，萧红的爷爷和爸爸之所以收留他，说穿了还是可怜这个落魄的本家，与其让他在别人家受气，还不如在自家干些力所能及的活计。他三十年前就来到萧红家打工，那时候还是三十多岁的青壮年劳力，一竿子插下去，在这个地方一干就是三十多年，萧红记事的时候他已经六十多岁了，成了名副其实的长工。

因为沾亲带故，有二伯在张家打工的心理就和别的打工者有些不一样，在别的打工者面前，他感觉自己是半个主子。家里的其他仆人也这么认为，老厨子叫他有二爷，佃户们叫他有二东家，赶上嘴甜会说话的还有可能叫他二掌柜的，那个时候，他在一片虚假繁荣面前，恍然觉得自己应该比他们的地位要高一些。但是在张家老板那里，他又是实实在在的打工者，是真正的仆人，那身装扮也是实打实的仆人打扮，头上戴的是没有边沿的草帽，身上穿的是老东家前清时代穿过的压箱底的旧衣服，他在这个大院里居无定所，哪个工种需要，他就搬家到干活的那个地方去。所以，他的心理经常是扭曲的，性格就有些古怪。这种不是主，不是客，不是仆的心理，和萧红得不到家庭温暖的落寞心理很契合，所以，萧红和有二伯之类的仆人们走得很近，彼此感觉心理上有相通之处。

萧红在家里感觉自己得不到温暖的时候，采取的措施是闹，通过她顽谑的闹引起大家关注，有二伯则是骂，有东西，你若不给他吃，他就骂，骂糊涂涂街，骂的结果是东西给他送过来了，他却不吃，告诉人家他不吃这个，拿去吧。

有二伯还有一个比萧红高明的招数，就是假装自杀，萧红的爸爸，也就是有二伯的堂弟，偶尔会把这个堂哥暴打一顿，有二伯就会假装寻死觅活地玩惊心动魄的上吊、跳井等把戏，这些招数萧红学不来。

萧红、有二伯两个极力想证实自己有存在感的一老一小，有时候会齐心合力闹出一点动静，比如他们不约而同到后园的储藏室偷东西，有二伯偷铜酒壶，偷米，偷各种能变卖出钱来的东西，萧红则偷黑枣之类的小吃和能拿着玩的玩具，这一老一小两个家贼，常常把家里的气氛搞得很紧张。

萧红还和周边的一些小人物走得很近，像小团圆媳妇、住在磨房里的冯歪嘴子、王大姑娘等。这些都是比有二伯还低一个层次的下人，大概只有和他们在一起，她才能感觉的自己的优越感。萧红和草根儿们的这些亲近，很让家里人反感和鄙视，他们可以自己不重视这个孩子，甚至可以欺负她，但是她不可以自己轻视自己，不可以把自己混同于下等人，用爷爷的话说："有钱的孩子是不受什么气的。"你可以当另类小姐，但是不可以另类到草根堆儿里去。

和草根儿们走得很近，使萧红真真切切了解了最底层的生活，她知道他们为什么对生和死那样的麻木、冷漠，他们的意识中，人活着是为了吃饭穿衣，人死了就什么都完了，所以，虽然活得很艰难，但他们顽强地和命运抗争。

萧红从他们身上学会了不服输的个性。

随着年龄的增长，她不再是那个在爷爷的后花园满世界乱跑的疯丫头了，她开始有自己的思想了。那个时代，最新潮最流行最前卫的热血青年是反封建，萧红的爸爸虽然不是思想前卫的人，对反封建还是很支持的，比如当年呼兰县城建立县立第二小学女生部，他就是极力促成这件事的主谋和策划，受五四新文化运动的影响，他并不是老古董，他一直是力主让女儿上学接受新式教育的。只是没想到，女儿一步就由一个疯玩疯闹的小孩子，跨越到了激进青年的行列。

萧红的激进带着青春期的冲动和亢奋。那时候，前卫的女孩子都流行剪短发，在学校里，她第一个剪掉辫子梳起短发。别的女学生在家里可能还有妈妈管着，不敢随意把辫子剪掉，她不怕，亲妈已经死了，后妈根本不会管她留什么样的发型，她就成为学校里最早剪短发的女孩子。

1925 年，在南方的大城市上海，爆发了"五卅惨案"。这个事件发生后，罢工、罢课、罢市的反帝热潮也波及呼兰这个遥远的东北边陲小镇，这里的学校也举行学生运动，仅有的几所学校的学生们都走上街头，上街游行、示威，声援远方的上海工人和学生的爱国斗争。虽然从声势上和大城市的学生运动根本无法相比，但是，青年学生的热情同样高涨，年轻的心都是一样火热。

呼兰县成立了"县沪难后援会"这样一个组织，就是专门声援上海的"五卅惨案"的。

那时正赶上 1925 年的暑假。七月，所有的学校都放假了，学生的爱国热情没有因为放假而降温，呼兰第一中学牵头的中学生联合会开始举办募捐活动，各中小学都参与进来。这件事成了萧红十五岁那年的暑假的主要活动内容，在举办活动的近一个月时间里，她是积极的参与者，她除了在街上游行打着小彩旗喊喊口号之外，还参与了声援"五卅惨案"的募捐活动中去。

那时候，在街头搞募捐比现在的难度大多了，倒不是百姓的文明素质太差，主要是民众不了解"五卅惨案"究竟是怎么一回事，反帝究竟是怎么一回事，穷人捐不起，富人不想捐，在县城的街头站一天，也收不到多少捐款。

有学生就提议，不然就到有权有钱的人家家里上门募捐吧。

呼兰县城有钱有权的人家基本上都集中在县城的东南角，号称全县有钱有势的"八大家"，都是县里的党政军首脑人物，比如县长高乃济、南大营驻军冯司令、省议员大地主王百川等一些权贵。这些人家的门可不是好进的，一般小家小户的孩子连他们的门口都没敢靠近过，让同学们到这些人家里去募捐，谁都有畏难情绪，大家都向后退缩，没有人主动请缨自己去试试看。

只有萧红主动说："我去试试看，有谁愿意和我做伴吗?"

大家怯怯地互相观望，有个名叫傅秀兰的女生平时很文静的，这会儿却突然变得比别人勇敢了一些，低声说："张乃莹，若不，我跟你一起去。"

两个女孩子平时不是一类性格的，不过倒可以互补。

萧红带着傅秀兰奔向县城的东南角。那时候的呼兰县城并不大，走着，很快也就到了。在县长高乃济家门口还没进门，就被看门的轰出来，南大营驻军冯司令家有卫兵持枪站岗，都没能靠近，更不用说劝捐了。

省议员大地主王百川家本来也不是很容易能进去的，正好赶上这家的太太或者是姨太太逛街刚回家，在门口遇上了萧红她们两个。她们也搞不清这个穿着时尚高级旗袍的女子是大老婆还是小老婆，反正是这家的女人，于是便开始照本宣科地对那个穿金戴金的女子进行宣讲和劝捐，大道理还没来得及讲，那个女子就听烦了，说自己没钱去搞什么募捐。

萧红的嘴从小就得理不饶人，这一次充分发挥了她伶牙俐齿的作用，她吧嗒吧嗒一通说，说得那女人都不知道该怎么接茬了，心说，这是谁家的厉害丫头啊，小嘴儿真厉害，什么民族大义啊，反帝爱国啊，全是新名词。算了，快给她们块儿八毛的把她们打发走了，于是，丢给她们一元钱，才算是把两个小姑娘打发走了。

这次募捐虽然收获不大，只募来一元钱，但总还是有些成效的。这一元钱鼓励了同学们的意志，看到没，只要坚持，一元钱一元钱的劝捐，积少成多，最终也会募到一些的。

募捐的形式丰富多彩才能更加有效，学生联合会决定在呼兰西岗公园搞一次义演，利用这种形式在街头搞社会募捐。义演的节目都是学生们自编自演的，其中有一个街头剧叫做《傲霜枝》，是一出反封建的小话剧。女孩子在大庭广众之下演戏，许多小女生都觉得抹不开面子，萧红不在乎，她从小就是个天不怕地不怕的女孩子，主动报名参加学校的剧社，在《傲霜枝》这个剧里面，萧红演一个抗拒包办婚姻的小姑娘。

第一次演戏，萧红演得很蹩脚，平日里心理素质非常好，演起戏来却没什么自信，心慌得厉害，还差点忘了台词。不过观众很配合，他们说张家大院的大小姐张乃莹演得不错，有一些人还慷慨了一次，主动捐了一些钱。

爸爸张廷举那时候应当已经是呼兰县某所学校的校长或者教育局长了，对女儿的做法他应当支持才是。他表面上确实没有反对，但还是觉得这个女儿太另类了，早晚会给自己惹事，于是就想，让她读点书之后，尽快嫁出去就是了。所以，张廷举打算等她初小学业完成后，就给她找个门当户对的婆家完婚。

这件事是爸爸张廷举一厢情愿的，萧红根本就没答应。

等到萧红初小毕业，家里向她提起不再上中学的事，一场无法避免的家庭冲突发生了，萧红和爸爸以及后妈撕破了脸皮大闹一场，这是她出生以来和爸爸进行的最正面的一场家庭战争，这一次，她真正让爸爸见识了这个小丫头片子的厉害，最终争取到了到哈尔滨上中学的权利。

一场缺乏爱情的包办婚姻

从收到哈尔滨东省特别区立第一中学的入学通知书那天起，萧红就开始兴奋，她如愿以偿就要成为中学生了。

那个夏天，是她长到十七岁最幸福的一个夏天，她的脸上总不由自主地挂着甜甜的笑容，连她平日里不怎么喜欢的爸爸和后妈，在她眼里都顺眼了许多。

1927年暑假结束后，萧红成为哈尔滨东特女一中的一年级新生。

女中学生萧红已经出落成有些俊美的大姑娘了，对于好不容易争取来的学习机会，她很珍惜，学习上认真刻苦，课余时间也不敢随便逛街，因为家里给的那点零用钱很少，也因为她的心思都放在了学习上，不想把宝贵的时间荒废掉。课余时间，偶尔她会到在哈尔滨工作的六叔张廷献那里去坐坐。

六叔张廷献和萧红的爸爸张廷举是同父异母的兄弟，萧红的亲奶奶去世早，亲爷爷就又续娶了一个老婆，张廷献是萧红的继祖母生的，但是他们两家关系走得很近。

张廷献工作前在阿城师范读书，他有一个同班同学叫汪大澄，两个人关系很铁。师范毕业后，汪大澄在道外区的一所小学当校长，张廷献任道外税务分所所长，上学时候的同窗好友现在又在一个区工作，两个人就经常地走动走动。

彼时，正值汪大澄的弟弟汪恩甲从吉林省立第三师范学校毕业了，毕业后正为找工作发愁，哥哥就让他到自己的学校当教员，张廷献去汪大澄那里的时候，经常能见到汪恩甲，感觉这个小伙子很不错。

汪大澄到张廷献那里闲坐，也偶尔看到来看望六叔的萧红，那时候的萧红留着那个年代女学生的齐耳短发，白褂青裙，白袜青布鞋，一身清纯的学生装，眼睛大大的，青春靓丽，落落大方。汪大澄眼前一亮，觉得这个女孩子看上去很不错，就问这是谁家的女孩？

张廷献说是自家侄女，在哈尔滨读中学。

汪大澄就想到了弟弟汪恩甲，张家是呼兰的地主，家庭条件不错，而自己家是哈尔滨顾乡屯的富户，父亲还是一个小官吏，条件并不比张家差，双方又知根知底，就让张廷献去提亲。

许多资料上说汪恩甲是省防军第一路帮统汪廷兰的儿子，都是以讹传讹，历史上真正的汪恩甲是顾乡屯一个官僚地主的儿子，家里条件不错，和萧红也算得上门当户对，所以六叔张廷献受汪大澄委托向哥哥张廷举提媒的时候，张廷举通过权衡，很快就答应了这门婚事。

不要一看到带"屯"字的就以为是偏僻乡村，这个顾乡屯可不是什么偏远农村，如今位于哈尔滨西北角，当年也算是哈尔滨的一片繁华区域。好歹人家汪家也算是大城市哈尔滨的富户，张廷举考虑到男方家境也很不错，最重要的是，这个汪恩甲受过新式教育，还是教育工作者，他自己当了半辈子老师，觉得做教师的人品肯定错不了，就自作主张把这桩婚事大包大揽下来，由他做主把萧红许配给了汪恩甲。

这是一桩实打实的包办婚姻，虽然表面上看考虑到了男女双方的家庭出身、年龄、学历等因素，但是依然是父母之命媒妁之言。中国的包办婚姻从来就没有浪漫可言，任何一桩包办婚姻都是一种无奈，萧红的这桩包办婚姻也是如此。两家正式订下婚约的时候，萧红还在上中学，约定的是萧红初中毕业后再结婚。

　　家里在隆重地为萧红张罗订婚的事，萧红却是一脸懵懂和茫然。一个情窦初开的少女，已经偷偷在想未来的爱情了。她就读的这所东特女一中实行男女分校制，对学生管理非常严格，她们根本没有机会接触到男子，所以，长到十六七岁，萧红还没有为哪个男子心动过。学校同宿舍的女孩子们有的也已经订婚了，有些包办婚姻中的小男女还是有爱情的，看着她们写情书时候的投入和接到情书之后的甜蜜，萧红也想生活中有一个自己心仪的男人。

　　爸爸给自己定下的这桩婚事中的男主角汪恩甲究竟是什么样的人呢？她常常在寂静的夜晚躺在床上想入非非。听说家里给她订婚了，同学们就和她开玩笑，要求她把未婚夫带到学校来，让她们帮着鉴定鉴定。

　　未婚夫的样子到底怎样呢？

　　萧红从最帅的帅哥想到最丑的丑男，又从最丑的丑男想到最帅的帅哥，他究竟长得有多丑有多帅？不知道，但愿不要丑到一塌糊涂。

　　后来见了面，萧红发现，这个汪恩甲的长相既没有帅到光芒四射的地步，也没有丑到吓人的地步，模样看上去还算周正，能拿得出手去。按照萧红后妈的妹妹梁静芝的话说，汪恩甲也算相貌堂堂。当时他的身份是一所学校的教员，和同班那些女同学的未婚夫比起来，学历上似乎要差了一些，她们的未婚夫大都在哈尔滨工业大学、法政大学读书。

　　教师的社会地位那个时候还是比较不错的，怎么说也是文化人，这个工作还算体面。不过，凭着女孩子的虚荣心，萧红还是希望汪恩甲能进一步深造，那样自己在同学们中才显得更有脸面。

对汪恩甲这个人，萧红说不上反感或者讨厌，也说不上喜欢，感觉很平静，没有传说中的那种怦然心动，她单独坐在汪恩甲对面的时候，很奇怪自己能那样淡定。是的，是淡定，她的讲述那样流畅，那样有逻辑性，倒是汪恩甲显得有些不自然，缩手缩脚的，一点都不大方，说他老实吧，那眼神儿又有些不安分，不知道这样的眼神算不算色眯眯的。他这个样子，让萧红骤然失去了幻想中的那种浪漫。她觉得，她梦中的白马王子其实不是这个样子的，但是具体是什么样子，她也说不好，最起码比这个汪恩甲要更加风流倜傥一些，更加儒雅一些，也更加有主见一些。萧红觉得，汪恩甲不是个有主见的男人，遇事总要和他哥哥商量，比如萧红说，你还是到法政大学进修一下吧，汪恩甲并不立即作答，只是说，要回去和哥哥商量商量再说。

你自己的事能不能自己做一回主啊？

依照萧红的性格，她想这样质问他一句，话到嘴边又忍下了。毕竟两个人之间还没有熟到那个份儿上。

东特女一中对学生管理虽然严格，但赶上家里给包办了婚姻的学生的未婚夫来学校看望未婚妻，学校也会破例网开一面，这就使那些苛刻而严厉的制度显得很搞笑，一边是不许女生自由恋爱，一边却允许那些包办婚姻的未婚夫们明目张胆出入校园。后来，汪恩甲也加入到恣意出入校园的未婚夫队伍中，同学们经常开萧红和汪恩甲的玩笑，女孩子们管汪恩甲叫"汪先生"或"密司特汪"，在玩笑声中，萧红已经从心理上认定了自己这辈子就是汪恩甲的人了。

寒冷的冬季课余时间，她会乖乖躲在宿舍里，为汪恩甲一针一线编织毛衣。窗外雪花飞舞，那时候的萧红是柔美的，她把自己对未来的憧憬都编织在了毛衣里。有时候，她还会和汪恩甲通通情书，这些小情调也是甜蜜的，萧红曾经奢望就一直这样浪漫着，浪漫到自己高中毕业再说完婚的事。

萧红就读的这所学校是专门为大家闺秀开办的，培养的是新式"三从四德"未来合格贵族太太，办着办着，随着进步教师的加入，学校就变了味道。萧红在那里读书的时候，有一位名叫王荫芬的国文老师，最喜欢鲁迅的作品，所以在课堂上经常讲鲁迅的文章，有时候还把新文化运动的其他一些作家的文章搬到课堂上讲，这种传授方式不仅让萧红深深喜欢上文学，她的思想和观念也发生了很大变化。

萧红和汪恩甲的差距越来越大，对于萧红说的一些新名词，汪恩甲一点都不感兴趣，而对于汪恩甲不思进取的状态，萧红越来越失望，她越来越意识到，这个男人不是自己需要的那种。

正当她对汪恩甲感觉到不甚满意的时候，汪恩甲的父亲去世了。

按照风俗，已经订了婚的儿媳妇，在未来公爹的丧事上，就要像已经过门的儿媳妇那样履行职责，比如披麻戴孝等。

萧红无法抗拒，也无力抗拒，人家汪家已经把丧信儿报到了萧红呼兰老家的家门上，继母梁亚兰已经率领着张家的奔丧队伍行进在呼兰到哈尔滨的路上，萧红必须向校方请假，随同继母梁亚兰到顾乡屯参加未来公爹的丧礼。

萧红很无奈地去了，一到那被白布、哭声和唢呐声营造出的哀伤气氛的现场，她根本由不得自己，片刻间就被打扮出一身素白重孝，这身打扮，妈妈死去的时候她穿过，爷爷死去的时候她穿过，现在为一个没见过一两次面的陌生老头，她又装扮齐整了。眼泪却是一滴都流不下来，看着汪恩甲兄弟俩张着大嘴一把鼻涕一把泪地号哭，萧红有时候受了感染眼角会湿润一下，醒过闷儿来，想想自己的角色，又觉得很尴尬，这个死去的老头和自己有什么关系吗？自己被装扮成这个样子，完全像是在演戏，萧红对这角色并不是很投入。

装扮成这个样子的结果是，丧礼一结束，萧红就得到了汪恩甲家二百元的赏钱，这是奖赏没过门的儿媳妇为未来公爹披"重孝"的辛苦费。这二百元钱是萧红长这么大挣来的最多的一笔钱，当然，这钱不是萧红亲手接过来的，如果当时给到她手上，她大概都不会接。

萧红和汪恩甲的关系若即若离地保持着，汪恩甲为了让未婚妻高兴，主动到法政大学夜校班上课，利用业余时间进行深造，这样他们之间貌似又有了些共同语言。

有些人这辈子注定是不安分的，比如萧红这样的人，小时候折腾小屁孩儿那点事儿，长大了折腾大事。从上世纪二十年代末开始，日本次第拉开侵华序幕，爱国的学生们经常上街游行，反对日本侵略，萧红也时常会加入到爱国学生的行列中去，参加游行和其他宣传活动，特别是日寇修筑吉敦铁路引发的爱国学生运动中，萧红是积极的参与者。消息传到呼兰县，张廷举这个严父又要行使自己的权利了，他本来就不同意女儿读中学，他阻止萧红读书的用意不是不想让她接受更高层次的教育，而是怕这个孩子学问越大给自己捅的娄子越大，自己的女儿自己知道，依照她的性格，是不能让她出去见更大世面的，否则还不知道会闹出什么意想不到的事情。

因为萧红在哈尔滨参与上街游行的事，家中紧急做出决定，立即中断她的学业，马上和汪恩甲结婚。

这个消息对于汪恩甲来说算是个喜讯，他得到张家那边透露的婚讯后，就开始着手准备结婚的事，只等着那边给他个准信儿，就发喜帖。

家里人到学校让萧红回家一趟，她还以为家里有什么事，想也没多想就利用礼拜天休假的时候回去了。一到家，爸爸和后妈都在厅堂候着呢，一副郑重其事的姿态，一见到萧红，爸爸开门见山提出完婚的事，说你的年纪也不算小了，就不要继续上学了，差不多就和汪恩甲成亲吧。

萧红被这突如其来的婚讯搞懵了，她说自己还没有心理准备，还要继续上学，不想现在就结婚。

爸爸一脸的恼怒，告诉萧红："不管怎么说，哈尔滨那儿的学不能再上了。"

萧红说："我也正想离开哈尔滨那所学校，到北平去读高中。"

这话让爸爸和后妈瞠目结舌，她居然还想到北平去读书？在自己身边就不断惹是生非，到了北平还不定会惹多大的事呢。爸爸坚决反对，后妈和爸爸一唱一和，呼应得很好。

如果只是爸爸反对，萧红可能还会忍气吞声少说几句，后妈的积极参与让她反感透了，她不喜欢让这个女人管着自己，压制自己，就按捺不住情绪大吵大闹起来。这吵闹声激怒了后妈，老公前任留下的孩子，她打又不能打，骂又不管事，只好拿出东北女人的那股子泼劲儿，冲到门前把屋门打开，对着外面大声喊叫："老乡亲们，大家伙都来看看吧，我这个做后妈的管不了前房的女儿，我丢人啊，我无能啊。"

后妈一把鼻涕一把泪数落萧红的不是，爸爸则铁青着脸，一口一个"不肖之子""孽障""叛逆"地骂着。

原本寂静的呼兰城，被这高分贝的吵闹声惊动了，院门口凑过来许多看热闹的，后妈管孩子，本来就是很有看点的八卦戏，现在这场戏可以免费观看，也为大家贫瘠的业余文化生活增添了一点佐料。

既然事情已经闹起来了，就不好草草收场，必须分出个胜负才是，至少在后妈梁亚兰看来，自己不能随随便便输掉人气。她场外求援找来了萧红的大舅做友情嘉宾，让萧红的亲娘舅去管教外甥女。

大舅是萧红妈妈姜玉兰的亲弟弟，接到续姐姐梁亚兰送来的口信，他不敢怠慢，一方面碍于亲戚的情面，另一方面怕去晚了自己的亲外甥女吃亏，于是匆匆从乡下赶到了呼兰城，半真半假地过来教训外甥女，一顿狠狠的呵斥，说再不听话，就打断这个小犟种的腿。

他当然不会打断萧红的腿，只是做出这种气势和姿态，给梁亚兰看，让她觉得自己已经给她出了气，就达到目的了，至于最后萧红是否中断学业和汪恩甲结婚，是否打消去外地继续读书的念头，他是管不了的。这孩子从小就犟，连她亲爸都管不了他，何况自己这个做舅舅的。

风波暂且平静下来，婚事也暂且搁置下来，萧红又回到东特女一中继续上课。

这一次，萧红的心再也平静不下来了，她很烦，懒得见经常来献殷勤的汪恩甲。

这些烦心事除了和学校里的闺蜜们念叨念叨，还有一个可以倾诉的人，就是在哈尔滨法政大学上学的远房表哥陆振舜。陆振舜是个很有想法的进步青年，对于包办婚姻之类的很蔑视，不过，他自己就有一个包办婚姻的老婆。

陆振舜这种表哥的身份是不好进东特女一中找萧红的，按照学校的规章制度，未婚夫可以出入校门，表哥不可以。他们之间很谈得来，两个人都愿意经常在一起面对面坐着聊聊天。他们的会面经常是在外面，上一次约好下一次的会面时间、地点，然后如期赴约，这很像情人间的约会。

萧红很依赖陆振舜，当她流着眼泪向这个表哥诉说自己如何如何抗拒结婚这件事的时候，陆振舜向流泪的小表妹递过一块手帕的同时，也递过了自己宽大温暖的臂膀和胸膛。萧红放心地偎依过去，偎依在这个男人怀里流泪，她觉得很温暖，也很踏实，心里突然有了一丝爱的冲动，她第一次有了恋爱的感觉。

陆振舜这次来找萧红，是想告诉她，自己已经从法政大学退学，马上要到北平中国大学读书，等他在北平安定下来，就帮着萧红找一所高中，两个人一起到那里读书。

去北平读书成了萧红最大的憧憬，陆振舜的突然离去让她心里空落落的，她发现，她已经爱上他了。

初二的暑假很快就到了，这个暑假意味着萧红的初中学业已经结束。

初中学业结束了，下一步面临的就是完婚这件事，爸爸和后妈已经开始悄悄为萧红准备嫁妆了，这让她无比心烦，她现在满心都是表哥陆振舜的影子，那个本来就没怎么放在心上的汪恩甲现在在她心里一点位置都没有。

最重要的，她和汪恩甲之间是包办婚姻，作为新女性居然屈服于一桩包办婚姻，她觉得这不是自己的性格。

第二章　放任自流的时光

　　自由，浪漫，温暖，爱情，她就像一个笨女孩，明明看到了那些美好的诱惑，傻傻追到跟前，却都是海市蜃楼般的怅然和失落。与表哥不了了之的初恋，弃她而去的未婚夫，惨不忍睹的现实把她的梦碾得粉碎。

私奔，到北平读书

那个暑季，张家上下在张罗着萧红的婚事，结婚用的许多东西都置办的差不多了，有些东西还是专程到哈尔滨办的。因为是继母，梁亚兰不想让外人说自己这个当后妈的亏待前任的孩子，嫁妆的档次和数量都说得过去。

萧红情绪低落，躲在自己的房间很少出门。

家里在逼婚，汪家那边也在催着萧红早些过门，两边形成一股势力催促得紧，让萧红无所适从。

本来她对汪恩甲还不算讨厌，因为这次逼婚，她对他多了几分反感。

她原本想去北京继续上学，如今这个愿望变得越来越渺茫。

后妈梁亚兰的妹妹妹梁静芝放假后也住到姐姐家，和萧红住在一个屋里，虽然年龄不相上下，但是梁静芝的辈分是姨妈。萧红在屋里唉声叹气，梁静芝坐在一边，不知道该怎么劝说，只是陪着小心轻声对萧红说："要不先嫁过去，上学的事等以后再说。"

萧红一脸苦笑："老姨，你真是个老实人，嫁过去还能再上学吗？以后你记着，找婆家的时候千万别找有钱的人，找个有文化的穷人就是了，有钱人都为富不仁。"

梁静芝很单纯，她一脸茫然地听着，觉得萧红就是和周围别的女孩子不一样，她说出来的道理都不一样。

小弟弟给萧红送进来一封信，一看那熟悉的字迹，就知道是陆振舜寄来的。她急急打开，想看看陆振舜在信里都说了些什么。

梁静芝问："谁来的信？"

萧红全身心投入到那份信当中，根本没听到梁静芝的问话，萧红的小弟弟是梁静芝的亲外甥，还没到上学的年龄，不知道谁来的信，邮差给送到了家门口说是大姐姐的信，他就屁颠屁颠送来了，对老姨的问题他回答不上来，只好摇着小脑袋也不作答。

等萧红从信中抬起头，梁静芝再次问她时，她的脸微微有些发红，推说是同学来的信，梁静芝察言观色地问："是外甥女婿汪恩甲来的？"

小弟弟拍手笑着说："姐姐脸红了。"

萧红摸了摸自己的脸，确实有些发烫。

陆振舜在信里说了很多思念的话，这些话由他写出来，比汪恩甲的语言表述动人得多，更能拨动少女的心弦。毕竟，这个表哥是过来人，家里有老婆，实战经验丰富，知道怎样俘获女孩子的感情。

萧红的心已经彻底向陆振舜这边倾斜了。

陆振舜在信里还说，暑假一开学他还回北平继续读书，邀请萧红和她一起到北平，并言称他已经给她找好了一所高中，如果家里不支持，他来帮助她，费用不是大问题，他家里的资助省着点用，足够两个人的花费。

到北平读书很有诱惑力，诱惑着萧红继续和爸爸谈条件。

她还是希望由家里出钱帮她完成学业，不想靠着陆振舜的帮助。虽然感情上很依赖这个表哥，甚至有些爱上他了，但是她心里很明白，表哥不是自己真正能够依靠的人。从亲缘关系上来说，他是远房姑姑家的，不是很近的亲表哥，不能名正言顺资助自己；从情感上来说，他已经结婚了，即便非常爱这个表妹，也不可能休了现在的这个老婆，和她生生世世执手阡陌红尘。用他的资助去读书，只会被人们看做是情人或者小三，背着当小三的骂名去上学，还会有未来吗？

萧红陷入人生的痛苦和犹豫之中，她面前摆着两条路，一条路是立即和汪恩甲结婚，一条是和陆振舜偷偷到北平读书。在这人生的岔口上，应当何去何从，谁能帮她拿主意？

孤单落寞惆怅中，她又想起了爷爷，若是爷爷活着，该有多好，即使不能帮到自己，也可以倾听一下自己的诉说。她鬼使神差找出了爷爷的遗物：一个印满年代痕迹的破酒壶，一杆大烟枪。摩挲着那两个物件，想着爷爷最后的岁月，她从这两个物件中看出了一点生的寄托，她开始偷偷喝酒，抽烟。

深深夏夜，烟酒调制出的那点微不足道的充实和温暖，不足以让她忘却眼前的烦恼，而她的心境也被幽寂的夜色渲染得更加荒凉。

那烟，那酒都是爸爸平生最恨的，爷爷沾染这些的时候，他也恨，只是拿他没办法，如今女儿也变得这般，他终于大怒了，他气得浑身发抖，对这个叛逆的女儿不知道该怎么处置。

这一怒，促使萧红下了最终的决心：离家出走，跟着表哥偷偷去北平。

她假装同意和汪恩甲完婚，说要准备件像样的嫁衣。

家里答应了，给了她一笔钱去做一件绿色大衣。其实做这样一件衣服用不了那么多的钱，她把剩下的钱偷偷存下来，准备做去北平的盘缠。

那天萧红是悄悄离家的，没人知道她这次走出家门要去哪里。没有大包小包的行囊，没有任何出远门的姿态。

马上要离开呼兰了，萧红回望从小生于斯长于斯的那座小城,心里还是有些酸酸的。她想她该留恋些什么才是,至少应该让眼角淌下两滴眼泪,可泪水在心里翻滚了几下,却无论如何走不到眼睛里去。一想到爸爸和后妈在她离家后会如何生气,如何暴跳如雷,她心中反倒有一丝丝解气的快感。

她匆匆赶到哈尔滨,来到和陆振舜约好的地点,就像在哈尔滨上学的时候两个人平常约会一样。

陆振舜是带了重重行囊的,他让老婆准备了足够多的东西,说是这次出远门,一定要多带行李。那个女人不知道她悉心为丈夫准备的行囊中,还有另外一个女孩的一份,看着丈夫肩负着这样沉重的行囊上了路,她执意要送一程,被陆振舜拒绝了。他当然要拒绝,因为这一送,他带着萧红去北平的事说不定就暴露了,他是不可以让别人知道他们一起走这件事的,一旦败露,他和萧红谁都走不成。

两个人满怀忐忑到了集合的地点,一见面,陆振舜紧紧拥抱了萧红一下,给她鼓劲儿。萧红在烈日下跑得已满身是汗,又被表哥如此热拥,这让她有种透不过气来的窒息感。这一刻,她没有幸福甜蜜的晕眩感,从离开家到现在,焦虑和不安一直紧紧伴随着她,她不敢想象当家里发现她不见了的时候,会是一种怎样的混乱状况。爸爸会破口大骂,除了骂不让他省心的女儿,还会捎带着把家里许多人都骂一遍,后妈对她一定恨得咬牙切齿,也许唯一的亲弟弟张秀珂偶尔会想念一下这个姐姐,除此之外,没有人会在乎她去了哪里,是生还是死。

陆振舜轻声说:"走吧,耽误的时间长了家里会有人追来的。"

会有人追来吗?会有人在乎她的离家出走吗?如果知道了她是跟着表哥逃走的,家里人会怎么想,呼兰城的人们会怎么想?走都走了,就不去管它了。

事实上，他们是私奔了，但是他们都没有联想到"私奔"这个词。

"纸里包不住火"这句话是谁发明的，真是太正确了。很快家里的人们就发现萧红是跟着陆振舜离家出走的，在发现陆振舜带着萧红一起失踪这件事情之后，大家不约而同惊呼出一个词——私奔，萧红跟着表哥私奔了，这个表哥还是个有妇之夫。

张家人感觉这件事让他们蒙受了莫大耻辱，特别是张廷举，这件事发生后，都不知道该怎么走出家门，他觉得自己在人前抬不起头来，于是他愤怒地宣布开除萧红的族籍。但是，这件事不是一个开除族籍就了之的，更为难的是，他没有办法向萧红的未婚夫家那边交代，汪家很快就会听说这件事的，就会向他要人，可是他到哪里去把萧红揪回来？即使揪回家，汪家还要这种伤风败俗的女子做媳妇吗？

萧红这一不辞而别，把父女之间仅有的连结全部斩断了。

爸爸对这个女儿除了失望还是失望。

从呼兰到哈尔滨，从哈尔滨到北平，一路颠簸劳顿，陆振舜和萧红终于到达目的地。萧红第一次出远门，第一次到这么遥远的地方，现在表哥是她最亲最近最可以依赖的人，一切都听从他的安排。

她被安排在师大女附中上学，陆振舜在中国大学就读，他们在现在的民族宫后面西京畿道找了一所公寓暂时住下来。

日子一天天过去，两个人共用一份上学资费，时间长了，就显出经济上的紧张来了。为了省钱，也为了离学校近一些，陆振舜在二龙坑西巷一座小院洛里租到一个房间，他们搬了过去。这个地方离中国大学和师大女附中都很近，是个有八九间房屋的四合院，他们租住了两间房子，一人一间。

这里的条件和先前那所公寓相比，条件要差一些，但是出门在外能有这样的住处也算是很不错了。

把一切安顿好，天色就暗下来了，两人简单吃了些东西，天还没黑透。

两个人坐在太阳最后一抹余光渲染得不很明朗的光影下，萧红感觉面前的陆振舜有时候很熟悉，有时候又很陌生。他把她揽进怀里，在这对青梅竹马的男女之间，这样的暧昧不是第一次，她没有抗拒，但是在他把手伸向她私处的一刹那，她脑子里骤然闪了一下乡下那位只谋过一两次面的表嫂的影子，于是下意识地推了他一下，没想到却被他拥得更紧了。

那是甜蜜温暖的诱惑，在寒冷的北平深秋之夜，她抗拒不了他暖暖的身体，她从来没有想到自己的初夜竟是给了这个男人，过去她从来没有想过会和他发生这样的事。这件事发生的时候，窗外夜色浓的恰到好处，两个人听着彼此急促的呼吸，萧红此时想的是：我是不是个坏女孩？怎么可以和表哥这样。

陆振舜亲吻着萧红的额头说："我一定要娶你。"

萧红眼里含着泪水，她带着泪腔说："这怎么可能？我恨你。"

"你是知道的，我真心爱你。"表哥的表白让萧红的泪水汹涌而出。两个人陷入了无尽的沉默。

在这之前，他们之间的关系不过是两情相悦的知己，住在一起，关系就发生了质的变化，变成了实实在在的情人关系，萧红成了陆振舜妻子之外的女人。和一个有妇之夫同居在一起，未来是渺茫的，这种恐惧感经常会向萧红袭来，但是，每每实实在在地拥着陆振舜的时候，她又会忘掉这些，特别是进入到师大女附中读书后，快乐的学校生活让她忘记了所有的后顾之忧。

自从搬到这个小院子，他们这里骤然热闹起来，他们最好的朋友李洁吾是这里的常客，还有过去在哈尔滨上学时候的一些同学都喜欢到这里聚会。他们围坐在一起，海阔天空地谈理想，谈未来，谈爱情，在这一点上，每个时代的青年都一样，他们喜欢指点江山，言语激昂。萧红坐在她固定的位置上，每次都积极发言，这种漫谈式的聚会经常让人忘记时间概念，说着说着，就到了深夜，当胡同里值夜人敲着梆子走过的时候，他们才意识到时间又不早了，这才匆匆结束他们的"论坛"，各回各的住处。

那一年的10月10日，为庆祝辛亥革命双十节，各校学生计划联合举行一次游行示威，陆振舜和萧红积极参与到游行队伍中。到处是武装警察，便衣特务们参与到游行队伍中，许多激进的青年学生被抓捕了，这件事对萧红震动很大，她的想法是，干革命不能前瞻后顾，既然敢上街游行，就什么都不怕。

秋风吹过，很快就有初冬的感觉了。

天说凉就凉了，这时候萧红才想到，自己还没有厚一些的衣服呢，更不用说过冬的冬装了。穿着单薄的夏装去上课，显得非常美丽动人，同学们都以为萧红是嫌臃肿的冬秋服装不好看，没人知道她根本就没钱购置冬装，她的骄傲和矜持不许她告诉别人，她的行囊中其实只有夏装。

十一月初，就下了一场薄雪，这个冬天居然来得这样早，早得让人猝不及防。院子里枣树上，没摘尽的枣子鲜红鲜红的依然挂在枝头，挂上一层薄薄的白霜，鲜艳诱人。经不住枣子的诱惑，陆振舜找了根竹竿费力地捅下几个，萧红在雪地上四处找寻落下来的枣子，然后化了些雪水来煮，邀请朋友们来吃。吃着名副其实的雪泥红枣，萧红忘记了自己到此时还穿着单薄的夏装，这个冬天怎么过，她还没多想。

家里终于来信了，没有寄钱，也没有寄冬装，只有一页单薄的信笺。信是爸爸寄来的，依然是逼着她立即退学，回家和汪恩甲结婚。陆振舜那边，因为他给家里寄了一封信，提出了要和妻子离婚，家里已经知道了他和萧红之间的事，不但驳回了他的离婚请求，从那个月起，还彻底断了他的经济来源。两个人靠着陆振舜家中前几个月寄来的钱维持学业和生活，向同学朋友借钱他们又张不开口，就那么一天天熬着。

一层单衣无论如何也抵挡不住初冬的严寒。周末，又一个即将落雪的日子，萧红那身单衣不足以支撑她去外面，但为了去上课她只能硬撑着，好不容易盼到了周末，她便整天都守在煤火炉边取暖。

一天，朋友们照例来聊天，萧红挨近炉边听着他们神聊，听着听着却昏倒了。大约是煤气中毒，大家七手八脚把她抬到院子里，又是掐人中，又是灌酸菜水。萧红醒过来了，脸色依然很不好看，看着四周一脸紧张的朋友们，她浅浅地笑了："刚才我是不是死过去了？我不愿意死，一想到一个人睡在坟墓里，没有朋友，没有亲人，多么寂寞啊！"

在家的时候，她还可以冒着煤气中毒的危险守在炉子边，可上学的时候那一路的严寒怎么抵挡啊。

冻得实在坚持不住了，雇来照料他们生活的耿妈找来了一些旧棉絮，把萧红的两件单衣改成一件小棉袄。耿妈改衣服的时候，萧红瑟瑟发抖地坐在一边等候着那件正在改制中的棉袄，此情此景恰恰被来访的好朋友李洁吾看到了，他知道陆振舜和萧红爱面子，但他们这些穷同学又帮不了他们的忙，随即他便默默走出去，到手头稍稍宽裕一些的同学手中帮他们借来二十元钱，萧红这才到东安市场买了件御寒的衣服。

　　一晃临近寒假了，陆振舜家里来信了，催促他寒假回家，信里面说，如果寒假回去，就给他们寄回家的路费，如果不回去，以后断绝一切经济供给，何去何从，让他们自己掂量着。

　　收到这封信的那个冬夜，陆振舜守在炉火边一直沉默着，回还是不回？回去，就意味着他和萧红之间就彻底分开了；不回去，手里面已经没钱了，在这边怎么活下去。

　　到深夜，他终于做出最后的决定，回东北老家。

　　萧红听到陆振舜的这个决定，一夜痛心无眠。

　　寂静的夜晚，她闭着眼睛，听着他在窸窸窣窣整理行装，心中在暗暗责备他：商人重利轻别离，回去对于她来说意味着什么他不会不知道，难道他忍心舍下她，忍心让自己心爱的女人嫁给别的男人？

被废掉的一纸婚约

　　陆振舜要回东北老家，萧红别无选择只能跟着他一起离开北平，就像来的时候要靠着他来一样，走的时候还要靠着他回去，否则，她连回去的路费都没有，单凭自己的能力，她是没有办法独自在外面漂泊的。

　　她知道，此一去，这段初恋就宣告结束了。陆振舜是离不了婚的，他根本就下不了这个决心，不是感情上离不开乡下的媳妇，是经济上离不开那个家，如果真正让他带着自己喜欢的女人私奔，他奔不出去太远，最终还会回去。他不是那种真正有担当的男人，这一点，萧红已经看出来了，如果陆振舜坚定地爱着她，他们可以想办法在北平读书生活，办法是人想出来的。但是，面对家庭的压力，陆振舜首先屈服，缴械投降了。

在弹尽粮绝的情况下，萧红不得不放弃学业回到家乡。

1931 年春节已经临近，学校放寒假了，租住的四合院也显得冷冷清清。离开这里前，萧红最后看了一眼枝头还挂着带着初雪的几枚枣子的那颗老枣树，心里是无限的落寞。她不知道此次离去，她是否还能回来，她想自己大约是回不来了，还是最后再看这里一眼吧。她的初恋也许就这样结束了，她此时已是伤痕累累，拖着沉重的脚步走向回家的旅程，她已别无选择，现在只有回家这一条路可走了。

其实她一百个一千个一万个不愿回那个家，她害怕回去，害怕回去之后将要面对的一切。

从北平到了哈尔滨，陆振舜把萧红送到回呼兰的车上就回家了。

萧红独自回到呼兰，独自面对家里家外已经为她准备好的一切见面礼。

那时节，寂寞了很久的呼兰小城很久没有新的八卦话题了，目前坊间流传的话题咀嚼了很久已经少了味道，萧红的回家给小城增添了新的八卦亮点，于是那个春节的闲话中，主题就变成了有关张廷举那个私奔的女儿又回来了的各种版本的传奇。

萧红早就想到了她回家之后会出现的一切，坊间的流言蜚语总会飞一阵子，爸爸的斥责甚至打骂，后妈那阴沉的脸以及比脸色更冰冷的语言，都会在她走进家门的瞬间发生。这一切果然不出所料如期发生了，她没想到的是，她还没进门，家里已经做出了决定，这个春节回老家阿城福昌号屯乡下去过年。这个决定纯粹是因为她做出来的，在呼兰过年张廷举觉得丢不起人，他不想让萧红出现在呼兰城人们的视野中。

萧红不知道自己的贸然离家，给家里人带来了什么样的伤害。她走后，当时已经是黑龙江省教育厅秘书的张廷举因为教子无方被撤职，调到巴彦县任教育局督学，这对于正在事业顶峰的张廷举是一个致命的打击。

其实，做出去乡下老家过年决定的不是张廷举，而是萧红的大伯张廷蓂。大伯是萧红又恨又爱的一个亲人，因为张廷举不懂经营，这个兄长经常到他们家来帮着掌管家政，萧红小时候，大伯对她很疼爱，经常给她买书，讲故事，她的启蒙教育的功劳有大伯的一份。因为对侄女的爱，所以，当萧红做出了逆天的事情之后，这个大伯要亲自出面管一管了。

现在，萧红在所有人的眼里就是个问题女孩，说穿了，就是个坏女孩。一个家族出了个坏女孩，比出个纨绔子弟还让人不齿。

虽然家里人在嘴上说开除族籍，但是那只是说说而已，萧红回家了他们还要接纳。回乡下过年不仅仅是为了躲避舆论，也是为了让她在乡下冷静冷静，好好反省一下自己的错误。再者，张廷举也想趁着人家汪家那边还没有追究，稀里糊涂把她嫁过去，以息事宁人。

在老家阿城福昌号屯过的那个年还算热闹喜庆，并没有因为萧红的私奔事件影响到一家人过节的情绪。张廷举自从过继给叔叔之后，很少回乡下的家和亲兄弟们一起过春节，这次回家过年，进一步拉近了他和兄弟们的感情，大家一起帮着劝说萧红，让她春节之后就出嫁。

萧红还惦记着到北平上学的事，在师大女附中她刚刚读了一个学期的书，还想继续读下去，她答应等读完了高中就出嫁。

张廷举一听就急了，当着　大家族人的面暴跳如雷。他不再相信女儿的话，当初上初中的时候，她答应初中毕业后就嫁人，初中毕业了，她偷偷跟着表哥私奔去外地读高中；现在又说高中毕业嫁人，说不定高中毕业还要上大学呢。

如果仅仅是上高中也就罢了，关键是你不该跟着有妇之夫私奔啊。你和表哥陆振舜不清不白的，算是怎么一回事啊？所以，萧红上学的事一经提出来，就被全家人否决了。

形势的发展对自己明显不利，如果硬顶，不会有好结果。萧红口头答应了结婚的事，春节的时候，也礼节性地到哈尔滨的未婚夫家拜了年。汪恩甲没有因为萧红和别的男人私奔的事责怪她，还陪她逛了街，买了东西，她的心又有些向汪恩甲这边倾斜了。她意识到，表哥陆振舜软弱的肩膀是不能依靠的，初恋就遇上这种缺钙的男人，这幸福的泡沫远不如和汪恩甲有些庸俗的婚姻来得平实。

她告诉汪恩甲，嫁给他是没问题的，只是现在她在北平那边刚刚上了一个学期的高中，如果就此中断学业太可惜了，不如让她读完高中，等高中毕业后两个人再成亲。

本来就没有主见的汪恩甲想了想，居然答应了。如果他当时坚持马上结婚，估计当时走投无路的萧红也只能走结婚这一条路，因为当时她已经认可了嫁给汪恩甲这件事。

萧红表面上敷衍着要结婚，暗里却一直做着上学的准备。这一次，她想搞到离家的路费比登天还难，家里在钱的问题上对她卡得很死，一分钱都不让她经手。

陆振舜心里到底还是爱着萧红的，他想帮她，但是家里对他看管也很严，想给萧红写封信都办不到。后来陆振舜曲线救国，给在北平的同学李洁吾写信，告诉他想办法给萧红寄五元钱的路费，那样她就可以逃离呼兰到北平上学了。

李洁吾接到陆振舜的信，立即着手筹备那五元钱。对于一个穷学生来说，五元钱是一个不小的数目，要知道，一般小职员的工资也不过每月十五到二十元。既然是好朋友，就要两肋插刀，更何况萧红不单是李洁吾朋友的女友兼表妹，也是自己的好朋友。他凑齐五元钱后，灵机一动把大洋兑换成能在呼兰花的"哈尔滨大洋"票子，把钱票贴在戴望舒诗集《我的记忆》后面的硬封皮夹层里，然后寄给萧红。他在信里提醒她："你在读这本书的时候，越往后就越要仔细地读，注意一些。"

萧红收到的信件都是要经过家人严格检查的，经过几道安检，确认没有什么问题了，才能交给她。像陆振舜的信，第一道安检都通不过去就被没收了。李洁吾寄来的书和信在张家人经过层层安检之后，终于交到萧红手上。

聪明的萧红读完信，一眼就看明白了信里面的猫腻，她第一时间把书里夹带的那张钞票藏好，找了个借口溜出家门，再一次胜利大逃亡，赶在开学之前回到北平租住的西巷那个地方。

耿妈还在，不过只是住在这里，已经和萧红没有雇佣关系了。

她和陆振舜春节前在这里一起居住时用过的那些家什还在，许多东西都是他们一起置办的，不过现在它们只剩下女主人了，男主人没回来，许多家什只好继续闲置着。

这一次回北平，只有萧红自己回来了，爱情没有回来，曾经爱过的那个人也没有回来。

这一次离家出走比上一次稍稍从容一些，她的装扮也像模像样的：身上穿着一件蓝绿华达呢面狸子皮里的皮大衣，配上貂绒毛领，显得高贵美丽。这件衣服价格不菲，也就是说在家里萧红虽然遭到了全家人的谴责和冷落，但是并没有受到虐待，这样贵重的服饰只有富贵人家的小姐才穿得起。另外，她还给寄钱帮着她逃出来的好朋友李洁吾带来了一小瓶白兰地酒和一盆马蹄莲花，酒很浪漫，花很美，不知这酒，这花是她想了什么办法从家里搞出来并千里迢迢带到北平的。

住在这里，睹物思人，萧红的心里还是有些想念陆振舜的。陆振舜并不是绝情的男人，他只是软弱，其实有时候，男人的软弱比绝情还可怕，遇上一个软弱而多情的男人，让你爱也不是，恨也不是。

陆振舜没有回来，学费一时也凑不齐，到北平的第二天，萧红急火攻心就病倒了，高烧不退，一个人躺在冰冷的床上，冷得簌簌发抖。人在囧途，举目无亲，偶尔有朋友来探望一下，更多的时候是一个人的痛苦和寂寞，现在还有谁能给她一点温暖呢，哪怕一点点。此时她想到了远在哈尔滨的未婚夫汪恩甲，她想从他那里讨得一点温暖，于是给他写了一封短信，把自己的困境告诉了他。

汪恩甲没有回信，萧红以为他对自己寒了心，就不再幻想从那个未婚夫那里的温暖。大病一场之后，她只能无望地期盼着表哥陆振舜能挣脱家庭的羁绊回到这所小院。

李洁吾又来看她，临近傍晚了，他们有一句没一句地闲谈着，耿妈敲门进来，告诉萧红有人来找她。

萧红以为是去年经常在一起聚会的那帮老同学老朋友中的一位呢，正准备出门去迎，却发现那人自己已经进来了。

进来的是一个年轻男人，李洁吾不认识。

萧红见到那个人，一开始有些惊诧，等定下神来，才向李洁吾介绍说："这是汪先生。"

是的，来人正是汪恩甲，他没有给萧红回信，却按着信上的地址找来了。

他没想到一进门，萧红的屋里还坐着个男人，这个男人自我介绍说是萧红表哥的同学，就是带着萧红私奔的那个表哥的朋友啊，她表哥不是什么好东西，他这个朋友看起来也很可疑，所以汪恩甲从进屋那一刻，一句话都没跟李洁吾说。他的脸色很难看，这难看就是因为未婚妻和一个男人谈笑风生，他吃醋了。

关键时候，汪恩甲的小气和俗气就显现出来了。他不说话还显露不出他的没素质，因为他的沉默，屋子里的空气僵持着似乎不流动了，他打破沉默的方式居然是很从容地从口袋里掏出了一摞银元摞在桌子上，叮叮当当玩起银元来。银元相互撞击的声音撕裂了屋子中的沉默，那铿锵的银元撞击声，似乎在为他提气壮胆，有了这银元的金属声撑着，他底气很足，很有些"钱壮怂人胆"的感觉，外表也飘飘然起来。

萧红没想到汪恩甲这么庸俗无聊，李洁吾愣在那里，不知道突然造访的这个汪先生神经是不是正常，后来意识到自己再待下去就多余了，他才匆匆离去。汪恩甲自始至终没跟李洁吾打一声招呼，萧红也没有去送他。

大约汪恩甲把李洁吾当成假想敌了，没机会找陆振舜算夺妻之恨的账，只有在陆振舜的朋友身上出出气。

汪恩甲和那帮穷学生相比，很有财大气粗的感觉。萧红现在一是需要钱，二是需要一点温情，汪恩甲都给她送来了，现在萧红不想拒绝这银元和庸俗的温暖。她把汪恩甲安顿在陆振舜住过的地方，汪恩甲不但在感情上取代了陆振舜，他们还同居在一起了。

在北平，两个人过了几天浪漫的日子，就在汪恩甲带来的那些稀里哗啦作响的银元已经快花尽。再也碰撞不出响声来的时候，家里那边传来消息，汪恩甲的哥哥汪大澄不能容忍萧红一再离家出走，在哈尔滨代替弟弟解除了婚约。

消息传来，萧红质问汪恩甲这到底是怎么回事，你在这边和未婚妻同居着，那边你大哥替你解除了婚约，这是在耍姑奶奶玩儿吗？

汪恩甲解释不清，他也不知道究竟是怎么回事，他们决定立即回哈尔滨探探究竟。

1931 年 3 月中旬，萧红和汪恩甲返回哈尔滨。

彼时，汪大澄已经把萧红和汪恩甲的婚约变成一张废纸了。从小道消息他探听到萧红第二次离家出走了，第一次离家出走的时候是和她表哥私奔到北平的，谁知道第二次离家出走是跟着谁私奔的，这种伤风败俗的女人怎么可以娶回家当兄弟媳妇？老爹已经去世了，长兄为父，他必须替弟弟把好这个关，当初弟弟的这个未婚妻是自己替他看中的，算是自己看走了眼，不能因为自己没看对人害了弟弟一辈子，所以，他决定不征求汪恩甲的意见，代弟休妻。

按说对于一直不想出嫁的萧红来说，这是件好事，但是，现在她改主意了，她决定拼死捍卫这个婚约。

萧红一纸诉状把汪大澄告上法庭，状告他没经过当事人同意，代弟休妻。既然不爱汪恩甲，为什么又不想退婚？设身处地替她想想，也是出于无奈。她别无出路，从懦弱的表哥身上，她悟出，亲情靠不住，爱情有时候也靠不住。茫茫世界她举目无亲，唯一的出路就是找个男人寻找一点温暖，当下看来，只有汪恩甲是可以拯救她的人，毕竟他们名正言顺地订过婚。

萧红的上诉得到了家人的支持，现在他们站在同一个战壕，枪口一致对外。汪大澄单方撕毁婚约，让张家人蒙受了莫大羞辱，他们旗帜鲜明站在萧红这边。开庭那天，萧红这边有还算强大的亲友团在法庭上和汪家对质，她据理力争，要维护自己的婚姻和幸福。

退婚事件的关键人物汪恩甲，关键时刻却掉链子了。他虽然舍不下萧红，却又要顾忌哥哥的声誉，所以，当需要他的证言的时候，他站出来违心承认解除婚约是他自己的主张，和哥哥一点关系都没有。如此，汪大澄代弟休妻的罪名便不成立。

萧红的上诉最后以失败而告终，她身败名裂，成为人们嘲笑的对象，所有的人都把她看成问题少女，当成反面教材。

官司输掉了，婚约解除了，张家人的脸面这一次被萧红彻底丢尽了，整个呼兰城，整个哈尔滨都在传说这件事。

张家在呼兰县各学校就读的孩子们，因为实在难以忍受铺天盖地的八卦炒作，都转学离开了呼兰。一家人因为她的私奔和婚约事件，感情上事业上学业上都伤筋动骨的。

那时，张廷举已经被调到巴彦县担任教育督学，他在外地工作，怕萧红再次出走，想到萧红的后妈是管不住这个不着调的女儿的，只有借助整个家族的力量齐抓共管，他最后想出一个办法：把在呼兰的家搬到阿城县福昌号屯的乡下老家，让整个家族帮忙，把萧红幽禁在乡下。

幽禁在乡下的问题女孩

阿城福昌号屯是张家的祖业，当年祖先张岱离开山东老家就在这里定居垦荒，经过几代人的努力，已经创下了不小的家业。那里住着萧红的继祖母徐氏和两个伯父、四个叔叔，还有一个没出嫁的小姑姑，这是一个家族庞大的大地主家庭。萧红他们一家几口来到这里，立即淹没其中。

这里是一个典型的东北大地主庄园，在距离县城有数十里的一片旷野中建起的一个村落。村落的四周环绕着一望无际的农田，那些农田都属于张家所有，那里的田园风光极好，如果赶上今天，那是绝好的旅游去处。这个村落很大，住着张家整个家族以及为他们服务的雇工佃户、搞其他服务工作的各个工种的下人。

因为那座村屯地处空寥地带，张家大户担心有土匪来抢掠，就把村子修建得固若金汤，村子有围墙，围墙外面四周有三米多深的壕沟围着，夏天沟里的水满满的。村里面通往外界的门户只有南门和东门，两个门也是有人守护的。

这样的村寨就是个独立王国，离着城市很远，交通闭塞，外界的消息要传到这里来要费很大周折，这些土豪两耳不闻窗外事，只顾经营好自己的家业。

萧红到了这里，不可以在整个村子随便走动，而是被圈在一个大宅院里。大宅院有个名字，叫腰院，因为院子所处的位子在村子中央，所以就有了"腰院"这个名称。

腰院是村子的政治文化中心，张家商议要事的处所在这里，来了重要客人也住在这里，张家家族的主要家庭成员都集结居住在这里，所以，把萧红关在这里不算是虐待她，而是把她当作家里的一员来看待的。

这座院子很大，外面有高高的围墙，墙是土墙，但是这土墙又高又厚，比砖墙还结实。围墙四角都设有炮台，炮台不是虚设唬人的，上面有实实在在的装备，步枪和土炮都预备着几个，一天二十四小时有人在炮台上巡逻放哨。

萧红就被软禁在腰院十一间正房的中间位置，西边住着二伯父和四叔全家，东边住着七叔一家，她和继祖母住在一起，被一家人严严实实看在中间，她的一举一动都在大家的监督下。

这种软禁不是实实在在的囚禁，她可以在院子里面活动，但是不许走出这所院子，不是绝对不可以出来，出来要有人陪着；说穿了，就是走到哪里都有人看守着，她一个人休想走出去。腰院只有正南一个大门，平时大门关得紧紧的，人们出入走旁边的角门，这个角门也有人把守着。

家里人对守门的交代好了，一定要把从呼兰城来的那个小姐看住了，不许她走出这个腰院半步。看门的不敢违抗命令，玩忽职守是要被开除的，他们很在意这份工作，所以把防范萧红走出大门当做工作的重中之重，只要她走得离门口近一些，他们就会警惕起来。

村子里的人们因为远离城镇，思想观念更保守，他们的观念基本上还停留在前清时代，萧红在他们眼里就是不可理喻的另类，在这里，她就相当于来接受再教育的，村里人用他们最朴素的观念试图给她洗脑，他们觉得，一个好端端的姑娘变成了坏女孩，太可惜了，就不相信给她改造不好。

刚来到这里的时候，正是东北春回大地的时候，坐着大车，走在刚刚有了一丝新绿的东北辽阔的原野上，萧红因官司失败而郁闷的心情稍稍有所缓解。住在热热闹闹的大院子里，鸡飞狗跳的，很纯粹的农耕生活模式。继祖母的南窗外有一排小花坛，种着花草，萧红刚住进来的时候，那些花草才有些萌芽，不过长得很快，等她住得开始厌倦的时候，小花小草已经有些茂盛的感觉了。

如果到这个地方来旅游，或者和情人恋人一起住进来，这里应当是个好地方。如果长期关在里面没有行动自由，个中滋味，只有被关的人知道了。

萧红的一切都是被规定好了的，比如几点起床，几点吃饭，几点睡觉，都有严格的作息时间表。负责监督管理萧红的有一大帮人：这个大家族的家长大伯父很严厉，他并不常在家，但是萧红在福昌号屯的那段时间，正赶上他在家，所以萧红丝毫不敢造次；平时负责掌管家中事务的二伯父在对萧红的管理教育上重任在肩，他把管理侄女列入日常工作中一项重要日程；五叔作为村里的保安队长，在安全保卫工作中把防止萧红外出当做大事来抓；六叔在哈尔滨工作，只是偶尔回来，但是因为当初萧红的婚事是他帮着一手操办的，事情搞成这样他觉得自己也有责任，所以每次回家都不敢对萧红掉以轻心。

叔叔伯伯们自然没有什么好脸子，继祖母也不喜欢她。不喜欢归不喜欢，却还是住在一个屋檐下，住在一个大炕上，继祖母睡炕的最里边，小姑姑菱姑睡在炕中间，萧红在最外面。

继祖母进这家门的时候，萧红的亲奶奶得病死了，扔下四个儿子。徐氏二十出头就成为四个孩子的继母，丈夫壮年早逝，这个四十来岁就守寡的女人以自己的刚毅和勤苦耐劳独自支撑着门户，把丈夫前妻和自己生的七子一女都抚养成人，并让他们接受了良好的教育。所以，她在这个家里是真正的老大，没人敢违抗她的命令。

继祖母从来都不伪装自己对萧红的不喜欢。萧红到福昌号屯来软禁，是要经过老太太点头首肯的，她也想替三儿子张廷举管教好这个在大家眼里不走正道的女儿，她相信凭着自己的努力，能把萧红管教过来，所以她才肯让萧红和她住在一起，睡在一个大炕上。

继祖母不痛快的时候，萧红就是活靶子。老太太那张厉害的嘴，让本来不在嘴上吃亏的萧红自愧弗如。她并不直接说萧红多么差劲，而是旁敲侧击借着别人敲打身边这个不好管的女孩，能把萧红说得听不是，不听也不是，甚至被逼得站在墙根边倚着墙捂着嘴偷哭。继祖母知道萧红在哭，但是她装作没看到，依然说她的。如果萧红敢哭出声，那就真的招惹到老太太了，她会怒气冲冲凑过去，银簪子在阳光下闪着寒光，在萧红的泪眼中那光芒变得一片模糊，她会质问萧红："你哭什么，又没人欺负你。你是有真本事，能给咱家出名争光，怕是祖上也找不出你这样的丫头。"

萧红就不敢哭了，连哽咽也变得弱弱的，细声细气。

继祖母有个女儿菱姑，萧红的小姑姑，二十六七岁了还没有嫁出去，这是老太太的心病。让萧红住在自己屋里，她还要防着别让这个坏女孩把自己的女儿带坏了，所以，继祖母是很累心的，只要萧红和菱姑走得近一些，细声细气说几句女孩子的悄悄话，老太太必定会凑过去，听听她们在说什么。

这样一来，萧红只有少说话。吃饭的时候，她们在一个炕桌上吃，自顾低头吃自己的，吧嗒吧嗒的吃饭声，吸溜吸溜地喝粥声，萧红不盼着继祖母打破沉默，一旦打破沉默，就没有自己的好果子吃。

就萧红这种境遇，居然也有人嫉妒，因为家里的一般人是没有资格和家里的一把手徐氏在一个饭桌上吃饭的，萧红同辈的堂姐妹一大帮，谁有资格睡祖母的大炕？在其他堂姐堂妹眼里，继祖母给萧红的是最高待遇，不过，萧红宁可不要这最高待遇，守在这个封建老太太身边真的很难受，她每天都有窒息感。

白天还好，可以不总在继祖母的眼皮子底下晃悠，只要不离开腰院，萧红可以在整个大院里游荡。到了夜晚，她就必须回到继祖母的大炕上了，那才是最难捱的时光。终于熬到老太太鼾声大作，谢天谢地这一天可以结束了。躺在土炕上的萧红常常睡不着，想着北平的读书生活，想起和表哥一起生活的日子，偶尔也会想起已经退婚的汪恩甲，细想想，那个汪恩甲也不是一无是处，如果知道自己会被圈在这个地方，还不如嫁给他呢。现在婚也退了，将来还不知道家里会给自己找个什么样的婆家，说不定还不如汪恩甲呢，以后的日子越想越后怕。

嫁人，是那个时代女孩子最没底数的一件大事，所以，小姑姑菱姑快三十了还不肯出嫁，大约也是因为没有找到合适的好人家。某些寂寞长夜，她们都睡不着，各自睁着眼睛想自己的心事，她们不敢交流，别看老太太鼾声一片，有一点动静她就能惊醒，如果把她惊醒了，勾起她的数落，这一夜谁也休想睡去。

她在这个院子里实在寂寞了，可以到院墙的炮台上向外瞭望。

外面的风景也没什么好看的，一成不变的景色。只是有一次，遇上了村里人娶媳妇，悠扬的唢呐声一响，菱姑拉着她去炮台上看，看着遥远的绿野间，一支娶亲的队伍越走越近，红红火火的煞是鲜艳，连驾车的驭手的鞭子上都系着红缨，束着红绳。看不清新娘子长什么样，也看不清新郎是谁，对于看热闹的人来说，故事的主角是谁都是无所谓的，他们看的就是热闹，而那些热闹又是别人的，和自己一点关系都没有。

娶亲的热闹看完了，两个待嫁的女子就联想到了自己，站在初夏的炮台上，两个人面对四野陷入沉默。菱姑盼着生命中出现一个自己心仪的好男人，在某个清晨，就这样把自己接走。萧红则盼着早些从这令人窒息的地方走出去，走到宽阔的世界里，过自己想象的美好生活。她相信，在外面的世界，总有一个男人是属于自己的，总有一些温暖是属于自己的，只是自己还没有找到。

可是，现在最闹心的是，怎样从这里走出去呢。

这个大家庭里，年轻一些的都在外面读书工作，剩下的这些人除了传统到无可救药的前清遗老遗少，就是像小姑姑和年轻婶娘们那些没怎么读过书，对新思想一窍不通的人，外面的世界什么样他们根本不知道，也没有想知道的欲望。这个碉堡一样的村子里，没有报纸，没有任何新消息来源，他们并不觉得深锁在这个大院子里有什么不好，相反，大家觉得在这里吃喝不愁，过着桃花源一样的生活，是一种幸福。

寂寞难耐的时候，萧红写诗，面对继祖母那小小的花坛，写下：

> 你美丽的栽花姑娘，
> 弄得两手污泥不嫌脏吗？
> 任凭你怎样地栽，
> 也怕栽不出一株相思的树来。

这诗，这里的人们都读不懂。

菱姑也不是真的懂萧红，但是她同情这个只比自己小几岁的侄女。除了小姑姑，还有一个女子稍稍懂她，就是七叔张廷勋的妻子王氏，萧红管她叫小婶。

小婶刚刚二十多岁，比萧红稍大一点，也许是年龄上相仿，小姑姑菱姑、小婶婶王氏和萧红有一些共同语言。萧红读过书，她满脑子的新思想，她们羡慕并佩服她。有时候萧红提到逃出这座院子，她们也开动脑筋一起替她想办法，想来想去，还是无计可施。这个大院看管很严，村寨的门口看守更严，即使出了腰院，也出不了村，出了村，也逃不远。

萧红便老老实实待着，等待机会。

机会没等来，却又惹了事。

大伯这样的地主虽然不是恶霸，对手下的佃户是很不讲道理的，有些事情萧红会看不惯，比如为佃户加租。看不惯的时候，萧红会不知轻重地提出意见。大伯是允许别人提意见的人吗？他在这个大家族里一言九鼎，大家都敬畏他，他有错也没人敢说他。萧红忘记了自己已经不是小时候的萧红了，因为她一次次的离家出走，一次次的让张家丢脸，一次次的带给家族恶劣的影响，大伯父已经对她有了很深的成见。所以，她如果敢对大伯说三道四，招来的定是拳脚相加的毒打。

大伯父说了：这个小丫头如果再敢滋事，就在家族里弄死了事。

那铁青的脸色似在告诉萧红，他说到做到，这个地盘他做主，他说了算。而且，他追赶着萧红，还要接着教训这不懂事的侄女。

吓得萧红慌不择路窜进小婶婶的房间。

大伯父不能进来，就在门口高声大骂。按照东北乡俗，大伯子不能进入兄弟媳妇的房间，萧红进了小婶婶的屋子，相当于进了福昌号屯的租借地，有了豁免权。

进了那个大伯父进不得的房间，萧红就不敢出去了，她怕自己一出去就被大伯父捉住。吃饭的时候，她让小婶婶替她把饭端进来，凑合着吃几口饿不着就得了。当然，在里面她也不闲着，找了根织针替婶婶织毛线活，袜子手套，大人孩子的都有。她织毛线的时候那般专注，静美，织出来的活计也漂亮，小婶婶都舍不得让她离开了。

在福昌号屯一住就是大半年，眼看秋风凉了，萧红还被幽禁在这里，一步都没离开过这个大土围子围成的村寨，她几乎被憋疯了，不知道外面的世界现在变成了什么样。

张家人以为，外面的政治风波，一切的动荡和他们的福昌号屯都没有关系。"九一八"事变之后，他们才发现，原来他们这个小个体和国家民族的命运息息相关。日本人占领了东北，时局不安宁了，张家的这个大本营阿城福昌号屯也变得风雨飘摇，这个大家庭陷入一片混乱和惊恐。家里的重点不再是防范土匪，变成了防范日本人的袭击，当下的重点是疏散家里的妇人和孩子，给他们寻找安全的地方去逃命。

在那种紧张的氛围中，没人再顾得上看管萧红了，菱姑和小婶婶意识到，帮助萧红逃出福昌号屯的机会到了。

十月初，菜园里的白菜到了收获的季节。

这里生产的白菜一大部分是卖到城里去。那天傍晚，她们打听到第二天有几辆马车要到阿城送白菜，马车就停在腰院的牲口棚，已经提前装好了车，用篷布苫好，为的是起大早就出发。菱姑和小婶觉得这是个好机会，于是，第二天天色微亮，她们就把萧红藏进一辆送白菜的马车里。

萧红用冰冷的手紧紧握住菱姑和小婶婶的手，眼里含着泪光。

小婶婶轻声说："别哭，当心被听到。"

菱姑也流下眼泪，告诉萧红："记着给我们捎个信回来，自己在外面好好的。"

送白菜的马车载着萧红，在寒冷的东北十月清晨，行走在冻得干硬的土路上，一路颠簸离开了福昌号屯。挤在冰凉的白菜中间，萧红几乎被冻透了，到了阿城，车子一停下来，她立即偷冷子从白菜堆里逃出来。

车停下后，有人看到，一个年轻姑娘从拉白菜的大车里钻出来。

也许赶车的车把式早就发现了藏在里面的萧红，他们装作不知情，没有人吭声。通过半年多的观察和接触，他们发现，这个被主子幽禁着的另类小姐其实人不坏，她总替他们说话，是个善良女孩，对待他们从来没有小姐的架子，他们愿意帮着她逃出去。

萧红穿一件蓝士林布长衫，身上沾满菜叶，模样看上去很落魄。她稍稍整理了衣饰和蓬乱的头发，两手空空站在阿城街头，一脸的茫然。街上不相干的人没人多看她一眼，那个时候，在混乱的东北，人们对眼前发生的一切都见怪不怪，像她这样的逃难者到处都是，没人在意一个逃难的女孩子。

萧红辨别了一下方向，她意识到这个地方不能久留，必须赶紧离开，否则又会被追回，遣送到那个监狱一般的家。

那段乡下幽禁的生活不堪回首，却为她提供了丰富的创作素材，那一幕幕场景，在她后来创作的《生死场》中生动再现。

眼下，她要考虑的是下一站到什么地方？

去哈尔滨吧，现在只有去那里了。

在对的年华里遇见错的人

萧红从阿城县乘坐火车来到哈尔滨。

下了火车，从车上走下的人流各奔东西，每个人都有自己的去处，只有她，站在街头的冷风中，不知道哪个屋檐下有她的栖身之地。

想到过去那些要好的女同学，一一在脑子中筛选过之后，她选择了几个最要好的，想去找找她们。

女生们初中毕业，嫁人的嫁人，升高中的升高中，再加上萧红被关了那么长时间，和外界没了任何联系，许多同学都已经联系不上了，那几个上学时候的闺蜜，有的"九一八"事变之后搬了家，不知去处，有的到外地上学去了。

从福昌号屯逃出来的时候，菱姑和小婶把自己的私房钱给了她，可仅有的那点钱根本支撑不了几天，天气一天比一天冷，一个花季女孩子颠沛流离冻饿街头，是件很危险的事。

在街道漫无目的地走着走着，就到了一个熟悉的地方。

这里，是一个远房姑姑家的门口，就是表哥陆振舜的家。当初在哈尔滨上初中的时候，周末她有时候会到这里来，姑姑对她很亲热，也很喜欢这个聪颖的侄女，后来和陆振舜之间有了暧昧的感觉，她就很少来了。今天，怎么会走到了这个门口？

站在那个门口，她举手想叩门，犹豫了一下，举到半空的手又放下了，因为自己和陆振舜的私奔，因为和汪恩甲的退婚事件，亲友们都对她有了深深的成见，这个姑姑作为陆振舜的妈妈，怎么可能接纳自己？

萧红满心的凄楚，转身想走时，门却"吱呀"一声开了。

前面走出来的是姑姑，后面跟着的年轻女人是表嫂，就是陆振舜的媳妇，她们大约是去街上买东西。第一眼看到萧红，她们的表情先是震惊，震惊之后，姑姑嫌恶冷漠地扭过脸，装作没看到她，表嫂则鄙夷地横扫她一眼，这一眼，是面对情敌的嫉妒恨，是只有女人才能看懂的仇恨，对这个小狐狸精，表嫂没有冲上前羞辱抓挠，已经算是给足了萧红面子。

这两个女人的表情，让萧红瞬间明白，自己来错了地方，怎么可以到陆振舜家门口来乞怜呢？

陆振舜已经是永远的过去时，从此以后，不管在谁面前，必须傲然，无论多落魄，都要做傲然的公主。

她忍着没有让眼睛中闪过一丝泪光，装作很淡定很悠闲的样子，萧红转身离开陆振舞家门口，走到一个僻静的街边，她的泪水不由自主汹涌而下。好冷，这冷来自寒冷的空气，也来自心底。她索性坐下来，冻僵的手伸进衣袋，里面只有几个银元，这是她的全部财产。

她埋下头，默默擦干泪水，发现面前有一双年轻女子的脚，那双脚上穿着好看的套鞋，那样时尚的套鞋又美丽又暖和，萧红下意识看看自己还穿着一双满是孔洞的旧布鞋的脚，心里一阵酸楚。

那双穿套鞋的脚已经站了很久，似乎没有离去的意思，萧红顺着那双脚向上看，发现原来是自己过去的一个女同学。

萧红前几天曾经找过这个女同学，她们家搬家了，所以没找到。没想到竟在街上不期而遇，同学相遇的惊喜冲淡了刚才的忧伤，两个人紧紧拥在一起。

天色有些晚了，哈尔滨街头华灯初上，这位昔日闺蜜约她跟自己一起回家。

这是她在街头流浪多日后，第一次走进一个温暖的家。在别人温暖的家里，除了一顿热乎的饱饭，还有铺盖松软的被褥，她踏踏实实睡了一个夜晚，第二天醒来，精神好了许多。

天亮之后，同学要回学校上课，她不好赖在人家家里白吃白喝，就谎说自己要去打工。

女同学看萧红脚下的鞋子不保暖，找了一双自己的半新套鞋让萧红穿上。有了这双套鞋，萧红骤然感觉暖和了很多。

她继续到街上流浪，晚上再回同学家蹭人家一顿晚饭，蹭一个睡觉的地方。

　　她知道，这样下去终究不是办法，她是个要脸皮的女孩子，骨子里有大家闺秀的高傲。在同学家住了几日之后，她就搬离那里，说是搬离，其实她没有任何家当可搬，连一个随手的手包都没有。她想，当务之急是找一份工作，比如到工厂做工，或者到街头做缝补女，但是到工厂做工是需要担保人的，谁能给她作担保？街头的缝补女都有自己的地盘，看似最草根的卑微阶层，也有自己的小社会，一个新手根本插不进去。

　　失望，落魄。

　　街头，远远走过一个熟悉的身影。

　　是爸爸张廷举，他大约是到哈尔滨来办事。他也看到了女儿，女儿的衣衫有些脏，显得有些破旧，气色也不是很好，只有一双大眼睛还是那样倔强有神，看到他的时候，很不屑地把头扭到一边。此时的张廷举多希望萧红服输，哪怕是嘴上服输，他也立即会掏出一把大洋递到她手上，毕竟是自己的亲生骨肉，他心里是疼的。

　　萧红没服输，甚至没叫一声爸爸。依照她的性格，是不会向爸爸屈服的，她想的是，宁可死在外面也不回那个没有自由的家。她还担心爸爸会冲上来强制自己回家。最后，父女俩像两个陌生的路人擦肩而过，谁都没有低一下头。

　　走过去后，张廷举一脸愠怒，眼睛里却含着泪光，对这个女儿恨也不是疼也不是。他知道，这一次见面之后，也许他很难再见到这个不让人省心的孽种了。

　　萧红则是一脸轻蔑和无所谓，她嘴角带着胜利的浅笑，这一次她胜利了，从此，不论未来给她什么样的命运，都将和那个家没有任何关系。

　　世界有时候很大，有时候很小，这句话对于整天在街上流浪的萧红来说体会最深。在街上，她总会不期地遇到熟人亲人，比如她还遇到过在这个城市上学的堂妹，遇到过自己唯一的一奶同胞弟弟张秀珂。

后来，她把那天的场景写进了她的散文《初冬》。

弟弟已经到哈尔滨读中学了，在清凉的街道上，姐弟俩迎面相遇，弟弟心疼姐姐，依照他的经济能力，只能请姐姐到路边的咖啡店喝一杯咖啡。

那家咖啡店的窗子在帘幕下挂着苍白的霜层，氤氲的热气飘着咖啡香，萧红把领口脱着毛的外衣搭在衣架上，那件外衣显得很寒酸。少年弟弟看着衣衫单薄、头发蓬乱、面无血色的姐姐，无比心疼，只是徒劳地劝着："天冷了，再不能漂流下去，回家去吧！"

萧红不断地重复着那句："那样的家我是不能回去的，我不愿意接受和我站在两极端的父亲的豢养……"

弟弟无奈且心疼着，嘱咐姐姐几句，两个人握过手，分别向不同的方向走去。

萧红看着弟弟的背影远去，喉头有些哽咽。她穿过寒风街头，继续漫无目地向前，只是，把手伸进衣袋时，她发觉衣袋里只有一两个铜板孤零零躺在里面。

十一月，哈尔滨真正意义上的冬天来临了。又降温了，饥寒交迫这句话一般人只是说说而已，对于那时的萧红来说，她是用生命在体验。

现在已经身无分文了，风雪交加的傍晚，街上见不到多少行人，走过一家卖热浆汁的小摊，她很想买一杯热浆汁填充一下饥饿，却发现口袋彻底空空荡荡了。

夜已深，天寒地冻，食不果腹，一件贴身的单衣是抵挡不住严寒的。她昏昏沉沉地睡在一个不知谁家的门洞子里，夜半时分被一个老女人推醒，睡眼蒙眬中，萧红看不分明那个老女人的相貌，她告诉萧红，在这个地方睡会被冻死的，还是跟她去旅店睡吧。

萧红告诉她自己没有钱住旅店。

老女人说，自己在那边的旅店长期租住一个铺位，今夜那里正好没人住，可以让她借住一夜。

萧红暗想，这会不会是个骗子？自己身上一文钱都没有，一件多余的东西都没有，即使是骗子，又能骗得了什么？自己都落魄成这样了，谁怕谁啊？她随她去了，住进了她指定的铺位。旅店是档次很低很低的那种大车店，被褥臭烘烘的，满是潮气，但是在这样的风雪之夜，对于萧红来讲却是温暖的。

很多天没有在床上睡过觉了，一躺下去，萧红就呼呼大睡，丝毫不知道这里面有什么样的陷阱。

醒来，天色大亮，雪依然在下。

她坐起来，探身去找床下的套鞋，才发现，套鞋不见了，昨夜那个老女人趁她熟睡，把她的套鞋偷走了。

旅店的老板告诉萧红，那个老女人就是个拉皮条的，经常干点顺手牵羊偷盗行骗的事，并说只是偷了她一双套鞋，就认便宜吧，只是她住店的费用还没付呢，让她必须想办法把住店的钱付上。

现在，她身上只有一件稍稍像样的蓝士林布的长衫了，当掉这件衣服，就只剩下贴身的单衣单裤。当掉衣服还上旅店的住宿费，她欲哭无泪。

她只知道爸爸对她多么冷漠，多么无情，却不知道世道险恶，外面的世界根本不是她这样的小姑娘能闯荡的，江湖上的各种骗子太多了，还没混上一个月，她就彻底服气了。

家是坚决不能回的，亲友们也不能去找，最无助的时候，她又想起那个已经解除婚约的汪恩甲。她只有去找这个过去的未婚夫了，如果他还肯收留他，她就嫁给他。

但是，汪恩甲现在在哪呢？

萧红去三育小学找过他，人们告诉她，他已经不在三育小学当教员了。这个地方萧红不敢久留，汪恩甲的大哥汪大澄就在这所学校当校长，如果被他看到会是件很麻烦的事。

汪恩甲的家萧红是去过的，她鼓起勇气去那里找他，可想而知会是什么结局。一个已经退了婚的前未婚妻，一个曾经和他们家对簿公堂让他们丢失过脸面的女孩子，一个衣衫不整的流浪女，突然找到门下，说要找汪恩甲，汪家人会给她什么好脸子？她毫无悬念地被汪家人冷言冷语赶了出来。

汪恩甲听说萧红在到处找他，于是来到街上寻找到了四处流浪的萧红。

此时，汪恩甲已经在哈尔滨工业大学读预科班，萧红见到汪恩甲的一瞬间，她倔强冰冷的伪坚强霎时融化成一汪水，这里，是她最后的退路，她已经无力再坚强下去了。

面对衣衫褴褛的前女友，汪恩甲没有拒绝她的求助，他还是喜欢她的，因为心里一直放不下她，以致解除婚约后一直还没有寻找新的女友。现在她突然找来了，汪恩甲心中有些窃喜。他不在乎这个女人眼下这衰败的装束和悲惨的现状，他知道，如果不是落魄到这个境地，凭着当初那个傲气的张家大小姐，他是驯服不了的。只有到了她走投无路来求他的时候，他汪恩甲才能彰显他的大男人气派，她才会乖乖听自己的。

他把她带到道外十六道街的东兴顺旅馆安住下来，并给她买来衣服鞋帽，打扮齐整之后，带她到一个小饭馆吃了顿热乎乎的饱饭。

那是一个很小的饭馆，对于已经很久没吃过饱饭的萧红来说，就像是进了天堂。此时，谁能给她送一点温暖，她都会万分感激，汪恩甲送来的温暖足以让她过去强大的傲慢无声委地。

这些年，逃婚，抗争，直至最终流落街头，转了一大圈，却又转了回来，她身边的男人还是汪恩甲，这结局具有极大的讽刺性，让萧红这些年的努力显得很苍白。

如果早知道最后还是要做汪恩甲的女人，她还会不遗余力地抗争吗？

萧红现在想不了那么多。眼前这个男人，不管他有多么平庸，只有他能给萧红带来最基本的温暖，这点在别人看来微不足道的温暖，就是特殊时期的爱情的附加值，它对这个落魄中的女子具有极大的诱惑力。

她累，她困，她需要洗个热水澡，她需要好好睡上一觉。

在寒冷的冬夜，汪恩甲的怀抱是温暖的。萧红被他紧紧拥着，沉沉睡过去。她睡了很久很久，似乎睡了一个漫长的世纪。醒来的时候，冬日的暖阳透过玻璃窗照进来，照在萧红的身上、脸上，明晃晃地照得她睁不开眼。

她索性不睁眼，索性继续把眼睛闭上。

汪恩甲没有离去，还在她身边，这让她很踏实。

他手里在玩着几个洋钱，过去，萧红最讨厌他玩大洋的这个动作，觉得他庸俗透顶。此刻，那洋钱碰撞发出的叮当作响的声音，在萧红听来突然间变得很悦耳。

一个多月饥寒交迫的流浪生活告诉萧红，钱虽然庸俗，但当一个人不名一文的时候，再自信再骄傲也是昂不起头颅。汪恩甲虽然庸俗，可当自己在这个世界上找不到一点温暖的时候，他那点别有用心的温暖也能捂热这个弃家在外的女子冷透的心。

经历了一场新的磨难的萧红，显得比过去温顺多了。她瘦了很多，眼睛显得更大了，躺在床上，完全就是一个温婉的小女生，这个样子的萧红汪恩甲更喜欢。

同居也就成了顺理成章的事。

1931 年深冬，在哈尔滨道外十六道街的东兴顺旅馆，他们开始了同居生活。

汪恩甲和萧红的同居是瞒着家里人的。两个人住在一起没多久，就到了 1932 年的新春佳节，汪恩甲为了不暴露自己和萧红同居的事，只能把萧红一个人留在旅馆，自己回家过年。

那是萧红一生中最孤独的一个春节。

春节前后，哈尔滨遭遇炮火，义勇军展开正式保卫战，但最终哈尔滨还是沦陷了。在炮火纷飞中，萧红一个人困守旅馆，年节的气氛衬托着她的孤单和寂寞，整个旅店的客人就剩下她自己。她有些伤感，伤感一寸一寸吞噬着她的情绪。当初没和汪恩甲同居，一个人在街上流浪时，她顾不上伤感，也没有伤感的资本，现在她觉得自己是个有人爱的女孩，有人爱的女孩在某些时段就要有些期期艾艾的小情调，她把这些小情调写在纸上，她不知道这就是诗，这就是文学。

春节过后，汪恩甲回来了，她把这些她写在纸上的文字拿给他看，汪恩甲不以为然。男人一旦占有了一个女人，就变得很物质，对这些精神层面的小把戏开始不屑一顾。

春天，萧红出现了孕妇怀孕初期的一些典型症状，她发现，她怀孕了。

她把自己怀孕的消息告诉汪恩甲，焦急地问他该怎么办？

是不是快一点成亲，总这样下去不是办法。

汪恩甲从来没想过同居之后还有这样的一些麻烦事，他显现出一些作为男人不敢担当的劣根性，他心烦，焦虑，嘴上说尽快和家里沟通征得他们同意，其实他从来就没有把他和萧红同居的事告诉过家里。他离开三育小学后，就没有经济收入了，全靠家里给的学费生活，那点学费不足以支撑他上学、泡妞以及偶尔抽抽大烟。手头没钱，他就在东兴顺旅馆记账，食宿都记在账面上，说等最后一起还。

进了那年的深春时节，住在东兴顺旅馆的萧红已经欠下了六百元的食宿费。

旅店老板彻底翻脸了，让他们立即还钱。

汪恩甲说他回家去要钱，让萧红在这里等着他，然后就匆匆走了。

萧红怀孕的身子越来越笨拙，她乖乖住在旅店，等着她的汪恩甲带钱回来，她天真地想，也许他晚上就可以回来了，手里抓着一把洋钱，把玩得叮当作响。

但是，汪恩甲却一去无踪影了。

第三章　三郎，我在爱情里找到你

在并不美好的时节，遇上了一份最美好的爱情。那个夜晚，三郎驾一叶小舟，拯救的不只是她的生命和爱情，还有她的灵魂。他的三首定情诗，引领她走上创作之路。

怀孕少女文艺范的求救信

汪恩甲走了，终究没再回来。

他不回来，欠旅店老板的钱就还不上。

东兴顺旅馆当时在哈尔滨属于比较高级的旅店，这是一座俄式建筑客店，坐落在城市繁华区，正门开在朝西南的街角，两侧顺着东向北两条街展开，本来是不赊账的。

因为"九一八"事变住店的少了，旅馆便采取措施承揽客商，也因为当时萧红的叔叔是道里区税务局的，汪恩甲的哥哥当时又是道外教育局局长，这两个客人有这样硬的背景，旅店老板觉得他们最终不会欠账不还的。现在他终于发现，自己想错了，汪恩甲溜之大吉，汪恩甲的哥哥和萧红的叔叔非但不替他们还欠账，还怪罪旅店老板收留萧红和汪恩甲在这里同居，他们还想找他算账呢。

旅店老板彻底傻了眼，他立即给萧红调换了房间。原来住在上等客房的萧红被安排在一间小窗户上有铁栏的阴暗房间。这个房间狭窄阴暗潮湿，本是个小仓库，之所以让她搬到那里，一是那个房间根本不是客房，萧红腾出的好客房可以租给别的宾客，不耽误旅店的生意；二是她住到那里就相当于把她当人质软禁起来，汪恩甲的钱拿不回来，她就休想离开这所旅店，如果她出去后跑得无影无踪，向谁去要钱？

汪恩甲一去杳无音讯，萧红的心一点点变凉，汪恩甲给她的那点柔情和温暖慢慢褪去，褪到冰凉梆硬了无色彩。刚开始的时候，她还日日夜夜思念着汪恩甲，设想也许他要费些周折到处借钱，也许他被家人软禁起来了，过几天就会回来的。开始的那段日子她心里很平静，床头有汪恩甲买回来的几本书，她闲适地看看书，织几针毛衣，或者给昔日的同学朋友写封信。

她也给汪恩甲写信，她觉得目前信件是唯一可以联系上他的渠道，往他就读的学校、他的家里写信，都是石沉大海，杳无音讯。

起初，等待是一种苦辣酸甜的幸福煎熬，后来那份等待只剩下了煎熬没有了幸福，再后来，思念和等待变成了凄然的仇恨，她从来没有想到过自己会变成幽怨的怨妇，天天对着窗口铁栏外的那一小片天默默垂泪。

这些年，不论面对什么样的磨难和挫折，她都很少流泪，如今为一个薄情男儿，她却哭了。几度情，几度怨，都已经不堪回首，昨天的风花雪月，只留下她肚子里这个顽固生长的小生命，不管她如何落寞惆怅，不管她怎样折磨自己，顽强的胎儿自顾生长着，把萧红的肚子顶得高高隆起。现在她已经是一个行动困难的孕妇了，就是想逃也逃不了多远。在这样的情形下，她甚至开始怀念当初在街头流浪的日子，那日子虽然饥寒交迫，毕竟是自由的，毕竟是一个人吃饱全家不饿。现在，这沉重的肚子是怎样的拖累。

无限的怨，无限的恨。

有时候，她都不知道该怨恨谁，有时候她最怨恨的是自己，有时候是那个现在连模样都有些想不起来的汪恩甲，有时候是肚子里这个不安分的踢踢打打的小生命，有时候是东兴顺旅馆的老板。不管是怨也好，恨也罢，当下的境遇，使她只能无望地在旅店那个狭小的空间内徘徊。一身破旧宽大的衣装，满脸的妊娠蝴蝶斑，头发长长的，参差不齐，她不敢照镜子，觉得自己的形象无比丑陋，不敢设想自己的明天，明天会怎样，她不知道。她只有偶尔读读别的旅客丢下的一些旧报纸打发时光，实在苦闷的时候，她会在宾馆的纸笺上写上几句发泄的话，写出来，她觉得心里就痛快多了。

那个深春时节，她还在等待自己已经很渺茫的希望，但心底已经是无限的苦涩了，那首《偶然想起》就是这样信手写来的：

> 去年的五月，
> 正是我在北平吃青杏的时节，
> 今年的五月，
> 我生活的痛苦，
> 真是有如青杏般的滋味。

这首诗写完之后，她写信投给了东三省商报社副刊《原野》，并随诗稿附了一个短笺：

编辑先生，我是被困在旅店里的一个流亡的学生，几乎是失掉了自由。我写了一首新诗，希望您能在您编的《原野》上给我登载出来，在这样大好的春天里，可以让人们听到我的心声。顺问撰安。

诗稿寄出去后，杳无音讯，萧红以为自己的习作还没有达到发表的水平，就有些心灰意冷了。但是，她并没有因为这份失望而放弃写作，在无聊和困顿中她依然不停地写，因为只有在写作的时候，她才能暂时让她忘掉眼前的烦恼。

东兴顺旅馆老板发现，容留萧红这样住下去不是长久之计，食宿费日益增多，她名下的账也越来越多，要挽回经济上的损失，只有一个办法，那就是把萧红卖到附近的妓院里去。

不过，依照她现在这大腹便便的状态，是卖不上大价钱的，最好是生下孩子之后，孩子大人分别卖掉，才有可能多卖点钱。

旅馆老板这个盘算萧红已经知道了，她是无意中听到了老板和老板娘的谈话。听到那个消息她无比羞怒和震惊，感觉这个地方令人毛骨悚然。

那个夜晚，她睡到半夜就在噩梦中惊醒，她梦到自己被旅馆老板卖到了妓院，梦醒之后，浑身都是汗，整个人都被泡在虚汗当中。她抚摸着高高隆起的肚子和砰砰狂跳的心，还好，只是个梦，梦里的情景历历在目，她知道，如果再在这里住下去，这一切迟早会真的发生。

怎么逃出去呢？

在阿城的福昌号屯幽禁的时候，有姑姑和婶婶帮忙，现在谁能来帮帮她呢？

她想不出能帮到她的人，一股无助的凄凉袭击上心头，她无法再入睡。

七月，哈尔滨已经进入真正意义上的夏天。夏夜依然是清凉的，对于身怀重孕的萧红来说，凉爽的夜晚她依然感觉到闷热，外面似乎要下雨了，不一会儿工夫有凉风从小窗吹进来，带着细细的雨丝。

萧红随手从床边抓起一张旧报纸，这是白天的时候她在走廊上捡拾的一张别的住客丢下的旧报纸。报纸是在哈尔滨街头巷尾都能见到的《国际协报》，对开三大张，内容很丰富，特别是新闻评论和副刊，吸引着她认真看下去。

看完报纸，她决定给这个报社写封信，把自己目前的窘境告诉他们，她觉得求助媒体来帮助自己是最直接的途径。如果再不离开这个地方，自己很快就可能被卖到妓院。

她连夜写就了一封求援的信，在信里面把自己的情况简单作了介绍，说自己是北京女子师范大学附中的女学生，因为逃婚离开家，沦落街头，后来又被恋人抛弃在旅店，欠下旅店食宿费，因无力偿还费用被老板当做人质扣押，旅店老板马上要把自己卖到妓院去，眼下只能请求报社帮帮她。

萧红把写好的信小心翼翼折叠好，装进信封，在寄信地址一栏写下：道外十六道街东兴顺旅社二楼十八号。

过去，她向外面寄信很少写地址，这一次破例把地址写得很全，她想，万一报社有好心人来解救自己，好知道到哪儿去救她。

求救信寄出去后，萧红并没有抱多大希望。

这封信寄到《国际协报》报社，辗转到副刊编辑裴馨园手上。

盛夏的一个上午，在国际协报社副刊部的编辑室，裴馨园拿着萧红的求救信，和本部室的几个编辑分析这封信的真实性，因为他们曾经接到过虚假的行骗信件，裴馨园上过一次当，那次上当让他和编辑室蒙受了很大伤害，所以，面对这一类的信件，他们很慎重。

东三省商报社副刊《原野》的编辑方未艾和《国际协报》报社副刊编辑萧军是好朋友，那时候萧军的笔名是三郎，方未艾经常到《国际协报》报社找萧军闲坐聊天。那天，方未艾去找萧军，正遇上他和裴馨园在研究萧红的那封求救信。

方未艾早前看过萧红寄给他的诗稿，已经编辑好了正准备发表，一看那笔迹和信件的内容，方未艾认定写这封信的人和给自己寄诗歌稿件的是同一个人，他认为，这个写求救信的女孩子看来真的遇到困难了。

裴馨园和萧军觉得信上的笔迹很隽秀，像是一个女人的笔迹。萧军认为，出于媒体人的良知，应当派几个人去看看，如果是真的，就助她一臂之力，如果是坏人设的圈套，多去几个人也不怕她。

萧军长得个子虽然不高，但是粗粗壮壮，他练过多年的武术，喜欢打抱不平，好见义勇为，大约觉得这是个见义勇为的好机会，求救的又是一个娇弱的女学生，于是他跃跃欲试。

好朋友方未艾也鼓励他："三郎，你说得对，不管是真是假，都要去探探。"

说话间，副刊部办公桌上的电话铃声响起。

裴馨园接起电话，却是一个陌生女性的声音，声音很轻柔，听起来很年轻，带着浓重的东北口音。她说她叫张乃莹，就是给他们写求救信的那个女生。

裴馨园问她，是住在道外十六道街的东兴顺旅社二楼十八号吗？

萧红说，她正是被软禁在这个地方，因为欠了老板的钱，老板很快就要把她卖到妓院抵债，让报社的老师去救救她。

事态紧急，刻不容缓。那天下午，裴馨园带着报社的舒群等几个人抽出时间就赶往东兴顺旅社，萧军因为临时有事，没去成。

那个地方离报社不是很远，很快就赶到了。

来到东兴顺旅社，已经是夕阳西下的傍晚时分，他们在旅店的二楼甬道的一侧十八号房间门口见到的萧红，与他们想象中的女中学生形象相去甚远。

一见到《国际协报》的编辑们，萧红就像见到了久违的亲人，这是她被关在这个地方之后第一次有人来看望她，汪恩甲离开这里后，再也没有人为她进过这家旅店。

她带着这些她眼里的亲人走进她居住的那个杂物间，从来没有人进过她居住的小屋，一下子进来这么多人，小屋一下子变得更加狭窄了。傍晚时分，屋子的光线昏暗，即使阳光好的时候，大概也好不到哪里去。

萧红开了灯，灯光下，屋子里有些凌乱，因为人多，所以看不明白这间屋子里堆放着什么样的家具。一张双人床上散放着一些旧报纸，还有一些写过字的草笺，裴馨园随手拿起一张，是一些短诗，很稚嫩，但是很有文采，这是一首题名为《静》的短诗：

> 晚来偏无事，
> 坐看天边红，
> 红照伊人处。
> 我思伊人心，
> 有如天边红。

萧红不好意思地说，是自己随手写着玩的，写得不好，让老师们见笑了。

说这些话的时候，她微微低下头，一张脸上有谦逊、娇羞、还带着小女孩的娇嗔。就在她低头间，能看到她黑亮蓬乱的秀发间，居然夹杂着几根白发，在灯光照耀下白发闪着银光，虽然不算多，但是夹杂在黑发间，长在一个年轻女孩子头上，还是很显眼的。

她把自己的遭遇详略得当地告诉了这些她觉得值得信任和信赖的人：她的逃婚，私奔北平上学以及表哥的软弱背叛，乡下九个月漫长的幽禁，哈尔滨街头的流浪生活，同居未婚夫的无情抛弃，眼下被扣押做人质的凄惨命运……

她诉说的时候，眼睛里没有泪水，但声情并茂，打动了在场的每一个人，她经历的所有的一切都让人觉得心酸，大家对这个可怜兮兮的女孩子又多了几分心疼。

他们想马上救她出去，可是，大家微薄的收入一时半会儿凑不齐赎金，无法帮她还上她欠旅店老板的债。临走时，他们只能和旅店老板进行沟通，让他无论如何不要做伤天害理的事。

旅店老板口头答应了，这是缓兵之计，他不想招惹媒体，怕他们坏了他的生意，但是，他心里是有自己的小算盘的，打发这些编辑走了之后，他盘算着换一家离家远一些的妓院，神不知鬼不觉卖掉萧红。

《国际协报》报社副刊编辑们的到来，让萧红心中燃起了希望。她顾不得矜持，顾不得脸面，她要把这点希望当做最后的救命稻草，不管编辑部的老师们是不是嫌烦，第二天，她再次拨通编辑部的电话，当然，这电话是背着旅店老板打的。

裴馨园还没想到搭救萧红的对策，又担心她着急，就决定派萧军带上几本书去东兴顺旅馆安慰她，让她少安毋躁，静心等着他们想办法搭救她。

这个任务看似简单，其实很艰巨，萧军其实那天就想跟裴馨园一起去看望萧红，临时有事没去成，一直觉得是个遗憾。他内心深处是同情那个羸弱的女孩子的，他是个热心肠的男人，而且也结过婚，和女人零距离接触过，应该知道怎样安慰女人。不过自己那个没文化的草根老婆和大家闺秀出身的那个落难女学生根本不是一回事，他冥思苦想，见了萧红之后，他要怎样更好地安慰她呢？

一艘改变命运的小船

裴馨园交给萧军的任务是让他去探望安慰萧红，他找了两本书带上，一本是鲁迅先生的《呐喊》，一本是高尔基的《童年》，就出发了。

来到东兴顺旅社二楼十八号，萧红正坐在破旧的桌子边写着什么，一见到萧军进来，她一脸诚惶诚恐的惊喜。萧军自我介绍说他叫三郎，《国际协报》报社副刊编辑助理，裴馨园让他过来探望她。

她站起来，那形象让萧军着实吃了一惊。

夕阳的余晖下，站在他面前的女子是个即将临盆的孕妇，她穿了一袭褪了色的蓝色单长衫，长衫罩在她有着硕大臃肿肚子的身体上，依然显得有些宽大。长衫是民国年间女人日常穿的，带开气的那种，一侧的开气开了线，已经裂到膝盖以上了，于是这件长衫就变成了奇特的不等式服装。裂开的开气下是一双惨白纤细的腿和光赤的脚，脚上的鞋子很随意地穿着，说是穿着，因为鞋子严重变了形，其实就是挂在脚上拖着。

即使这样落魄，萧军还是能感觉到这个女孩子与生俱来的大家闺秀的气质。她身上有文艺女青年的特质，率真、可爱，脸上还带着一股子青春的稚气，特别是那双大眼睛，黑亮黑亮的，透着倔强和聪颖，一看就充满灵气。

萧红点点头，示意萧军坐下。

三郎这个名字她是知道的，他稿子写得很好。他看上去很年轻，二十四五岁的年纪，衣服不怎么整洁，但是整个人还是很精神的，两道剑眉夸张地竖立着，搭配着炯炯有神的眼睛，嘴巴比一般人大，嘴角向上微翘，显得倔强而调皮。这个三郎说不上有多么英俊，但是在萧红看来很亲切，一看到他，凭着第六感觉，就觉得他是自己可以依靠的人。

萧军坐下来，才看清楚了萧红住的这个房间的全貌，靠墙有一张双人床，床幔半垂，葱心绿的被子在床上半摊着，枕边散放着几本书，窗下有一桌两椅，屋子的墙面不怎么整洁，黑黑黄黄的，墙角上还挂着密密的蛛网，整个房间破败凌乱，把这个穿着不合身衣饰的娇小孕妇安放在这个地方，让人骤然生出一种悲悯感。

萧红是笑着的，见到三郎，她知道他们没有抛弃她，现在她最怕的就是被人抛弃。就像一个突然见到了亲人的孩子，她纯真地笑着，萧军发现，她笑起来很好看。

她把自己刚刚写的诗拿给萧军看。

这是一首小诗，就是后来流传很广的那首《春曲》：

> 这边树叶绿了。
> 那边清溪唱着：
> 姑娘啊！
> 春天来了。

在这种条件和环境下，她还能写出这样的诗歌，让萧军刮目相看，特别是诗的题目用了魏碑郑体双钩大字，那几个字写得很漂亮啊，能写这样一手好字的女孩子，该是多么内秀。透过这首诗，萧军感悟到他们的帮助对这个孤立无援的女孩子来说是多么的重要，他不敢保证他们的努力能达到什么样的结果，但是，如果能给她带来心情上的春天，也算是没有白白努力。

不知道为什么，自从看到萧红的第一眼起，萧军心里就有些放不下这个可怜兮兮的女孩子。

这不仅仅是因为怜悯之心，萧红那双大眼睛里的神气让萧军觉得，这不是个一般的女孩子，这样的女子不该就此毁灭，他要尽自己的力量拯救她。具体怎样拯救，他还没想好。

那天，他们谈了很多，谈人生，谈文学。

那天，是他们一见钟情的日子。

爱情很多时候是说不清道不明的。1932 年 7 月 12 日，那个仲夏日，一对文学青年之间有了心灵的契合，他们都被对方深深吸引了，都有一丝相见恨晚的惆怅。有的爱情无关身份，无关金钱，无关物质条件，只需一步，他们就爱上了对方。

从那天起，萧军经常到这里来看望萧红。

每次，他喜欢坐在小窗前的椅子上，说着说着，当两个人目光相碰撞时便会心一笑。或者，彼此某段时间沉默片刻，萧军就会透过那个小窗，看窗外美丽的松花江。

萧红是敏感的，从萧军的眼睛里，她读懂了他的心，但是，她不敢往那方面想。那时候的萧红怀着别人的孩子，她是另外一个男人的弃妇，而且还被作为人质扣押在旅店，她虽然很喜欢三郎，却不该确定这种喜欢算是什么情感，也不敢确定萧军对自己是怜悯，还是喜爱。已经受过两次伤害的女人的心是敏感脆弱的，她不敢奢望一份温暖的爱情，只能战战兢兢地远距离观望。

她每天都盼望着萧军，他来了，她无比快乐，他不来的日子，她就会觉得灰暗无比。

有几天时间，萧军因为忙着编稿子没去看萧红，她碰巧病了，发高烧，躺在床上没人照顾，孤苦无助的时候，却分外思念萧军，于是她勉强爬起来鼓足勇气给他打了一个电话。

电话中，萧红的声音疲惫又微弱，她轻声说："我病了，你能来看看我吗？"萧军听到那个声音，非常焦急，待他抽空到旅店时，发现萧红病弱地躺在床上，一见到他来，委屈的泪水夺眶而出，哽咽着说："这些日子你是不是很忙啊，还是已经忘了我了。我知道我现在是一个不让人喜欢的人，人们都不愿意接近我。"

萧军连忙解释不是她说的那样，自己确实很忙。看着她惨白憔悴的脸，萧军很心疼，于是说服了旅店老板，带她去看了医生。

萧红对萧军的这种依赖，变得越来越浓重。

萧军也越来越离不开萧红，她的睿智、开朗和那个时代女孩子少有的才气，让他不仅仅是喜欢，还有欣赏。

萧红的《春曲》这样写她和萧军之间的情：

> 只有爱的踟蹰美丽，
>
> 三郎，我并不是残忍，
>
> 只喜欢看你立起来又坐下，
>
> 坐下又立起，
>
> 这其间，
>
> 正有说不出的风月。

她爱萧军，迷恋着他这个人。其实，萧军此时是有家室，有老婆孩子的。他出生在辽宁义县，满族人，就像萧红原来的名字不叫萧红而是叫张乃莹一样，萧军原来的名字叫刘鸿霖，还曾经用过刘吟飞、刘羽捷、刘蔚天、刘毓竹等，民国年间又没有身份证，名字改来改去的也不太追究。除了这一大堆名字之外，他还有几个笔名，比如三郎、田军，等等。

萧军骨子里很另类，他少年时代读过许多古典小说，读古典小说的结果，一是使他喜欢上了文学，二是让他有了人生第一个理想。那时候他的理想是做侠客，所以很小的时候就偷偷拜师学艺练武术，按照最初的理想，十八岁那年他考上沈阳的东北陆军讲武堂第七期，在那里学习法律和军事，毕业后还在军队工作过一段时间。后来因为军队的军阀作风和他做侠客的理想相去甚远，就毅然离开了。

第一个理想破灭了，他开始追求另外一个理想，走文学之路，当作家。他在哈尔滨化名"三郎"在各报纸上投稿，发表了不少作品，后来就被聘用到《国际协报》报社副刊部工作。

另类的叛逆气质，在文武之间游离不定的行业选择，让家里人对他不太放心。在老家辽宁义县，家里早就给他订了一门亲，女方姓许，是一个朴实善良的姑娘，也不管萧军同意不同意，家里给他匆匆完婚。这种半包办性质的婚姻，不是文学青年萧军所希冀的小资情调的浪漫婚姻，也不是侠客萧军所需要的夫唱妻随一起闯荡江湖的豪放婚姻。萧军和许氏只有婚姻，没有爱情，两个人稀里糊涂生了两个孩子。萧军离家后，许氏也曾千里迢迢带着孩子从老家来到哈尔滨寻找萧军，由于当时萧军参加地下党的反日活动，政治环境恶劣，他就把老婆孩子打发回老家了。

临走的时候，萧军告诉那个眼泪巴巴的女人：自己以后还要漂泊天涯，生死未卜，别因为这样一个不靠谱的男人耽误了她的美好青春，回去后，如果遇上比他好的男人就改嫁吧，不必等着他，此一别，他们之间的关系就算清了，他不会再回那个家了。

这一番话相当于离婚宣言。许氏知道萧军从来没有爱过自己，乡下女人也是女人，也有自己的尊严，也要脸面，她擦干泪水，义无反顾带着孩子走了，连头都没有回，从此萧军的这个原配夫人就彻底在他的生活中消失了。那个女人回到老家后，也许一生都在默默等待一份无望的爱情，明知那份守望一点意义都没有，却依旧都会拿出一生的时间去消磨、等待，最终在痛苦中香消玉殒。

遇到萧红的时候，萧军已经宣布与第一任夫人许氏脱离了关系，让她自行改嫁。虽然他们没有办离婚手续，但婚姻关系已经名存实亡，他变成了真正意义上的孤家寡人，所以，萧红和萧军之间，都不算彼此的第三者。

萧军在等待救援萧红的机会，他相信，机会一定会有的，只是不能操之过急。

机会终于等来了，进入八月份，哈尔滨连降大雨，这是一场拯救萧红的大雨。来自四面八方的雨水涌进松花江，松花江水那几日每时每刻都在涨。1932 年 8 月 7 日夜，脆软的江堤终于支撑不住了，一夜之间河水冲破了江堤，道里道外等城区一片汪洋。

瞬间许多房屋倒塌，许多人被淹没在洪水中。

萧军工作的国际协报社因为地势稍高些，并没有进水，但是作为媒体人他第一时间就知道了松花江决堤的消息，第一个想到的就是住在江边东兴顺旅社的萧红，旅社一定被淹在了洪水中，她怎么样了？

他走出报社，向东兴顺旅社走了没多远，就被眼前的洪水拦住了，那边已经是汪洋一片，低矮的房子完全淹没在了水中，高一些的楼房也淹没了一半,有一些小船在水中划行着,搭救一些被困在洪水中的人。

当务之急是找到一条小船。

他焦急地问一个刚刚靠岸的小船上的人,他们的船是不是可以借他用用,人家告诉他,那边有租小船的,他可以去租。

萧军来到租小船的地方,碰上了《原野》的编辑方未艾,他告诉萧军,他们的编辑部和附近的东兴顺旅社都被水淹了,他从那边刚刚逃出来,路过东兴顺旅社的时候想用船载上萧红一起走,她说她等着三郎去救她。末了,方未艾说,这会她大概还在那儿望眼欲穿地等着萧军呢。

这个死心眼的女子。

萧军心里又多了一分急。

他租上小船,划向东兴顺旅社的方向,到处是水,过去的参照物不好找了,只能盲目地向大概的方向寻找。这时萧军才深深意识到,这个女人在自己心中的分量有多重。

此时,东兴顺旅社一楼已经完全淹没在洪水中,旅店老板也已顾不得扣押在二楼的萧红欠账的事,关键时候,他在乎的是自己的命。老板都逃得无影无踪了,那里的住客自然也都跟着逃离了,最后困在楼上的除了萧红,还有一个老茶房。老茶房是被旅店老板下令留在这里看守萧红的,否则他也早就逃命去了。

水越涨越高,眼看就涨到二层楼板了,一点也没有回落的迹象,还在一寸一寸往上涨。萧红挺着大肚子站在楼梯边,看着马上就要涨到脚下的水流,吧嗒吧嗒掉眼泪,这一片汪洋,是要把她吞没的节奏吗?楼上什么吃的都没有了,她困在这里已经一天一夜没有吃没有睡了。饥肠辘辘中,她感觉无比疲惫,却又不敢睡去，她怕自己在睡梦中被洪水卷走。

泪眼蒙眬中，她把自己这二十年经历的一切都在记忆中过了一遍，哭过笑过，爱过恨过，只是，她从来没有获得过真正的温暖、真正的幸福、真正的爱情，莫非短短的一生就这样到头了吗？她不甘。凭着直觉，她觉得三郎萧军会来救她的，没有为什么，只是她的直觉。

三郎真的来了，她看到他了，驾着一叶小舟，行进在风雨中，奋力向这个方向划来。

萧红破涕为笑，使劲儿向他挥手，那一瞬间她甚至想跳起来，事实上她根本跳不动，笨重的身子把她沉沉地拖住，她只能做着跳起来的动作。萧军登上二楼的一刹那，她扑到他怀里嘤嘤嗡嗡哭出声："三郎，我终于把你等来了。"

萧军拍拍她的后背安慰她："好啦，好啦，找到你就好啦，快上船！快上船！水马上就淹没这里了。"

萧军把萧红扶到船上，把她仅有的一件行李搬上船。他做这些的时候，旅店的老茶房在一边默默看着，没有阻拦他，隐隐是说了句让萧军担保接她出去以后要找他要钱的话，见萧军根本没有搭理他，也就罢了，没再纠缠。他大概在想，与其让这个女孩子在这里困死饿死淹死，还不如让她逃个活命，毕竟这是两条性命啊。她逃走了，自己也就没有看管她的使命了，随后也可以想方设法逃个活命了。

小舟离东兴顺旅社越来越远，每走远一步，萧红的心就轻松一分，几个月扣押在这个地方的噩梦总算结束了，这辈子她再也不要回到这个地方了。萧军用力划着小船，他硕壮的背影，让她很有安全感，她想，如果靠在这个结实的肩膀上好好歇息一下，一定很温暖。

离开东兴顺旅社，摆脱了被扣押的困境，萧红的去处依然是个难题。她无家可归，萧军自己租住着一处简陋的住房，根本无法安置她，他就和裴馨园商量，让萧红先到他们家暂住。裴馨园回家和老婆商量了一下，就收留了萧红，让她先住到了自己家里。

吃住在别人家，有诸多的不方便，再加上萧军的暴脾气和一个什么都做不了的孕妇萧红，很是给人家添了不少麻烦。好在住进去没多久，萧红就到了分娩的日子，阵痛袭来之际，萧军闻讯赶到，手忙脚乱把她送进道里的市立医院。他是做过爸爸的，但是他的孩子都是在乡下出生的，没见识过女人在医院生产的繁琐。他口袋里没有住院费，四处借了，实在借不到。没钱，医院是不收病人的，没有什么职业道德可讲的。萧红在一边咬着牙呻吟，那呻吟声刺痛着萧军的心，他拳头一横，恨不得揍医生几拳，他忍了忍，最终忍住了心中的怒火，绕开医生，直接把萧红送进医院的三等产妇室。

一个小生命在洪水刚刚退去的这座城市降生了，只是这个小女婴并不受欢迎和祝福。第一眼见到她的那个男人和她一点关系都没有，尽管他一直守候在她妈妈的身边，却不是她的亲生父亲，那个刚刚当上妈妈的瘦弱小女子，连看小女婴一眼的力气和心情都没有，她紧紧闭着疲惫的眼睛，虚脱了一般。

护士把孩子抱出去包扎，然后，把放着孩子的小床推到萧红的床边，萧红看到一张皱皱巴巴的小脸，从那张小脸上，她似乎看到了汪恩甲的影子，于是那噩梦般的日子又影子一样笼罩在她的记忆中。

这是汪恩甲的女儿，这个孩子是孽根。这样想着，她朝那个熟睡中的女婴使劲摆摆手，神经质大叫："快把她弄走，我不要她，不要啊。"

尖利恐怖的叫声把临床的产妇们惊得瞠目结舌，大家都以为这个女人疯了，又或者是得了产后抑郁症，试想有哪一个妈妈不心疼自己的骨肉的。

护士把小女婴放在萧红身边的板桌上默默离去，那个地方很硬，和在妈妈怀抱里的感觉不一样，女婴哭了，先是响亮地大哭，后来哭累了，便是嘶哑地哭，疲惫地哭。

因为刚发完一场洪水，那个夏季的蚊虫比往年更多，萧红在她的自传体作品《弃儿》中曾经有过这样的描写：

> 孩子生下来哭了五天了，躺在冰凉的板桌上，涨水后的蚊虫成群成片地从气窗挤进来，在小孩的脸上身上爬行。

她懒得多看这个孩子一眼，她把自己对汪恩甲所有的怨和恨都撒到这个无辜的孩子身上，奶水下来后，奶子涨得很痛，可她宁肯痛着，也不给那个饿得无力哭泣的孩子吃上一口。

没人能体会她心中的痛苦。

萧军担心这样下去，这个小女婴会夭折，在征得了萧红的同意后，他把这个孩子送了人。

孩子被一个穿白色长衫的女人抱走了。

当女婴被别人抱走的一瞬间，她把头蒙在被子里，嘤嘤哭起来。她自责，觉得对不起自己十月怀胎生下来的这个孩子。这种悔恨和自责一直伴随到萧红生命的最后一刻，直到十年后她临死的那一刻，还在牵挂着这个没吃过一口母亲奶水的孩子，临终前，她委托身边的端木蕻良，一定要替她找到这个孩子。

穷哈哈的文艺青年

萧红昂贵的住院费萧军是付不起的，最后，他带着萧红逃离了那家医院。

不能再去裴馨园家了，人家又不是难民收容所，因为他们的居住让人家的温馨生活失去安宁，他们也于心不忍。临住院前，裴馨园的妻子、母亲已经明显表现出了对萧红寄居的不满，萧军甚至还和裴馨园的老婆吵过架。出院后，他们住进道里公园对面道里新城大街的欧罗巴旅社。

在欧罗巴旅社三层的一个小房间里，他们同居了，那间小客房就成了他们的新婚洞房。

这个有着西方浪漫名字的旅店，很具欧式浪漫风情，不过他们租住的房间属于最低廉的，工资低得连萧红的住院费都支付不起的萧军，是没钱租住高档房间的。

那个秋天，在欧罗巴旅社，他们度过了爱情中最初的蜜月，那是贫寒幸福甜蜜的特殊蜜月。两人往往是有了住店的钱，就没了吃饭的钱，每天的日子就在黑列巴就着白盐泡着清水中度过。黑列巴是俄罗斯人的一种主食，就是由面粉、荞麦、燕麦烤制的黑面包，那个时代的哈尔滨人也喜欢用它做主食，价格很便宜，携带也方便，买上一个，胳肢窝一夹就回来了。讲究一些的俄罗斯吃法是蘸着黄油、鱼子酱，喝上一杯酸味俄罗斯啤酒，但是，他们艰难的日子容不得他们穷讲究，只能蘸着盐巴，喝着白开水。

大多数的时间里，都是萧红寂寞地在欧罗巴旅社的小房间发呆，等上一天，直到黄昏时分，才等来萧军。回来的萧军往往会夹着一块黑面包，带着冷冷的秋风匆匆走进门。他们对坐着，你一口，她一口吃着那个干硬的黑列巴，盐巴也舍不得多蘸一下，谁蘸多了，另一个就会说：省着点吃亲爱的，这样度蜜月，会咸死的。

当时的萧军已经没有固定工作了，他外出主要的任务就是到处谋职，或者借钱糊口。像他这种没有正当职业的人，张嘴向别人借钱很不容易，人家能借给他三角五角就不错了，借到一元的时候极少。借到的钱必须省着花，否则下顿就要饿肚子。有时候，连黑列巴都吃不上，两个人饿着肚子拥在一起，躺在床上，透过窗子看秋夜的星空，谈文学，天马行空地谈一些不着边际的话题。有时候爱也可以充饥，两个人深深爱着，居然能把饥饿的事情渐渐忘却。

萧红的身体还很虚弱，由于严重缺乏营养，产后的她身体一直恢复不上来，脸色苍白，头发脱得厉害，肚子瘦下来了，整个人也瘦了一圈。

萧红只希望肚子瘦下来，那拖着沉重的大肚子度过的十个月对她来讲简直不堪回首。有时候，她做梦还会梦见自己被沉沉的肚子压得喘不过气来，从梦中惊醒后，她下意识地把手放在小腹上，小腹瘪瘪的，依然有些痛。自从生完孩子，她的肚子总是隐隐作痛，不过，好在它现在已经是平平的了，抚摸着平平的肚子，她这才放下心来。

身边躺着她的三郎，他正在香甜的睡梦中。

三郎的身体结实宽厚，和她的娇小形成强烈反差。他看上去真壮硕，秋夜已经很凉了，可能是他火力壮，总把被子掀到一边自顾睡。萧红便又给他重新盖好，默默看着他粗大的五官，听着他粗重的鼾声，她忍不住温情地吻了一下他宽大的脸颊。

　　萧红陶醉于萧军为她制造的爱的浪漫和晕眩中："当他爱我的时候，我没有一点力量，连眼睛都张不开。"

　　这爱情是新奇的，投入到和萧军的热恋当中，萧红才发现过去她和表哥陆振舜之间，和汪恩甲之间的感情纠葛根本就谈不上是爱情。

　　他们在欧罗巴旅馆住了一个多月，之后，他们连这个地方也住不起了。萧军失去了给裴馨园当助理编辑的工作，每月二十元的固定收入没有了，那点收入至少可以维持两个人能吃上黑列巴。

　　好在萧红已经习惯了这种穷愁潦倒的日子，有一个人陪着自己流浪，比起去年这个时候一个人流浪街头要踏实多了。他们搬到了商市街，这个住处是一个跟着萧军学武术的学生家提供的，学生的家长是哈尔滨铁路局的财务处长，家境自然殷实，家里条件太好了，就担心有人绑小孩的票，所以聘萧军来做家教，主要是教武术。

　　听说有了自己的住处，萧红激动的一夜没睡好，第二天来到萧军学生的家，从正房走出一个身着皮大衣，脚蹬高跟鞋，红唇卷发、腰肢纤细的妙龄少女。因为那份美丽那份风情，萧红便留意多看了几眼，女人也是喜欢看绝色美女的。四目相对时，萧红和那个美女都惊呼起来。

　　萧红说："汪林，你怎么在这里？"

　　时尚美女说："张乃莹，我还想问你呢，你怎么知道我们家住在这里？"

　　萧红才恍然大悟，这里原来是自己中学同学汪林的家，萧军的学生就是汪林的弟弟，也就是说，现在汪林是自己的房东了。

　　说是中学同学，她们其实不是一个班，汪林比她还低一个年级，但是上学的时候都很熟悉。而今曾经的同学不期而遇，汪林并没有轻视看上去一副落魄样子的萧红。她对萧红的热情，一方面因为她们曾经是同校同学，还有一方面的原因，因为汪林的弟弟现在正跟着萧军学武术。

住在老同学家里，对他们还算是照应，至少，房租免收了。

萧军每天利用早晚时间教房东的小孩武术和国文，这样每个月就有了二十元的学费收入，而且也有了一个简陋的栖身之地，有了一个属于自己的家，就像萧军写的那样：

> 像春天的燕子似的：一嘴泥，一嘴草……我和我的爱人终于也筑成了一个家！无论这个家是建筑在什么人的梁檐下，它的寿命能安享几时，这在我们是没有顾到的，也不想顾到的。我的任务，只是飞啊飞……寻找着可吃的食物，好似等待在巢中病着的一只康强起来！

现在萧军的主业是做家教，做自由撰稿人成了他的副业。业余时间，他为《国际协报》等报刊撰稿，那个时代的稿酬高，加上这些稿费，他们的日子过得有了些起色。有了稿酬的填充，他们除了能吃上黑列巴和白盐，偶尔也能改善一下生活，吃上碗热热乎乎的热汤面，碗里还能放上几片菜叶，这对于他们来说，已经算是奢侈生活了。当然也有比这个更奢侈的时候，比如新拿到一笔稿酬，他们也会撒着欢儿败一次，到门口的小饭馆要两个馒头，一份丸子汤，你分几个，我分几个，丸子的味道好坏搁到一边，那份小情调却是足足的，他们偶尔这样很惬意地吃上一顿，不过这样的时候很少。

商市街是一条商业街，店铺林立，街面上很繁华，小商小贩们在街头兜售各种各样的生活用品，有老毛子那边的舶来品，也有国产货。商家们基本上都是前店后宅，前面的铺面做买卖，后面的宅院住人。萧军和萧红住的那个地方在商市街 25 号大院后院，不是什么正儿八经的房子，而是煤棚旁的偏厦子，说穿了，就是间锅炉房。那个地方原本是不住人的，低矮阴暗，只有一个门，门上镶着一块窄小的玻璃，连窗户都没有，大白天里面的光线都是昏昏沉沉的，那可怜兮兮的光线只能通过那块窄小的玻璃供给进去。

那时的萧红，就是借着门上小玻璃透进来的那点微弱光线，帮着萧军抄稿子，后来自己也尝试着创作作品。屋子里没有电灯，他们根本装不起电灯，也交不起电费，晚上的照明就用蜡烛。白天是阴暗的光线，晚上是昏暗的烛光，经常在这样的光线下抄写，萧红的视力急剧下降。

冬季烟熏火燎的，到了夏季松花江的湿气倒浸上来，里面潮湿闷热，比睡在露天还难受。对这个所谓的家，萧红想爱却爱不起来，她在作品中这样描写商市街的这个家：

> 多么无趣，多么寂寞的家呀！我好像落下井的鸭子一般寂寞并隔绝。肚痛，寒冷和饥饿伴着我，什么家？简直是夜的广场，没有阳光，没有温暖。

但是，因为这个家里面有她的爱人萧军，所以，面对这样寂寞，这样无趣的一个家，她还是用十二分的热情努力做好家庭主妇。只是，她这个家庭主妇有些笨，从小就是家里的大小姐的她根本没有做家务的经验，把好好的一锅饭烧焦，把好不容易生起的炉火熄灭的事经常会发生。

不是每个女人生来就会过日子，萧红在过日子方面天生愚

钝，萧军挣回来的那点钱她总是掌管不好，所以有的日子还是
会饿肚子的，半夜饿的最难受的时候，她甚至动过偷邻居挂在
过道门上列巴圈的念头。好在，她已经不是童年时代在呼兰老
家偷储物室里好吃东西的那个调皮女孩了，她战胜了自己，含
泪目送萧军饿着肚子出去工作。这时候，萧红面有愧色，她不
知道用什么能填饱他们的肚子，桌子可以吃吗？草褥子可以吃
吗？如果可以吃，也早就被他们吃掉了。

　　萧红看着萧军每天戴着他的飞机帽在外面为两个人能吃上
饱饭奔波，也想替他承担点生活的重压，就在朋友的介绍下，
去试当电影院画电影广告的电影广告员。在阴冷飞着清雪的哈
尔滨严冬，萧红顶着雪花在中央大街上的一所电影院奔波了六
次，最终还是没做成电影广告员，做广告员的理想只落在了她
后来写的《广告员的梦想》中。

　　在这条繁华的商业街上，每天行走着各路人等，让萧红最
受刺激的是那些衣饰高贵，穿着时尚的摩登贵族的夫人和小姐，
她们带着一股香风目空一切行走在街上，曾几何时，她也曾是
她们中的一个，但是，现在她早已从她们的阵营中走出来，变
成了与她们完全不同的两种人。

　　从租住的阴暗偏厦子走到街上，虽然穿得破破烂烂，但萧
红表现得并不自卑，腹中有诗气自华，一身破旧衣掩饰不住她
的文艺女青年范儿。只是遇上过去的同学和朋友，她还是会有
失落感。

　　萧红在租住的没有炉火的房间内偎在床上，披着被子，依
然是冷，两腿几乎麻木了，炉子里昨夜燃过的炭火连余温都没
有了，墙角已经积上了一层白白的冰霜，那时，外面的气温比
屋内都暖和。萧红走出去，站在街边看街景，初冬的暖阳是穷

人的救星，她百无聊赖地站在街边一隅。

从房东家里飘来做午饭的香味，一闻那味道，就是在做炸酱面。好香好香啊，她忘记了自己已经有多久没吃过炸酱面了，那香味勾得她的肚子不争气地咕咕叫起来。她忍着，使劲忍着，不断咽着口水。

汪林从街上回来，看到站在街边的萧红，和她搭讪："这么冷的天，站在外面做什么？"

萧红想说外面比屋子里暖和，话到嘴边又咽了回去，她自嘲地笑笑说："看看街上的风景。"

"中午在我们家吃吧，呀，我闻到了，炸酱面的味道，在我们家吃炸酱面好吗？"汪林今天不知遇到了什么高兴事，热情地邀请萧红跟自己回家吃饭。

萧红不好拒绝，就在汪林家蹭了一顿饭。

那不过是一顿家常的炸酱面，那味道却永远留在了萧红的记忆中，每每回想起那顿炸酱面，那销魂蚀骨的香味就在记忆深处缭绕不去。很久很久没有吃过这样香这样饱的饭了，肚子填充得饱饱的就有了温暖慵懒的感觉，有些昏昏欲睡了。那天，汪林还请她看了一场新上映的电影，是胡蝶主演的一个新片。

坐在影院的椅子上，汪林悠闲从容地嗑着松子，松子是花了几角钱买来的，这买零食的钱够萧红一家两天的伙食费，接过汪林递过来的松子，萧红迟迟没有往嘴边送，她已经不习惯吃零食了。汪林那底气十足的样子，萧红其实是羡慕的，表面上她不想在气势上输给谁，心理上她早就输了。和汪林走在一起，她一直在自惭形秽，她不敢看街边的玻璃橱窗，怕看到里面自己的形象和汪林对比产生的巨大反差，她能想象出，在镜子的映照下，在汪林的衬托下，自己看上去像是三十多岁的妇人。

二十一二岁的花季女子，在饥寒中煎熬，她觉得自己已经没有青春了。

穷归穷，但对于近在咫尺的亲人们，萧红从来都不肯和他们搭上半点关系，这个倔强的女子绝对不在家人面前低下自己的头颅。堂弟堂妹有在哈尔滨上学的，想方设法找到她并去看她，看到姐姐那落魄的样子，便不忍，便想给她放下点钱，便劝她回家。萧红拒绝了，她宁肯借朋友的钱，也不肯接受家人的一分一厘，她说，家我是不能回的，钱我也不能要。

她不要回那个家，她不要家里的钱，她不想再欠他们什么，那个家已经跟她毫无关系了。她已经找到真正的爱情了，她下定决心跟着她心爱的三郎做最幸福的流浪汉。

流浪的日子很苦，苦中却有别人所不知道的乐。

流浪的日子是充满诗意的浪漫的。

夏日的夜晚，租住的阴暗偏厦子闷热难耐，实在待不下去的时候，他们会手拉手走上街头，走到松花江畔，面对滔滔江水，萧军用手里的三角琴弹着狂烈的乐曲，萧红扎着短辫穿着夸张的廉价衣裙守在他身边，弹到高兴处两人还会即兴唱上一曲。

萧军除了到处打工，大多数业余时间是用来创作的，和萧红一起到江边浪漫的时间并不是很多，那时节，他已经算是当地较有名气的作者了。萧红一开始帮着萧军抄稿子，她自己过去只写一些短小的诗歌，在萧军的影响下也拿起笔，开始尝试写散文，写小说。当她沉下心开始构思的时候，许多人和事就浮上脑海，走向她的笔端，以福昌号屯为背景的《王阿嫂的死》《夜风》等，都是这个时期的作品。

萧红的第一个笔名是"悄吟"，悄吟，悄悄地吟诵，她不甘心让卑微的生命淹没在黑暗中，她要努力发出自己的声音，哪怕只是微弱的细小的呻吟。她这个笔名真好，温婉美丽又不失诗意，是她自己取的，还是萧军帮她取的？

新年的时候，国际协报举办"新年征文"活动，这种征文奖金一般比稿费还高，萧军让萧红也写一篇征文试着投投稿，她写了《王阿嫂的死》，文笔相当流畅，在"新年征文"中发表，用的就是悄吟这个笔名。这篇稿件在哈尔滨文坛产生了轰动效应，作品影响很大，连萧军都叹服她的文学功力，认定她是天才，天生就是当作家的材料。

从此萧红的文学创作生涯正式开始，而且一发不可收拾。她开始把自己经历的那些人和事写成散文故事和短篇小说，其实，她那时候还分不清散文和小说的区别，她的小说都是生活中的真人真事，虚构的成分很少，介乎散文和小说之间，界限很模糊，不过，作品的文学性很强。那时候她的笔名除了悄吟，还有田娣。哈尔滨的几家报刊都在刊载萧红的文稿，只一年的时间，她就发表了多部短篇小说和多篇散文。

萧红不再是吃闲饭的女子了，她经常能领到自己的稿酬，她成了人们敬慕的女作家，尽管这个女作家的作品还有些稚嫩，尽管她自己还没有充分认识到自己的潜力。

两个人写出了一些高质量的作品之后，就想着一起做点事，比如搞点初级文化产业什么的。两个人合作把萧红的作品《弃儿》改写成了电影剧本，找到左翼文艺团体寒光电影公司，本来公司很看好这个本子，觉得可以拍摄，怎奈萧红和萧军提的要求电影公司觉得太无理了，他们不能答应。他们的要求有多无理呢？原来是两个人要分饰片中的男女主角，拍摄的事最终流产。

电影没合作成功，他们又想合着出一本作品集。

萧红提前把作品集的每一篇样稿都整理出来，誊写清楚，装订成册。稿件的封面上，萧军精心用红墨水写上了"跋涉、三郎、悄吟合作、1933"一些文字，最终的封面就选用了这样简单的一个设计。书中收录了萧军的六篇小说《桃色的线》《烛心》《孤雏》《这是常有的事》《疯人》《下等人》；萧红的小诗《春曲》，短篇小说《王阿嫂的死》《广告副手》《小黑狗》《看风筝》《夜风》。出书的钱是在《五日画报》社工作的舒群和一些朋友们集资凑起来的。

1933年10月，萧军和萧红的第一部书《跋涉》由哈尔滨《五日画报》印刷社正式出版，三十二开，毛边。出版前因为没有经过伪满洲当局的审查，被定为非法出版物，致使本来已经发到商场代售的书，没出售几天，便被迫禁止发售，没卖出去的全部被查封并焚毁。

第一部书刚出版，就遭遇到这样悲惨的命运。

面对失败和挫折，他们表现的平静而淡然。或许是已经习惯了失败，他们输得起，只有输得起的人才有赢的机会。

这本书一共印了一千本，除去被查抄的，已经所剩无几了，后来，萧红、萧军还把手头仅有的几本《跋涉》拿出一本寄给了鲁迅，这已经是一年后的事情了。

流浪青岛

谁都没想到，《跋涉》的出版会给他们惹来一场大麻烦。

当局把书查封了，收缴了，焚烧了，但是远远不算是结束，因为书中的文字有揭露日伪残暴统治的内容，他们被当局盯上了。

一开始只是盯梢，盯着他们住在哪儿，所以萧军和萧红外出回家时，走到离家不远的街上，总是先到街对面有米黄色招牌的小食品店，或者躲到附近的秋林商场，装作去买东西，等确认没人跟梢时才敢放心大胆走进去。

盯梢的人一般是便衣，有时候也会很招摇，骑着电驴子，戴着墨镜。所以，看到门口附近有停放的电驴子或者有戴墨镜的人活动，他们就隐蔽起来。

到了1934年的春天，他们的处境越来越危险，随时都有被逮捕的危险。

这样的日子必须结束，总这样下去，即使不被捕，心理也会崩溃。

对于一无所有无家可归的赤贫流浪者，在哪儿都是流浪，何必要在一个地方做困兽。1934年6月，他们决定离开商市街，到别处去流亡。那时候，他们和地下党组织已经有了深深的接触，党组织同意他们的决定，并帮他们锁定了下一站的目标，山东的青岛。

先是坐火车，然后是转轮船，初夏的一天，他们告别了梦想起步的地方哈尔滨，从此踏上流亡之旅。

再见了哈尔滨，再见了商市街。那里留下了他们在寒冷饥饿疾病中痛苦挣扎的记忆，也留下了美丽浪漫幸福的爱情的印迹。

从商市街沉郁冰冷僵硬的梦中跋涉出来，他们不知道等待他们的下一个梦将是什么样的，未来是不可预测的，他们只有默默祈祷一切会好起来。

一只小皮箱就是他们全部的家，他们在洒满阳光的夏日午间，风尘仆仆走下渡轮，踏上了青岛的土地。

那天是农历五月初四，中国传统节日端午节的前一日，萧红就是端午节出生的，再过一天就是她的农历生日。

在哈尔滨时候的好朋友舒群带着他的新婚妻子去码头迎接他们，舒群早就走上了革命道路，他不仅是作家，还是革命活动家。早在哈尔滨时他就被日伪特务盯上了，所以在几个月前离开哈尔滨到了青岛，短短的几个月，他不仅和当地的地下党取得了联系，还找到了美丽贤惠的妻子倪青华。

一踏进一个新地方，就有朋友做地接，这是何等的温暖。

海滨城市青岛给他们的第一印象不错，这座城市美丽整洁又热情。他们被舒群夫妇接到舒群岳父的府上——倪家公馆暂时落脚。倪家公馆的主人是倪青华的大哥倪鲁平，他的对外身份是青岛市政府劳动科科长，党内身份是青岛市委组织部部长兼地下党机关刊物《磊报》主编。

住在倪公馆，萧红有一种久违的温馨安逸感，当年，这样华贵的生活方式曾是她的人生常态，很久不睡这样软的床垫，不吃这样精致的食物了，她快把这种生活方式遗忘了。

不过这个地方只是停停脚，他们也不想给别人添太多麻烦。第二天刚过完二十三岁的生日，萧红他们就搬到了观象一路一号一座石头基座垒成的二层小楼，在这个地方，舒群已经帮他们租好了房子，楼下两间房子的一间归舒群夫妇居住，另一间归萧军和萧红居住。

当初房子的主人设计这座楼房的时候，一楼本来是给佣人住的，属于半地下建筑。一楼的面积不大，如果两家都挤在一楼就太狭窄了。萧红他们便把楼上的一个有太极图的单间租下来，从楼下搬到楼上住。

和哈尔滨商市街的偏厦子相比，这里简直就是天堂，晴好的日子，灿烂阳光洒满房间，商市街那个阴暗潮湿的小房子和这里简直没法比。之后，萧军以刘均的名字在《青岛晨报》找到一份编副刊的工作，家务由萧红操持，两个人的家没有太多的家务做，现在不像在哈尔滨的时候，整天为吃不饱饭而奔波着到处借钱，萧红正好腾出时间来踏实写作。

在青岛的日子，无疑是萧军和萧红在一起时最幸福最浪漫的一段时光。

萧军又恢复了他浪漫不羁的本性，他的穿着很随意，经常戴着一顶边沿很窄的毡帽，毡帽前面垂着，后边微微翘起，在如今的一些演绎民国的影视剧中，经常能看到这样的毡帽；上身是一件浅黄色俄式衬衫，非常宽大，通常情况下他都会加束一条皮腰带；下身却是一条短裤，脚上不是皮鞋，不是布鞋，而是草鞋。这种装束在那个时代的青岛街头非常草根，街上拉洋车的洋车夫大都是类似的装束，其实这种装束在哈尔滨男青年中很潮，是最时尚的装扮，但是在青岛却不算是时尚。

萧红依然很率真，出现在人们视野中的时候，她总是质朴可爱的，很接地气，比如她的头发，就那么随性地用一条天蓝色的丝带简单束一下，那条丝带不是在街上的饰品店里买来的，而是从一块做衣服的丝绸下脚料上撕下来的，边缘毛毛刺刺的，显得很粗糙。她身上的旗袍是棉布的，其实棉布这种朴素的面料并不适宜做旗袍，质地太粗糙，显示不出旗袍的温婉柔美。萧红头上束着粗糙的丝带，身上穿着最平民化的旗袍，脚上的鞋子后跟已经磨去一半，颜色也不太分明，显得破破烂烂。不穿旗袍的时候，她会穿一条旧西裤，看起来更像是邋里邋遢的粗野村姑。

哈尔滨的女子是最会打扮，也是最爱打扮的，曾经身为大家闺秀的萧红，二十岁之前也是打扮得最漂亮的女孩。她其实很爱美，只是萧军做副刊编辑的那点收入不足以支撑她把自己打扮成公主，能解决温饱对他们来说已经是很大的进步了，别忘了，在哈尔滨，他们连温饱都得不到保障。

是的，他们生活的主基调还是贫寒。

贫寒的生活让人顾不得脸面，也顾不得矜持。作为漂泊者，梦可以漂着，心可以漂着，脚步可以漂着，但是胃口不能漂着。有任何挣钱的机会萧红都不会放过，《青岛晨报》后来发生变故，一些破旧家具丢弃在那儿没人要了，被萧红拾了去，用独轮小木车载着到街上拍卖。旧家具是两三副木床板和几条木条凳，其实是卖不了几个钱的，如果值钱的东西人家能丢弃掉吗？萧红拽着好朋友张梅林和她一起上街去卖，梅林觉得很难为情，说这些破木头我们还是不要了吧，不值几个钱。萧红睁大清澈润泽的大眼睛，很是不理解他："怎么不要？这至少卖十块八块的。"

十块八块对于萧红已经算是一笔巨款了。如果有这样一笔钱，她可以做很多事情，可以买件新旗袍，可以买一瓶杏仁露止咳治治自己的咳嗽，最近一段时间，她经常不停咳嗽，有一位来他们家拜访的女学生告诉她，杏仁止咳露治疗咳嗽很灵的，不妨买来试试。萧红淡然一笑："等三郎在报馆发了薪水就去买。"可是萧军的薪水发下来了，杏仁止咳露依然没买，她舍不得花这份钱，这属于计划外的开支，花去这笔钱，一个月的生活又要紧紧张张了。

她珍惜眼下这来之不易的生活，她现在很满足，觉得过得蛮好。

萧红现在已经是一个称职的家庭主妇了，她会从菜市场讨价还价买回最新鲜的蔬菜，然后烹制出许多花样的菜肴，她还做过俄式大菜汤，主食有时候是用平底小锅烙的油饼，招待朋友的时候，这是她的拿手厨艺。

她经常写一些短篇小说，在《青岛晨报》副刊上发表，文字依然清丽纤细，有女作家的细腻，也有女作家文字中所不具备的拙朴和别具一格的牧歌情调。

过去在哈尔滨流浪的时候，萧红从来不想家，甚至随时都想远远地逃离那片土地。现在远离了故乡，呼兰河畔的一幕幕时常会出现在她的梦里，还有幽禁了她七八个月的福昌号屯里发生的那些故事，会活灵活现在她的脑子里重演，她忍不住要拿起笔，把他们的故事记录下来。

萧红开始静下心来创作她的第一部长篇小说，她坚信自己已经有能力把控更大篇幅的作品了，《生死场》的构架已经基本形成。

写《生死场》的萧红，必须这样衣着简朴，一身村姑打扮，这身行头便于她零距离接近她塑造的角色。写作累了，便从窗口向外探望，沉思。

萧军也开始写他的大部头巨作《八月的乡村》，其实这部书稿在哈尔滨的时候就已经起草了。

两个人喊齐了一二一，开始在文学道路上起跑，比赛谁写得快，今天我写了多少字，你写了多少字；比赛谁写得好，有朋友造访时，萧红会把新写的部分章节读给他们听，那美妙的文字让萧军感觉到羡慕嫉妒恨。

这是一场浪漫的文字竞赛，两个相恋的人，在文学创作的竞赛中互相鼓励，也暗暗较劲。创作的时候，他们专心埋头写作；入夜闲下来的时候，他们紧紧拥在一起，谈论的依旧是文稿的事情；说到不同见解，还会激烈争吵起来，争得面红耳赤的时候，谁都不会先认输。

萧红的《生死场》写得很苦，那些不愿搅动的已经沉淀的痛苦记忆，又被她重新寻找回来，故乡底层人的悲惨命运被她用笔写在纸上，她陪着他们受难，陪着他们流泪。

　　"在乡村，人和动物一起忙着生，忙着死……"

　　这是《生死场》开篇的一句话，书中，乡村的底层人物如同动物一般生生死死，他们和动物一样是乡村的主角：小说中作为丈夫泄欲工具的金枝，得了瘫病经常遭丈夫虐待的月英，心灵扭曲摧残孩子的妈妈，只知道自己是中国人却不知道自己处于什么阶级的赵三……萧红塑造的每一个人物都形象逼真，呼之欲出，因为这些人物都生活在她的老家福昌号屯里，她只是把他们的故事娓娓讲给你听。她是一个很会讲故事的东北女子，有时候讲得声泪俱下，有时候讲得没心没肺，有时候讲得让听者无语深思。

　　萧红的这部《生死场》在 1934 年初秋时节完成，萧军的《八月的乡村》也几乎同时完稿。

　　稿子完成后，他们觉得应当请一个巨匠级的大师帮他们指导指导。

　　于是，萧军想到了鲁迅。

　　萧军喜欢偷空到位于广西路上的荒岛书店读书，书店老板孙乐文是中国共产党党员，这里成为青岛"左联"的活动点。孙乐文有一次偶然说起在上海内山书店看到过鲁迅先生。这句话给了萧军灵感，他想给鲁迅写封信，说说稿子的事，这封信就寄到了上海的内山书店。

　　这封信是以萧军的名义写的，他在信里面以一个文学青年的身份向鲁迅请教，还想请鲁迅看看他和萧红新完稿的两部长篇。

写这封信，萧军第一次使用了"萧军"这个笔名。

信寄出后，他们不知道鲁迅是否能收到那封信，收到信后，又是否会在意他们这些不甚知名的文学青年，抱着仅有的遥远的一丝希望，他们等待着，竟然真的等来了鲁迅的回信。

萧军的信是 1934 年 10 月初寄出的，鲁迅 10 月 9 日收到，当天夜里就给他们回了信。

对于他们想让自己看书稿的事，鲁迅在回信中说：

我可以看一看的，但恐怕没工夫和本领来批评。稿可寄"上海、北四川路底、内山书店转、周豫才收"，最好是挂号，以免遗失。

没想到鲁迅不但回了信，还答应看他们的书稿。萧军和萧红高兴地把信件拿给周围的朋友们分享，收到信的那一天，成了他们的节日。他们仿佛怕寄晚了鲁迅会反悔似的，第一时间就把《生死场》的抄稿和一本从哈尔滨带出的《跋涉》打包寄出，随信还寄去一张他们的合影，就是在坊间流传最多的那张他们自己认为最帅气的照片，这张照片当时曾做过哈尔滨文学杂志《凤凰》的封面。照片上的萧军穿俄式绣花亚麻衬衫，腰间松松地束了一条带穗头的腰带，萧红则是一件短袖斜条纹绒布旗袍，两条辫子只有齐肩长短，用丝绸发带扎了两个大大的蝴蝶结，那蝴蝶结看起来有些夸张。

书稿寄出去的时候，青岛时局已经在暗中发生着变化，只是他们还没觉察到。

两天后，青岛的地下组织遭到了严重破坏，由于国民党卧底的潜入，中秋节之夜，舒群、倪鲁平、倪青华等人被捕，中共青岛市委书记也在那一夜被捕了，幸亏萧军和萧红那天没随着舒群和倪青华到倪家公馆去过中秋节，否则他们也逃脱不了被捕的命运。

每一个和党组织有关联的人都面临着危险，《青岛晨报》、荒岛书店都是中共的外围组织，危险系数都很大。还有，萧红他们一直和舒群一家住邻居，其危险系数比一般外围人员要高出许多。

很快，《青岛晨报》就被警方盯上了，许多员工自发离开报社出逃，报纸不得不停刊关张，萧军赖以生存的饭碗没了，青岛的美好生活不复存在。萧军和萧红在这里多停留一天，就多一分危险，他们和报社的张梅林商量后决定，立即离开青岛，到上海去。

说是去上海，他们把身上所有的钱搜出来，还不够买船票的。

入夜，荒岛书店老板孙乐文派人捎信约萧军出去，在栈桥尽头东边的大亭子旁悄悄见了一次面，那情景，和影视剧里地下党接头的镜头差不多。月黑风高的深秋夜晚，他们在海边相见，孙乐文说："我明天就要转移了，青岛不能住下去了，你们也尽快离开，这是组织给你们的路费。"

他交给萧军四十元钱。

萧军正为路费发愁呢，这四十元钱无疑是"雪中送炭"，令他感觉非常温暖。两个人的手紧紧握在一起，紧紧拥抱了一下，便匆匆分开。

要离开青岛，一些善后工作必须做好，最怕的是鲁迅接到了他们的信后给他们回信，这样会给鲁迅惹上麻烦。萧军做的第一件事就是立即给鲁迅写了一封信，告诉他别回信了，他们过几天去上海找他。

一切处理妥帖后，萧红、萧军和张梅林一起坐日本轮船"共同丸"迅速离开青岛。他们买的船票是四等舱，四等舱一般是不坐人的，属于货仓，在船的最底层。坐在四等舱里的都是一些衣衫褴褛的乘客，在人与人的空隙处，塞着咸鱼包、粉条等杂七杂八的货物，各种味道集合在一起，空气中散发着怪怪的气味，刺激着人们的嗅觉。

轮船沉沉地鸣叫着离开青岛码头，向上海启程。

他们长长吁了一口气，席地坐在硬邦邦的船板上，萧红的脸上是平静的笑。

从哈尔滨流亡到青岛，又从青岛到上海，她早就习惯了这种动荡的流浪生活。

那一天是 1934 年 11 月 1 日。

青岛只是萧红和萧军的一个人生驿站，在那里，他们仅仅住了半年时间。

第四章　上海，那曾经的温暖和阳光

那是她创作的黄金时代，那是她一生中最温暖的一段时光，有了鲁迅的提携关爱，靠着自己的勤奋努力，她成长为民国知名女作家。

远离生死场，寻梦上海

从青岛到上海，只用了一天时间。

1934 年 11 月 2 日，萧红和萧军、张梅林带着一身难闻的咸鱼味从四等舱爬上轮船上层的甲板，他们伸展着因长时间席地而坐变得有些僵硬的腿脚，小心翼翼踏上上海的土地。

这里就是大上海，十里洋场到处都是灯红酒绿，街边从某些商铺某些娱乐场所传出留声机的音乐，香软的靡靡之音弥漫在昏暗、暧昧、湿冷的风中。到处是月份牌美人那样的广告招牌，街面上的穷人看上去和别的城市没多大差别，富人确实能看出和别处的不一样，特别是街头行走的摩登女郎，尽管已经是初冬，但她们穿着高开衩的旗袍，那气质那装扮尽显婀娜多姿。

从一家大百货公司的橱窗旁走过，里面的陈列看上去非常高大上。一个裹着高档时装的女子从他们身边走过，身上散发着好闻的香水味道，萧军吸吸鼻子，回头悄声对走在后面的萧红说："上海的香水味道真好，等我们有钱了，我也给你买它三五瓶。"

这句话把一直沉着脸赶路的萧红逗笑了，她说："真老土，那是巴黎香水，很贵的。我一辈子也不会用那有臭味的水。"

这话有点"吃不到葡萄就说葡萄酸"的感觉，三个人很轻松地笑了起来，这是他们踏上上海土地之后，第一次开心大笑。

夹裹在这样的行人中，萧红显得寒酸单薄，灰头土脸的。她跟在萧军和张梅林后面，紧紧追赶着他们，那双磨掉了半个跟的旧皮鞋已经有些不合脚了，踢里踏拉的。平时和萧军一起出行的时候，也总是这样，萧军在前面迈开大步欻欻走，萧红一溜小跑在后面追赶，从来没有从从容容散过步。

三人先是找了一家档次不是很高的旅店住下，然后开始租房子。

只要有钱，房子是好租的。但因为钱紧，他们只能找廉价的出租房。

最终，梅林去了在上海"法租界"环龙路一个同学租的亭子间拼住。萧红他们在拉都411弄的福显坊22号租到了房子，他们租的这个房子是拉都北端一个杂货店二楼的亭子间。

荒岛书店老板孙乐文给他们的四十元钱除了买从青岛到上海的船票，租下这个小亭子间后，又采购了一袋面粉，一只小泥火炉，外带一点木炭和锅碗瓢勺油盐酱醋什么的生活必需品，四十元钱用光了，他们又把全部积蓄几乎都投到了里面。

萧军摸摸衣袋，告诉萧红："咱们现在袋子里只有十二块钱了。"

"没关系，采买的这些东西支撑半个多月没问题。"萧红正用抹布认真擦桌子，她看上去很乐观，手头还能剩下十二块钱已经大大超出了她的意料。当年她在哈尔滨街头流浪时，最贫困的时候分文皆无，现在居然还有十二块钱，还有这么多吃的用的，她已经很知足了。

经济拮据是他们生活的主旋律，这几年，萧红的每个冬季几乎都是在饥寒交迫中度过的，她已经有了抗寒冷饥饿的免疫力。

他们租的房子就是现在的襄阳南路351号那幢粉黄色拉毛外墙公寓，如今，那座民国年间的老房子像一座古董屹立在城市很中心的位置。当年，这里并不是上海的中心地带，那时节这里是比较偏僻的，属于临近上海郊区的城乡结合部。当时房子是新盖成的砖房，但里面的条件比较简陋，楼梯光线昏暗，在屋子里透过窗户往外看，能依稀看到外面的农户的菜地和看守菜地的窝棚。租住这样的位置往往要便宜得多，他们并不是看好了这里临近城郊，空气新鲜，而是没有足够的资金租更好的房子。

出租弄堂里的小亭子间是上海人独到的精明之处，租这种狭小黑暗的小房间的，都是混在上海落魄失意的海漂。对于曾经在街头有过居无定所流浪的经历，曾经住过阴暗潮湿的偏厦子的萧红来说，在国际大都市上海有一个亭子间住，她已经很满足了。她勤快地安顿着自己的新家，还好，六七平方米的小房间内，一个木床，一张书桌，一把木椅，也算温馨。有一张小书桌，这张小桌子其实算不上书桌，但好歹可以在上面写作，有它就齐活了。

这里和哈尔滨租住的偏厦子一样，没有炉火，没有阳光，到处充斥着阴冷，唯一有区别的是，这里有电灯，晚上不用点着蜡烛秉烛写作。

把一切各就各位安顿好，萧红兴奋而疲惫地仰面躺在硬的有些硌腰的床上，长吁一口气：谢天谢地，从今天起，我们就算在上海落下脚了。

萧红对窗外的那片菜地很满意，她自言自语，也似乎在告诉萧军：“外面的这个菜园还有点诗意。”

萧军正在对着墙壁费力地挂他自己的一张黑炭画的背影画像，刚才，他已经挂好了一张很有情趣的很典雅的人物风景画，这两张图片上墙之后，屋子内立即多了几分文化气息。他配合着萧红的心情说：“嗯，只要你认为有诗意就好，眼前没有一些自然景色，是很难写作的。”

萧红趁着心情好，开始和面，准备烙葱油饼。

张梅林来看他们，见面就说，“别做饭了，我们到外面喝几盅，庆贺庆贺从青岛乔迁到人间天堂上海。"

萧红并没有被这种诱惑所打动，她依然头也不抬地和面，依他们的经济状况，是没有闲钱到饭店搞庆贺活动的。不过，他们还是咬了咬牙，买来一斤牛肉，熬了一锅香喷喷的牛肉青菜汤，就着萧红做的烙饼，象征性地对这次迁居上海做了一个小小的庆祝。

他们开始静下心来写作，萧军的《八月的乡村》完稿后还没来得及修改，趁着一时半会找不到合适的工作，他开始修改文稿。萧红像一个称职的秘书，在寸寸寒冷时光里，帮他抄写修改后的稿子。工作一会儿，她的手就会被冻僵，湿冷的气息包裹着她，呵呵手让那份僵硬稍稍融化一下，然后接着写。

他们除了修改稿子，也在创作新作品，希望能靠着发表作品的稿费维生，但是，寄出去的稿件都是石沉大海杳无音讯。一袋面粉马上要吃完了，如果还是没有作品发表，他们只能想别的办法维生了。萧军戏称他们两个是两只土拨鼠，从青岛逃到上海，没有朋友，一切都是陌生的，连天空看起来也是生疏的。

在让人透不过气的潮湿寒冷和看不到希望与前途的沉郁中，萧军的《八月的乡村》修改完成。这段时间，他们一直在和鲁迅通信，只是通信，并没有见过面。

鲁迅基本上每信必复，信都是回给萧军的，有时候会在信的末尾加上一句"吟女士均此不另"，萧红对此提出了抗议，之后鲁迅回信的时候开玩笑："悄女士在提出抗议，但叫我怎么写呢？悄婶子，悄姐姐，悄妹妹，悄侄女……都并不好，所以我想，还是夫人太太，或女士先生罢。"

鲁迅的幽默一下子拉近了他们心与心的距离，他们非常想见见这位恩师。

11 月 27 日，鲁迅回信了，约他们三天后的下午到内山书店见面。

得到这个消息，她们的心兴奋得狂乱地跳着。鲁迅在这些文学青年心目中不是一般的偶像和巨匠，他是一个神，是他们这些草根作者认为高不可攀的大人物。现在，这个高不可攀的大师级人物来信，说要和他们见一面，他们觉得自己很幸运，很幸福，他们要把这份激动和朋友一起分享。于是，他们找到张梅林，告诉他，鲁迅先生要和他们见面了。

等待，心焦而忐忑地等待着和一直景仰的鲁迅见面的日子。

11 月 30 日下午，按照约定好的时间，他们提前了一点时间来到内山书店。这样做显得礼貌一些，他们觉得，不能让鲁迅先生来等他们这样的小辈。

走进书店，却发现鲁迅居然先他们而到，正坐在那里等着他们，这让他们更加不知所措。他们设计了许多和鲁迅见面的情景，但在他们的预案中，没有设计他们迟到的应对措施，所以，一时间两个人都有些慌乱。

鲁迅从座位上站起来，腋下还挟着个带花纹包皮的小包袱，走过来平静地问："是刘先生和悄吟女士吗？"当时，鲁迅穿了一件黑色的短长袍，短长袍有些瘦，藏青色的西服裤子的裤管也有些窄，在瘦窄的服装束缚中，更显出他的瘦。

萧军和萧红步调不很一致地点着头，原先设计的那些问候语全忘到九霄云外了。

鲁迅和蔼地笑笑说："我们走吧！"

还要走？去哪儿？他们不敢多问，跟在鲁迅后面走出书店，向附近一家咖啡店走去，那是霞飞路一家白俄开的咖啡店。

外面的天空有些阴霾，上海的冬天，这种没有阳光的日子很多。阴冷的天空正刮着冷风，鲁迅走在前面，不时咳嗽几声。萧红先是盯着鲁迅那双穿着黑色橡胶底网球鞋的脚，而后把目光向上移，她注意到，他背影消瘦，再加上本来个子就不高，在粗大威猛的萧军衬托下更觉瘦小，就是这个瘦小赢弱的身影，引领着他们走上了文学正途。

走进咖啡店的雅间，萧军萧红诚惶诚恐，鲁迅看出了他们的心思，率先打破沉默，轻松和他们谈笑。在他们心目中带有传奇色彩的一代大师鲁迅，原来这样平和，善解人意，咖啡室的气氛立即变得柔软轻松起来。

萧红发现，坐在自己面前的就是一位善良平和的老者。他貌不出众，面色略显苍白，脸颊消瘦，因为消瘦，使得本来就高的颧骨更显得突出，一双眼睑显得浮肿的大眼睛，口唇上留有浓密的隶书一般的一字胡须，这胡须最有特点，根根笔立，又粗又黑，因为没有修剪那胡须显得有些凌乱。他的脸色不太好，呈现出一片苍青而又近于枯黄的颜色，但是他的目光是智者才有的，总是半眯着，你会发现他的目光很锐利。

谈笑风生间，许广平领着儿子海婴也来了。

有了女人和孩子的参与，这场面一下子变成了家庭和家庭之间，朋友和朋友之间的小聚，氛围也彻底变了一种风格。

女人之间的寒暄，女人和孩子之间的童趣对话，大家有了一见如故的感觉。这样的见面方式是鲁迅精心安排的，他担心两个青年人尴尬不随意，特意让许广平把孩子也带来了。海婴很喜欢这个说着一口东北话的大眼睛扎着蝴蝶结的姐姐，萧红用东北话逗海婴玩，海婴用上海话淘气地回她，这两种方言的混搭形成了意想不到的喜剧效果，把大家惹得不断大笑。

后来，许广平回忆鲁迅和萧军萧红初次见面的情景，这样写道：

> 阴霾的天空吹送着冷寂的歌调，在一个咖啡室里我们
> 初次会着两个北方来的不甘做奴隶者。他们爽朗的话声把
> 阴霾吹散了，生之执著，战斗，喜悦，时常写在脸面和音
> 响中，是那么自然，随便，毫不费力，像用手轻轻拉开窗
> 幔，接受可爱的阳光进来。

午后的时光过得很快，阴霾中的冬日午后更显短暂，会面
近了尾声。要分手的时候，鲁迅取出二十元钱送到两萧面前，
让他们拿着，回去贴补一下生活，另外又让许广平从衣袋里掏
出了几个铜板和银角子，给他们做回去的车费，拉都最北端离
这里还有很远的路程。

这是他们做梦都没敢想到的，他们没给鲁迅带任何礼品，
不但让鲁迅破费请他们喝咖啡，还送他们二十元钱。萧红萧军
激动万分，当时，都不知道怎样接过的那笔钱。

走出咖啡馆，傍晚的天色愈发昏沉，两个人在寒风中和鲁
迅一家挥别，各自走上回家的路。这一次，萧军没有自顾自往
前走，他把脚步慢下来和萧红并行着，诉说自己还没有平息下
来的激动。

回到住处，他们就商量着给鲁迅写了一封信，表示对先生
的感谢，嘱托他注意身体。

鲁迅接到他们的信，没有简单的应酬几句文字，而是真心
实意地对他们进行指导。因为通过这次见面，他敏锐地感觉到，
两个年轻人因为窘迫的生存现状，导致心态比较浮躁焦虑，这样
的心理状态是不利于文学创作的，于是在复信中指出这个问题：

我看你们现在的这种焦躁的心情，不可使它发展起来，最好是常到外面去走走，看看社会上的情形，以及各种人们的脸。

因为这段时间一直处在焦躁的情绪中，他们自己并没有觉察到，鲁迅的话提醒了他们。

这里不是他们熟悉的哈尔滨，这里不是到处都有朋友和组织可以依靠的青岛，这里是形势和处境更加复杂的上海。

萧红的《生死场》被鲁迅推荐给了生活书店，生活书店觉得这部书稿不错，有了出版意向，就把这个选题向国民党有关机构送审，如果审查通过，很快就能出版了。在没有什么好消息的沉闷日子中，这个好消息让萧红高兴了好几天，但是稿子最终没有过审，只有重新等待机会。

他们重新调整心态，不管处境怎样，坚持创作才是硬道理。只有努力，只有坚守梦想，梦想才有希望成真。

既然是来上海寻梦的，既然已经走到了今天，就要坚定走下去。

他们互相鼓励，逆境中，他们是可以患难与共的情侣、文友和同志。

早生华发的女孩

鲁迅的好朋友胡风喜得贵子，鲁迅在梁园豫菜馆做东，要办一桌满月酒以示庆祝。

这次活动是上海文学界的一次盛会，许多文学界名流都要参加的，鲁迅立即想到，是不是让萧军和萧红也参加一下，趁这个机会结识一下文学界的朋友们，这样对他们的发展有好处。

许广平赞成鲁迅的想法，从第一眼看到萧红，她就为那个东北女孩的率真所打动。她看得出，萧红不是个有心计的女孩子，大眼睛中流露的是不谙世事的纯真和倔强。满洲姑娘特殊的稍稍扁平的后脑显示出北方女孩的淳朴，圆圆的小脸上是年轻女孩子的白皙洁净，但让人心中一惊的是她那头过早花白的头发，白发在黑发间泛滥成灾，这个女孩子要经历多少人生苦难和曲折才沧桑成这样？许广平也想找机会帮帮她，鲁迅邀请他们参加胡风儿子的满月庆典活动，不失为一次好机会。

萧军和萧红收到鲁迅和许广平的请柬：

> 本月十九日（星期三），我们请你们俩到梁园豫菜馆吃饭，另外还有几个朋友，都可以随便谈天的。

落款署名为"豫广同具"。"豫"是鲁迅的字豫才的缩写，"广"字是许广平名字的缩写。

收到请柬已经是十二月十八日的中午，距离宴会不到一天时间了。

这是他们来上海后参加的第一个宴会，也是他们到这个城市的第一次活动，面对的是国家级的文学界大腕级人物，一定要给大家留下好的第一印象。

萧红翻开他们仅有的一个行李箱，里面找不出一件像样的衣服。她看看自己身上的行头，又看看萧军身上的，感觉萧军身上那件说灰不灰，说黑不黑，破破烂烂的旧罩衫实在太寒酸了，自己的服饰虽然也强不到哪里去，好歹比萧军过得去眼。

萧红决定为萧军亲手缝制一件参加宴会的礼服。

有了这个想法之后，她立即拉上萧军到街上的布店里，从大拍卖的铺子里花了七角五分钱，选了一块价格便宜的降价黑白格细绒布。民国时期的上海，受到西方文化的冲击的"老克勒"们都喜欢穿花格子衬衫，很海派的感觉。萧红很欣赏那种范儿，但是，她不会裁剪"老克勒"们的那种样式，只会裁剪哈尔滨流行的哥萨克式的，她索性就按照自己熟悉的套路，准备给萧军做一件独特的花格上衣，让萧军一出场，就给人眼前一亮的感觉。

布料买回来后，已经是傍晚时分。萧红使出浑身解数，要亲手设计、裁剪、缝制一件独一无二的新"礼服"。第二天就要参加宴会，萧军不相信萧红连夜能把新衣服做好，因为他们没有缝纫机，只有一把剪刀，一根缝衣针，一团棉线，几粒纽扣。那个夜晚，萧军在书桌前写稿子，萧红坐在床边独自忙乎着对付那块黑白格细绒布。亭子间那个夜晚冷得快，萧军写了一会儿就坚持不住了，停下笔拥着被子坐在床上，一开始还有一句无一句地和萧红唠嗑陪着她，没多大工夫就打开了呼噜。

寒冷的冬夜里，萧红坐在昏黄的灯光下，一针一线缝制着衣服，她缝制得很认真，每一个针脚都细细均匀地摆布着，她消瘦的身影被灯影拉得长长的，所有的挚爱，所有的深情，所有的温暖都被她缝进了那件衣服中。一阵困意袭来，她打了个盹，手指被尖利的针尖扎到了，串串血珠流出了，怕玷污了新衣服，她慌忙把手指放进嘴里吸吮着。

后来，萧军回忆说：

　　　　"她几乎是不吃、不喝、不休地在缝制着，只见她美丽的、纤细的手指不停地在上下穿动着……"

那件衣服属于仿哥萨克式的，高加索式立领，套头，掩襟，法式袖口，做工看似简单，其实很麻烦的。萧红不厌其烦，有爱人香甜的鼾声相伴，她满心的温馨和幸福。女人是感性的动物，她心里有他，在乎他，就会心甘情愿为他默默付出。她也知道，其实，萧军没有她想象得那么好，他身上有无数多的缺点，但是，她爱他。当自己爱的这个人因为自己的付出而开心的时候，一切的辛苦和委屈都值得。

清晨，萧军从睡梦中睁开眼睛，萧红已经开始缝扣子了。晨曦下，她低着头，悉心缝着，头上的白发在晨光中闪着银光，看样子她一夜未眠。

萧军的心里一阵温暖和心疼。他抬起手，抚摸了一下萧红那黑白相间的头发，萧红回头朝他笑笑："马上就好了。"

她一脸疲惫中绽出的那一丝笑容却是轻松甜蜜的。

衣服大功告成，萧军试穿了一下，不但很合身，而且很时尚，看上去很酷。萧红左看右看，觉得还缺一点什么，就找出一条小围巾帮他系上，然后，又给他的腰间系了条小皮带，于是，昨天还城市贫民形象的萧军，瞬间变成一个又潮又酷的型男。

萧军把萧红紧紧拥在怀里，这一夜，自己的女人没白辛苦，一下子把自己变成了一个体面的男人。

在上海广西路梁园豫菜馆举行的那个活动，请了很多上海文学界的名流：茅盾、聂绀弩、周颖夫妇、叶紫等，鲁迅对这次活动十分重视，平常请客都是很随意的，这次他亲自到饭店订了菜单。

鲁迅在给这次活动的"主宾"胡风、梅志夫妇的信中，特别提到，带上公子一起来。具有戏剧效果的是，负责转信的是梅志的家人，因为一些事情耽误了送信的日程，致使胡风夫妇没有收到请柬，所以他们没能参加。这场宴会本来是以庆祝胡风长子张晓谷的满月为名而设的，主宾却没有到来，一大群叔叔大爷在这边为张晓谷小朋友喝满月酒，张晓谷小朋友的爸爸妈妈却一点都不知情，这成为整场宴会的一个很有喜感的话题。

来的宾客都是鲁迅的好朋友，鲁迅特地把萧军和萧红介绍给他们。

介绍到叶紫的时候，鲁迅特意告诉萧红和萧军，以后如果在上海有什么事，就去找他，叶紫的年龄和他们差不多，沟通起来更方便。那时候，叶紫已经加入"左联"，和陈企霞共同创办了《无名文艺》，还参与主办《中华日报》副刊《动向》，他的短篇小说《丰收》已经在文坛引起轰动。鲁迅让叶紫做萧军和萧红的"向导"，叶紫向来都把鲁迅交给他的每件事都当成大事来办。

那天的宴会上，鲁迅异常活跃，他和他的朋友们说着笑着，他的笑声是朗朗的，大家说到了一些好笑的话题，他竟然会笑的连烟卷都拿不住，笑声牵扯出剧烈的咳嗽，一下子会咳很久。

在轻松的气氛中，萧军穿着萧红亲手赶做出来的方格子衣服，自我感觉良好，这种样式在在哈尔滨很常见，但在上海看上去很奇特，令他一下子就有了另类的感觉。萧红用欣赏的目光不时看看他，两人的骄傲和满足同时写在了脸上，看起来很是淳朴可爱。

这次宴会一下子结识了这么多文化界名流，使得他们一直处在兴奋的晕眩中，至此，鲁迅亲手把萧军和萧红引进了上海文坛的大门。

这次宴会对萧军和萧红来讲，是具有历史意义的。他们在宴会结束后，就直奔法租界的万氏照相馆拍了一张合影，就是萧军穿黑白格衣服，萧红故意搞笑叼着一只烟斗的那张，照片上的两个人眉宇间透着快乐，他们在上海文坛的春天快要来到了。

先生领进门，自己如果再不努力就枉费了先生的一片苦心。第二年春天，萧军的《职业》发表在《文学》上，萧红的《小六》发表在《太白》上，他们陆续开始在《中学生》《文学》《太白》等刊物发表作品。这些作品的发表，使他们在上海文坛迈出新的一步，也让他们暂时有了一点经济收入，能维持最基本的温饱生活了。

在上海有了安定的生活，有了属于自己的圈子，萧红有了精力和心情创作她的系列散文《商市街》。在哈尔滨商市街的往事，在萧红笔下那样生动，那样具有感染力，那一组四十一篇散文，显示了萧红写作的灵气和深厚的文学功底。

生活条件稍好了一些，他们把家从郊区搬到法租界萨坡赛路。这个房子比拉都那边好多了，在法租界也属于中等以上的英国式建筑，不但房间宽大，而且地理位置好，后门临街，这样，联系报刊发表稿件，拜访朋友，购买生活用品等都方便一些。

这一次搬家和刚从青岛到上海的时候不一样了，那时候他们举目无亲，现在身边已经有了一大群朋友，过去在东北时候的朋友罗烽、白朗夫妇也来上海了。胡风夫妇也成了他们的好朋友，萧军和萧红搬家的时候，胡风、梅志夫妇也来凑热闹庆贺。中国人搞庆贺，最终的项目总是聚餐，热热闹闹撮一顿。东北人在家待客，最好的饭食就是包饺子，萧红包饺子是有天分的，她提前和好了面，调好了馅，朋友们来了，她便招呼大家和她一起包饺子。

东北的女孩子从小就学包饺子，萧红和白朗包饺子都是高手，萧红擀皮儿飞快，梅志看她们包出来的饺子很好看，跃跃欲试说自己也会包饺子，大家将信将疑，让她一起来帮忙。结果，从梅志手里出来的饺子一塌糊涂，很像是上海的那种菜肉馄饨，样子却比大馄饨还难看，一个个像是四不像的怪物。

胡风是个很要面子的人，老婆包的那种奇形怪状的饺子让他脸上很无光，就悄悄提醒她，不要再丢人了，不会包就是不会包，矜持一点，优雅一点好不好。

也许是被萧红、白朗两个东北女子的开朗感染了，不管胡风怎么提醒，梅志就是刹不住车，到了吃饭的时候，闹闹嚷嚷要喝香槟酒。

胡风被她搞得脸上一红一白的，很是尴尬，从萧红家里出来，他就责怪老婆：一点城府都没有，这样会被人瞧不起，人家会认为你无知的。

后来，胡风和萧红身边的朋友们都发现，在萧红面前，你不用有什么城府，用不着伪装，她自己率真，也喜欢朋友们把最真实的一面展现出来，即使有些话说重了，她也不会计较。

这个东北女孩身体很瘦弱，脸色有些苍白，乍一看一副弱不禁风的大小姐样子，写的文字也细腻忧伤，其实性格很开朗，有时候甚至有些二。

鲁迅和许广平欣赏萧红，也是因为她的率真和无邪的天真。

鲁迅经常在病中，因为身体原因不能多见客人，所以他的住处一般对别人是不公开的，对萧军和萧红是一个例外，不但告诉他们详细的门牌号，还多加上一句：随时可以到家里来做客。

萧红从鲁迅的态度中感觉到了诚恳和热情，这个一生都在寻找温暖小女子，对人世间的哪怕一点点温暖都很敏感，她属于向暖型的，得到了鲁迅家的邀请，立即成了那里的常客。

得到了鲁迅那么多无私的帮助，萧红觉得自己也该送一点小礼品。钱多的买不起，便宜的拿不出手，于是，她想到了自己这些年一直带在身上的两件宝贝：一件是爷爷留下来的一对铁核桃，那对核桃不知道是什么年代的了，从她懂事的时候爷爷就在手中把玩，那时候已经在岁月的浸染和手掌的把玩中变得黑红光亮，外表是美丽的醉红色，这是他们家的传家宝。爷爷去世后，她就把这对核桃带了身边，即使在哈尔滨最贫寒最落魄的时候，她也没舍得把它卖掉，那是她对呼兰河畔的家乡，对童年，对亲情唯一的纪念。在最寒冷最寂苦最无助的日子，这个物件曾给过她温暖和活下来的勇气，是她患难中的随身伴侣，和她相依相伴，是有感情的。还有一件是她很喜欢的玩具，一对枣木小棒槌，是捣衣用的小模型，这件玩具是在哈尔滨的时候一位好朋友送给她的，后来和那对核桃一起一直随身带着，做护身符用。

现在，对鲁迅一家她无以回报，就把自己贴身的这两件东西拿了出来，送给海婴做玩具。海婴很喜欢这两件玩具，一开始总算计着怎么把核桃吃掉，后来玩久了，对这物件有了感情，就决定不吃了。

萧红到鲁迅家很不见外，这种不见外是北方人特有的性格，当她觉得你是可以交心的人，就会把你的家当做她自己的家，把这家人当做自己的亲人。

海婴是最喜欢这个大姐姐的，因为她梳着两条扎着蝴蝶结的辫子，海婴大概觉得这个姐姐和自己年龄最接近，是一个可以玩到一起的小伙伴，萧红去了，他会把这个大姐姐"劫持"到院子里陪他玩。许广平问海婴为什么只喜欢这个姐姐，不喜欢别人，海婴的回答很有童趣："她有小辫子。"然后，揪着这萧红的辫子给大家展示。大家笑成一团，鲁迅很少这样开怀大笑，这种发自内心的，毫无芥蒂的笑声让萧红温暖而感动。

1936年3月，萧红一家又搬家了，这次他们搬到了北四川路底西侧的永乐里，离鲁迅的家近了很多，用萧军的话说，靠近些，为的是方便，多帮忙。他偶尔会去帮忙做一些力所能及的事情。

路程近了，萧红到鲁迅家去的更勤了，基本上是她一个人去，此时的萧军已经移情别恋，心里有了别的女人，她满心的凄楚，鲁迅的家成了她最后的港湾。

她很依赖这个港湾，有时候，她到鲁迅家闲坐，穿着一身旧衣裤的许广平一边织毛衣一边陪她。遇到楼上的鲁迅有事叫许广平，楼下的海婴玩够了叫妈妈陪的时候，许广平便楼上楼下的跑，萧红这个客人就显得很多余。

萧红有时候也会帮着许广平做点事，比如做她最拿手的葱油饼、水饺，或者烙个北方人喜欢的主食韭菜合子什么的，至于做的好不好吃就不知道了，不过鲁迅很捧场，吃饭的时候会扬着筷子，要再吃几个。

不过，总到人家串门，确实会把人家的生活打乱，去了，女主人要赔着笑脸和时间，后来许广平也觉得有些累，她后来在回忆萧红的文章中就写道：

> 我不得不用最大的努力留出时间在楼下客厅陪萧红女士长谈。她有时谈得很开心，更多的是勉强谈话而强烈的哀愁，时常侵袭上来，像用纸包着水，总没法不叫它渗出来。自然萧红女士也常用力克制，却转像加热在水壶上，反而在壶外面满都是水点，一些也遮不住。

　　许广平累了倦了，脸色会不好看，她的脸色萧红不会看不出来，她那样敏感的一个女作家，怎么会看不出来呢？即使看出来也被她忽略不计了，她需要这里的这份温暖，如果连这份温暖都没有了，她的心就又回到哈尔滨遇到萧军之前冰冷孤苦的境地了。她的三郎，她的萧军已经不爱她，不在乎她了，她害怕没有温度的生活，怕极了。

鲁迅最欣赏的东北才女

　　萧军的《八月的乡村》和萧红的《生死场》的出版问题一直是鲁迅放不下的一件心事。

　　那段时间，鲁迅正在翻译《死魂灵》，他常常放下自己的工作，修改《八月的乡村》和《生死场》。这两部小说的稿子都是萧红用薄薄的"美浓纸"复写的，美浓纸是日本生产的一种印书纸，纸质细腻洁白，只是太薄，用来拓印章边款或者印刷古书都不错，但是并不适合做复写用，复写在这种纸上的文字笔画粗，字里行间能透出下一页的墨水印，所以看起来很吃力。鲁迅的眼睛已经花了，本来看东西就费劲，逐字逐句修改那两部小说，让他花费了很多时间和精力。

　　见过萧红《生死场》原稿的舒群晚年回忆：

　　　　我看过萧红那份原稿后，十分真切地感受到鲁迅对青年的爱护。那情谊太深厚，那份耐心也是少见的。《生死场》几乎每页都有鲁迅亲笔修改，蝇头小楷，用朱砂圈点，空当处写不下时，就划一道引到额上去添加，就是那一道，都划得笔直，字迹更是工整有体。当时我想，就凭鲁迅为青年改稿的细致耐心，他就是不朽的。

鲁迅本来身体就不好，还要加班加点帮着萧军、萧红改稿子，鲁迅的脸色更加青黄，眼泡看上去也更肿大了一些。他为《八月的乡村》做了序言，本来《生死场》的序言打算让胡风写，胡风不辱使命，刚把序言写好后，才发现鲁迅又抽时间为《生死场》写了一篇文字，胡风觉得还是用鲁迅的文字做序言比较好，他的那篇就成为了《生死场》的后记。

鲁迅在序言中写道：

> 北方人民对于生的坚强，对于死的挣扎，却往往已经力透纸背；女性作者的细致的观察和越轨的笔致，又增加了不少明丽和新鲜。

鲁迅帮叶紫、萧军、萧红三人成立了一个文学社，名字就叫"奴隶社"，这个名字也是鲁迅起的，意思是叶紫、萧军、萧红是三个小奴隶。这个说法很切合实际，这三个人都是挣扎在温饱线上的苦孩子，经常居无定所，饥一顿饱一顿的，有时候都要靠鲁迅的救济生活。用鲁迅的话说："奴隶总比奴才强。"

恰好他们每个人都有一部待出版的小说，叶紫的小说集《丰收》，萧军的《八月的乡村》，萧红的《生死场》，于是这三部书被列为"奴隶丛书"，由鲁迅分别写了序，推荐出版。

1935 年秋后，《丰收》《八月的乡村》《生死场》这套"奴隶丛书"由鲁迅出资在上海容光书局正式出版。出版这部书的时候，萧红第一次用了"萧红"这个笔名，萧红的名字是"小小红军"拆开，她和萧军分别取其中一个字，就有了这个名字。不过，萧军在这部丛书中用的是"田军"这个笔名，没有用"萧军"。

《生死场》的封面是萧红亲自设计的，她利用紫红色纸张的本色，把书名周围涂黑，红色部分代表"生"，黑色部分代表"死"，这个封面线条简练，色彩强烈，封面和书的内容一样，很好地诠释了对于生命状态的强烈感慨，只有萧红自己才能设计出这样一个封面。

《生死场》出版后，在读者中反响很大，给了上海文坛一个不小的新奇与震动，也奠定了萧红在现代文学史上的地位。从此萧红成为读者所熟悉的作家，萧红的名字被人们所熟识，越叫越响。

萧红和萧军真的很幸运，他们遇到了鲁迅这个恩师，鲁迅对他们的帮助是全方位的，经过了几年的流浪和流亡生活，他们终于在最不容易打进去的大上海的文坛站稳了脚跟，有了属于他们自己的一席之地。

鲁迅对萧红的赏识是真心实意的，当年，埃德加·斯诺前往陕北红军根据地之前，在上海拜访了鲁迅，曾问他最优秀的左翼作家有哪些，鲁迅不假思索地回答："田军的妻子萧红，是当今中国最有前途的女作家。"

鲁迅说萧红是最有前途的女作家，没有说他是最优秀的女作家，由此看来鲁迅对萧红的评价是客观公正的。他对萧红的欣赏因为她有才气，更因为她有和自己相近相似的人生经历。

这个女孩子的童年美丽而忧伤，鲁迅也曾有过一个美好而凄凉的童年。

这个女孩子小小年纪人生阅历丰富而坎坷，她是脆弱的，渴望真情，渴望温暖。鲁迅经历了无数艰难的拼搏，性格中也有最脆弱的一面，也在寻找人世间的温情和暖意。

这个女孩子柔中有刚，有时候很直率，其实多愁善感。鲁迅刚中有柔，文字语言犀利，其实心思很缜密。

萧红虽然永远都在仇视她的父亲，但她有强烈的恋父情结，从小得不到的父爱，让她在与男人接触的时候，总像一个长不大的小女孩。在鲁迅面前，她的这种恋父情结尤为突出，之所以不管许广平的脸色，不怕给人家添麻烦，时不常地主动到人家家里去做客，就因为从鲁迅身上，能感悟到从来没有感受到的父爱。

鲁迅在匆忙中就走过了自己的青春岁月，以至于人们都忘记了鲁迅曾经年轻过，所以，人过中年之后，他总在找寻青春的影子和感觉。从萧红身上，他感悟到青春的活力，他其实是被她吸引了。有一种感情，无关爱情，就像鲁迅对萧红，这种吸引与爱情无关，并不是因为他爱她，而是为他自己那逝去的走远的青春，她的笑，她的纯真，常常让他想起青春的自己。他们之间有一种无声的默契，这种默契叫相知，是超越男女之情的一种友谊。

在鲁迅面前，萧红像一个娇憨的孩子，随意，任性，有时候还会像孩子似的撒娇，这个状态的萧红我们也仿佛似曾相识，哦，童年时代在老祖父面前，她就是这个样子的。

江南的梅雨时节，从小在东北长大的萧红是不太习惯的。

天气说热就热了，不像东北的天气，从春天到夏天，要慢慢酝酿，慢慢成长。天气一下子变得闷热，她买了一件新衣服穿在身上，那天到鲁迅家里去串门，许广平在忙家务，根本没注意她的新衣服，在海婴眼里，萧红穿什么衣服都没有区别，他只喜欢她的小辫子。所以，那天萧红只剩下一个观众，鲁迅。于是，她很萌地问鲁迅："周先生，我的衣裳漂亮不漂亮？"

鲁迅平时是不在意谁穿了什么新衣服，他自己也不在乎自己的穿戴，貌似并不懂得穿衣之道，那天却蛮有兴致地坐在躺椅上，叼着他的象牙烟嘴，品评了一番萧红的新衣服。

萧红穿的是宽袖子的大红上衣，咖啡色裙子。

鲁迅从上往下扫了一眼，迅速得出结论："不大漂亮。"

乍听这话，萧红心里很失落，她其实是想听句表扬的话。

为了诠释他的这个结论，鲁迅又用一套美学理论给予解释：并不是红上衣不好看，而是裙子配的颜色不对，红上衣要配红裙子或者黑裙子，咖啡色的就不行了，红色和咖啡色这两种颜色放在一起很浑浊。你这裙子是咖啡色的，还带格子，颜色浑浊得很，所以把红色衣裳也弄得不漂亮了。外国人在衣服的配色方面就比较讲究，街上的外国人不会下边穿一件绿裙子，上边穿一件紫上衣，也不会穿一件红裙子而后穿一件白上衣。

当然，这只是鲁迅的着装观点，现在大街上的女孩子们在服装的款式颜色上都故意混搭，没有那么多讲究了，八十多年前，鲁迅的这些观点绝对适用那个时代人们的审美观。

萧红只是随便一问，她不过是想让别人关注一下她穿上新衣服了，没想到鲁迅原来在女子着装方面还有这样的研究。那时，鲁迅得病刚刚好些，靠在躺椅还说了一些穿衣方面的审美学，比如：

> 人瘦不要穿黑衣裳，人胖不要穿白衣裳；脚长的女人一定要穿黑鞋子，脚短就一定要穿白鞋子；方格子的衣裳胖人不能穿，但比横格子的还好；横格子的胖人穿上，就把胖子更往两边裂着，更横宽了，胖子要穿竖条子的，竖的把人显得长，横的把人显得宽……

最后，鲁迅又捎带脚地把萧红前些日子穿过的一双靴子也点评了一番，说她那双短靴是军人穿的，靴子前后都有一条线织的拉手，这拉手应当放在裤子下边。

忙里忙外的许广平人在忙碌中，耳朵还能腾出空闲听鲁迅和萧红的谈话，鲁迅关于服装的那些见解，她还是第一次听到，从谈恋爱到结婚生子，十年的时间，他从来没有点评过关注过自己穿什么衣服，她还以为他不懂女人的服装方面的事呢。他对这个东北女孩子说的那些话，让她有些嫉妒，特别是他居然能记起前些日子萧红穿过的一双靴子，在许广平的记忆中，鲁迅从来没有这样关注过任何一个除了她之外别的女性。

她知道鲁迅对萧红不过是师长般的关心，不过，这也让她心里酸酸的有些不舒服。幸亏萧红长得不漂亮，幸亏她总是一脸憨憨的天真，倘若换做一个狐狸精式的女作家，早就被许广平拒之门外了。

萧红是个乖巧的女孩，她并不刻意去讨好鲁迅，也不刻意迎合许广平，她就是她，永远保持最真的自我，这样反而让人觉得她真诚可信，反而会让人觉得她可爱可交，当然还有几分可怜。

在东北的时候，萧红从小就喜欢到邻居家串门，在寒冷的冬季，东北人串门唠嗑是他们日常生活中的一部分，否则那个漫长的冬季该如何打掉。到了上海，萧红依然改不掉喜欢串门的习惯，特别是把家搬到鲁迅家附近之后，几乎把鲁迅家当成了串门唠嗑的地方，稿子方面的事找鲁迅，生活方面的事情就找许广平。

那天下午萧红要出席一个宴会，找不到合适的扎辫子的丝带，就又去找许广平了，她想让她帮着找根布条或绸条束头发。

许广平翻箱倒柜，给她找出了好几种绸带：米色的、绿色的和桃红色的。

经过反复试戴，反复选，她们决定用米色的。

那桃红色的太鲜艳了，给小女孩用会很好看，对萧红已经不适合了。但是，每个女人心中都有一个童年的梦，她们还是喜欢把那美丽的鲜艳对着镜子在自己身上比量，此时，许广平和萧红都是这个心理，许广平把那根桃红色的绸带举起来放在萧红的头发上，由衷地说："好看吧！多漂亮！"

萧红自己也觉得这个样子大约很萌，就摆了个造型等着那边的鲁迅往这边看，等着他的赞美声，没想到鲁迅那边发出的却是严肃的警告："不要那样装饰她……"

他觉得这是许广平在作弄萧红，他不愿看到这个女孩子被任何人作弄，哪怕是他的知心爱人。其实他并不懂得女人的心思，许广平真的没有作弄萧红，她是真心实意觉得这样很好看，萧红也觉得自己在桃红绸带的装扮下萌萌的很好玩。

鲁迅的一脸严肃让许广平有点窘，有点莫名的尴尬。

这无声的呵护让萧红心中涌过一阵暖流。

那一丝丝温情给她苦闷沉郁的人生增添一点暖黄的亮色，她灵魂深处的苦痛和哀伤需要有人来慰藉，她的老祖父早已逝去了，无力再呵护她了，她的爱人萧军已经疲惫了，移情别恋了，无心再安慰她了，她从鲁迅这里，感受到浓浓的父爱，这暖意给苍凉中的她带来安慰，她不顾一切去捕捉和投奔唯一的温暖，她整个灵魂都依赖这点暖意。

萧红这种寻暖生涯，终于随着她要离开上海去日本学习，而宣布结束。

萧红去日本待一段时间的起因，是因为痛苦的感情纠葛。那段时间，萧军绯闻不断，萧红无限痛苦，无法面对一起在苦海中走出来的爱人在爱情中的遁出，她想出去散散心。

日本是鲁迅青年时代留学的地方，听到萧红要去日本的消息，鲁迅支持她的决定。萧军和萧红感情上的事，他不好多插手，一对曾经那么相亲相爱的青春小伴侣，感情上出现了不和谐，局外人的参与只会给他们添乱。也许分开一段时间，彼此冷静一下，时间可以修复创伤和裂痕。萧红临行前，鲁迅在家设晚宴为萧红饯行，本来应该去饭店，鲁迅那些天一直在发高烧，身体很虚弱，哪儿都去不成。

那天是 1936 年 7 月 15 日，上海夏日最炎热的一天。

因为连日发烧，鲁迅的脸色蜡黄，眼袋显得更大了，他虚弱地靠在藤椅上，絮絮叨叨对萧红叮嘱着到日本后的注意事项，许广平在厨房里煎炒烹炸忙碌着菜肴，夜色还没有降临，许广平的晚餐就准备好了。

那天鲁迅的情绪和状态看上去比以往要好一些，他是在强撑着，似在为远行的女儿饯行。

那顿饭很丰盛，萧红陪着鲁迅慢慢吃完这顿晚餐，她吃得很饱，鲁迅似乎怕她到了日本吃不上可口的中国菜，一个劲儿劝她多吃点。

晚餐后，依依不舍地挥别藤椅上的鲁迅，萧红的心里酸酸的。

她不知道这是她和鲁迅一起吃的最后一顿晚餐，三个月后，鲁迅病逝，那时候萧红已经去了遥远的日本岛。

和最疼爱她的老祖父去世的时候一样，她没有能够见上他最后一面，成为她终生的遗憾。

第五章　为什么红尘总有离殇

他说，爱便爱，不爱便丢开，她却偏执地爱着那个已经不再爱她的男人。过了保质期的爱情，再挽救也回不到从前。时间推翻了她的爱情，让她又一次伤痕累累。

苦涩的爱情

无论曾经多么美好的爱情，随着时间的流逝，激情不再，都会归于平淡。爱情是需要保鲜的，永恒的爱情需要两个人悉心维护，甜蜜的爱情需要两个人精心呵护，脆弱的爱情则需要用心看护、守护和珍惜。像萧军和萧红的闪恋闪婚式的爱情模式，或多或少都存在着安全隐患，更需要两个人且行且珍惜。

萧红不是善于把控人际关系的那种女孩子，从她和家人的关系就可以看出来，她总希望别人关爱她，却不知道该怎样用自己的真情换取别人的爱，她一生都在寻找温暖，她不知道温暖是相互的，彼此的映照才能相互温暖，爱情、亲情、友情都是如此。

她一生有过几次爱情，每一场爱情都是以凄凉的形式落下帷幕。

或许，爱情却是可以分为好的爱情和不好的爱情，好的爱情使世界变得广阔，不好的爱情让自己的路越走越窄。萧红一生中遇到过不好的爱情，却也遇到过好的爱情，但是，不论这份爱情是好是坏，最终都被她走到窄路上去，到末了，连脚下一丁点可以遮风避雨的立足之地都没有了。

她和萧军，从哈尔滨的苦难中走出来，那么好的一对恋人，却也渐行渐远。

萧军是爱萧红的，如若不爱，他不会接受那个怀着别人孩子的身体和声誉都已经破败的女人。他爱的是她那个人，所以不在乎她那时候的大腹便便丑陋不堪，不在乎她已经和别的男人有过曲折的感情经历。那个时候，他能勇敢地接纳萧红，这不是人们所说的那种单纯的英雄救美式爱情，萧红那时候实在没有什么美丽可言，萧军外表像一个江湖上的绿林英雄，其实他的内心世界丰富细腻。他接纳萧红，足以说明这份爱情有多伟大，他的胸怀有多么博大。

不过，萧军是男人，是刚刚从封建阵营中走过来的民国男人，是见识过中国男人三妻四妾的浪漫且有些花心的男人。爱着萧红的同时，他其实也想着窗外的风景，经常会被路边风中招摇的各种花花草草所吸引。

在哈尔滨的东兴顺旅馆，萧红尚在旅店老板的扣押中，萧军和萧红之间已经有了爱的涟漪，从那时候起，萧军的爱情就已经出现了摇摆不定的苗头。

他们属于一见钟情式的爱情模式，两个人刚刚擦出火花，水深火热中的萧红正欣喜地准备迎接这份意想不到的感情时，她发现，萧军走神儿了，他忽然遇见了一个名叫李玛丽的大家闺秀，萧军暗恋上那位 Marile。那位优雅美丽的女子主办了一个文艺沙龙，身边并不缺乏粉丝和追求者，依萧军那时候的生活状态和名气，Marile 根本没把他放在眼里。人家不欣赏他，并不影响他的单恋，此时的萧军一边和萧红热恋着，一边痴情地暗恋着另外一个女人。

按理说消息闭塞的萧红不应该知道萧军喜欢别的女人的事，如果他自己不说，有谁会那么嘴欠跑到旅店告诉萧红？萧红即使再敏感，也敏感不到知道萧军暗恋的女子名字那个地步。

一定是萧军控制不住自己的情绪，不断在萧红面前提起那个女子，他那眼神那腔调那神情让萧红猜到了，于是萧红从狂热的热恋高峰，一下子跌倒谷底，那痛苦是别人体会不到的，她在无法诉说的苦痛中写出了一首爱情诗《幻觉》：

昨夜梦里：/听说你对那个名字叫 Marlie 的女子，/也正有意。

是在一个妩媚的郊野里，/你一个人坐在草地上写诗。/猛一抬头，你看到了丛林那边，/女人的影子。

我不相信你是有意看她，/因为你的心，不是已经给了我吗？/疏薄的林丛。透过来疏薄的歌声；/——弯弯的眉儿似柳叶；/红红的口唇似樱桃……

我的名字常常是写在你的诗册里。/我在你诗册里翻转；/诗册在草地上翻转；/但你的心！/却在那个女子的柳眉樱唇间翻转。

听说这位 Marlie 姑娘生得很美，/又能歌舞——/能歌舞的女子谁能说不爱呢？/你心的深处那样被她打动！

我不哭了！我替我的爱人幸福！/（天啦！你的爱人儿幸福过？言之酸心！）/因为你一定是绝顶聪明，谁都爱你；/那么请把你诗册我的名字涂抹，/倒不是我心嫉妒——只怕那个女子晓得了要难过的。

我感谢你，/要能把你的诗册烧掉更好，/因为那上面写过你爱我的语句，/教我们那一点爱，/与时间空间共存吧!!!

我正希望这个，/把你的孤寂埋在她的青春里。/我的青春！今后情愿老死。

这首诗的写作时间是 1932 年 7 月 30 日，离萧军和萧红相识不过半个月。相爱不到半个月的时间，萧军就移情别恋，确实有些神速。虽然萧红之前有过被男人甩的经历，但爱情还没正式开始就成为弃妇，这速度也有些太快了。面对萧军恍惚的神情，萧红能感觉到他的心正在那个女子的柳眉樱唇间翻转，萧红心如刀割，她不能要求人家对自己怎样，自己当时那个样子，哪敢奢求什么爱情？她只能擦干泪水，嘴上说着祝福的话。她说我替我的爱人幸福，你去把你的孤寂埋在她的青春里吧，只要你能够快乐。我的青春，今后情愿老死，也与你无关了。

萧军一厢情愿的单恋没有结果，李玛丽是不会喜欢上他的，他只好又退回到萧红这边，过家家似的继续着他们的爱情。

这爱情甜蜜中带着苦涩，当他们历经千难万难终于租下个遮风避雨的地方后，萧红发现，她的三郎是个多情的让她不放心的男人。寒冷的冬日夜晚，萧军带回一个列巴圈，两个人就着白开水把那个干硬的东西吃掉，然后偎依在一起互相用身体取暖。萧军伸出粗糙的手抚摸萧红的脸，他里面的毛线衣的衣袖露着破茬，有些硬有些扎，划过萧红的脸。萧红帮他把袖口整理了一下，盘算着明天到街上买点针线，为他缝缝袖口。萧军的袖口已经有过缝纫的痕迹，他轻轻摩挲着，对萧红说起那个给他缝过袖口的旧日恋人敏子。

他那么深情的追忆着他爱过的敏子，说他和敏子怎样的热恋，怎样的情深意切，怎样的疯狂相爱，他读到敏子绝交信的时候怎样的昏迷了，怎样的难以自拔。最后他还脱下那件毛线衣，在灯光下让萧红看那缝过的痕迹，深情地说："你看这桃色的线……是她缝的……敏子缝的……"

一种此情可待成追忆，只是当时已惘然的感觉，萧军全然不顾面前这个女人那尴尬嫉妒的神情。在现任面前忆逝去的一段旧情，尽管那是过去的事情，这样念念不忘的，让这个女人怎会不吃醋？

萧军每说一句"敏子"，萧红的心都会被尖锐地刺痛一下。

萧军还在意犹未尽说他的敏子："敏子生得很好看的，眼眉弯弯的黑黑的，樱桃般嘴唇很红啊！"

萧军说到女人的红唇，一副色色的神情，萧红感觉到有酸涩的泪水流进了心里。她不能像别的女人那样厉声断喝，让萧军止住他的叙说和回忆，她没有这个能力，也没有胆量和底气。她自己刚在医院生完别人的孩子，孩子送了人，她被萧军接纳了，一个身子不再纯洁，一个贫困落魄到连贞操都一无所有的女人，有什么资格要求对方只爱她一个呢？

新婚蜜月的夜晚，萧军在对旧情的追忆中沉沉睡去，睡梦中还喊着"敏子"的名字。萧红的泪水终于流下来，那苦涩的泪顺着脸颊滚滚流下。

如果敏子已经是过去时，李玛丽不过是单恋，但是现实生活中，另外一些女人的出现，搅得萧红本来就饥寒交迫的生活总是不能平静。

他们在哈尔滨商市街居住的房东家的三小姐、萧红的中学同学汪林，对萧军就很暧昧。

汪林长得很漂亮，身材高挑，亭亭玉立，鸭蛋脸，细眉长眼，脸上一对小酒窝，红唇间经常叼着一根烟卷，吞云吐雾间透着女人特有的妩媚。她对萧军的笑靥是挑逗性的，有时候穿着跳舞的晚礼服回家，会故意在萧军面前去转上一圈，此时，萧军就有些把持不住自己，看她的眼神都有些迷离。当然，碍于同学萧红的面子，汪家小姐不敢太造次太离谱，不敢公然勾引同学的男人，就邀着萧红和萧军一起，夏天去松花江的太阳岛游泳，冬季去江上滑冰。汪林很享受和萧军在一起的感觉，萧军其实也有些心动了，萧红已经看出来了。

汪林和萧军之间的那点情，让萧红心里很不舒服，她觉得自己很无助，夹在中间不知道该怎么去做。好在，萧军最终克制了自己，坦白地对汪林说：我们不能够相爱的，一方面有吟，一方面我们彼此相差得太远……你沉静点吧……

但是，这份情还是伤到萧红了。汪林那身经常能让萧军眼睛发直的红色晚礼服，刺激着萧红的神经。到了上海经济条件稍稍好了一些，萧红立即做了一件同款的红色拖到地板的礼服，其实萧红并不适合穿这样的服装，她那样做，是为了出一口憋在心中已经很久的闷气。

萧军和汪林之间的爱没有修成正果，萧红便忍下了。但是，他对另外一个女子陈涓的爱恋，是萧红无论如何都难以忍受的。

十六七岁的少女陈涓是上海姑娘，从上海到哈尔滨，是来探望在哈尔滨邮政管理局工作的哥哥的。闲来无事逛商场，见到了萧军和萧红合出的《跋涉》，那时候这本书还没有被查抄，她被书的内容吸引住，想买这本书，同行的朋友说认识书的作者，可以介绍她认识。

作家在女孩子陈涓的心目中是高不可攀的，她催着朋友快点抽空带她去见《跋涉》的作者三郎和悄吟。于是，在一个即将夕阳西下的冬日午后，陈涓第一次在朋友的陪同下，来到了商市街萧军和萧红的家中。

那天，萧军和萧红都在家，在破烂凌乱的小偏厦间，他们迎来美丽的女客人陈涓。她一进门就给人眼前一亮的感觉，她靓丽，高雅，头上扎一条可爱的红绸带，那身装扮很潮很别致，和哈尔滨的女孩子不一样，是很海派的那种洋气。她完全没有少女的忸怩，举止大方，说着上海味的国语，和他们这群人的满嘴东北话完全不一样。

屋子里不明亮的光线下，萧红马上感觉到，萧军看陈涓的眼神似曾相识，在半年之前，也是这样一个傍晚，在东兴顺旅馆二楼那个扣押自己的房间内，萧军第一次见到自己时，就是这样的目光。他的这个目光很有诱惑力，那时，自己就是被他这个眼神吸引，一步步走到了今天。

这个十六七岁的上海女孩，会被这个眼神打动吗，她身边一定不乏追求者，和那些达官贵人家的公子少爷相比，穷兮兮的萧军根本没有竞争实力。但是，身边有一个汪林不就已经被这个穷书生打动了吗，萧军还是很有女人缘的。

萧红扫了一眼身边的花心的爱人，心中暗暗嘲笑他的没出息，自己则大姐姐般陪着陈涓聊天，因为她比陈涓大了五六岁，也确实是个大姐姐。她不但赠了陈涓《跋涉》，还留她在家吃了饭，虽然那顿晚饭很简单，却是地地道道的东北风味。

萧军从第一眼见到陈涓，就喜欢上了这个江南女子，她的隽秀温婉是东北女人萧红身上所没有的，也是汪林之类缺乏内涵的富家小姐所没有的。

陈涓那天到他们家拜访离去后，至于萧军怎样又联系上了她，这里面的细节萧红就不知道了。等她知道的时候，萧军已经对那个南方女孩很上心了。在这件事情上，汪林比萧红还细心，自己心仪的男人，婉言回绝了自己，却和一个上海小妞打得火热，汪林也是醋海翻波。于是，她告诉萧红，萧军经常带着陈涓去跳舞。跳舞那种事情，只有汪林这种过着上层生活的女子可以经常参与，萧红自从离家出走独自闯世界后，就没有进过舞厅，那里的费用太高了，对于她这种连饭都吃不上的人来说，怎么可以进这种奢侈地方？但是，萧军却去了，不是带着她，而是带着别的女孩。

不得不叹服，萧军是浪漫的，即使日子过到了这种境地，他还敢于无所顾忌地大胆追求浪漫的新爱情。他当然知道自己陪陈涓花在舞场的钱够他和萧红半个月的生活费，他只是无法抗拒美女的美丽，这美丽对他就是强大的诱惑。

萧红惊呆了，她不明白她的三郎怎么可以这样感情泛滥。他们的海誓山盟才发完没几天，转眼间就变成了一帘幽梦，她内心深处充满了感伤和疼痛，她不再欢迎陈涓来家里做客，她真的伤不起。

陈涓似乎没有意识到萧红的疏远，还是照常来家里找萧军聊天或者出去溜冰，虽然天天见面，但陈涓和萧军的书信往来照旧频繁，这就显得更不正常了。

这种非正常关系，萧红不舒服，汪林也不舒服，于是，汪林就站出来劝陈涓，注意收敛一下和萧军的感情，并说萧红已经感觉出来了，要吃醋了。

这种提醒让陈涓很伤自尊，她究竟对萧军是什么感情，局外人是不明就里的，此时的她是一脸委屈，差点哭出来。她说自己不过就是把萧军当自己的偶像，从来没想过爱情方面的事。既然萧军对自己有非分之想，那她赶紧逃离这个地方啦。之后，陈涓真就马上买好车票，准备第一时间逃离这感情的是非纠葛。

陈涓本来是想悄悄离开哈尔滨，不知萧军从哪儿得到了消息，便带着萧红去给她送行，而且当着萧红的面送给陈涓一朵枯萎的干玫瑰和一封信，还强行亲吻了陈涓。

萧红的泪水在眼眶里打着转转，那是因为被公然蔑视而屈辱的泪水。两个月前的某一天，她曾经在萧军的热吻中娇嗔地说："这辈子我不许你的唇碰别的女人的唇，我只要你爱我。"这才多少天的时间啊，他的唇就贴上了另外一个女人的红唇。

陈涓走了，一段没来得及正式出轨的婚外情被及时刹车，萧红长吁一口气。

萧军很是落寞了一段时间，有时候，他和萧红说起关于爱情的话题，按照萧军的爱情哲学："爱便爱，不爱便丢开。"他的解释是，爱一个女人就奋不顾身去爱，不爱了立即丢开。萧红对他的这个观点不寒而栗，她担心，或许有一天他不爱自己了，真的会立即丢开，她怕，怕他们的爱情走不出多远，就进入穷途末路。

后来，一路流亡，流亡到上海，宿命的是陈涓的故乡就在上海，她越是怕遇上那个女人，越就偏偏遇上了她。

偌大一个上海滩，茫茫人海，怎么就会遇上陈涓？萧红总也想不通这件事。事实上，陈涓真真切切出现在了他们面前，又勾起萧军狂热的旧情。此时的陈涓已经由女孩成长为少妇，她嫁人了，生子了，更加风韵妩媚了。她的婆家并不在上海，只是来上海住娘家。1936 年初春，陈涓找到了萧红的家来登门造访。那次见面，萧红的态度很冷漠，以女人对女人的特殊敏感，陈涓应该能感觉得到萧红的敌意，但是，在女主人充满敌意和冷漠的目光中，临走的时候，她却挑衅般提出让萧军送送她。

真的不怪萧红敏感，真的不怪萧红吃醋，萧军的心重新被陈涓俘虏了，他旧情复燃，再次把爱的天平向陈涓倾斜。他又开始了对陈涓的疯狂追求，他会经常寻找机会和自己喜欢的女人幽会，有时他夹着本书言称去公园看书，其实是去陈涓家了。这些萧红都心知肚明，所以她陷入无限的痛苦和绝望中。为排解痛苦，她只有去鲁迅家闲坐，去打扰人家安静的生活，其实她也是无奈，真的无奈啊。

按照萧军的"爱便爱，不爱便丢开"的爱情观，此时的萧军对萧红已经不爱了。一个已经不爱的女人，她总是唧唧歪歪地烦自己，还为陈涓的再次出现表现出巨大不满，萧军对付萧红的办法就变成了大打出手，经常把她揍得鼻青脸肿。

一个瘦弱的小女人，一个把这个男人看做天，看做一切的小女人，在承受了无辜的拳打脚踢之后，她心如死灰，对这份爱情彻底绝望了。

她写的《苦杯》中的前几首，写的就是那个时期她的苦痛：

一

带着颜色的情诗，

一只一只是写给她的，

像三年前他写给我的一样。

也许人人都是一样，

也许情诗再过三年他又写给另外一个姑娘！

二

昨夜他又写了一只诗，

我也写了一只诗，

他是写给他新的情人的，

我是写给我悲哀的心的。

三

爱情的账目，

要到失恋的时候才算的，

算也总是不够本的。

四

已经不爱我了吧！

尚与我日日争吵，

我的心潮破碎了，

他分明知道，

他又在我浸着毒一般痛苦的心上，

时时踢打。

五

往日的爱人，

为我遮蔽暴风雨，

而今他变成暴风雨了，

让我怎样来抵抗？

敌人的攻击，

爱人的伤悼。

寻一处可以疗愈情伤的地方

萧红是能隐忍的女人。年少的时候她的那点锋芒已经被磨平了，为了爱情，为了不再失去身边的男人，她一忍再忍，忍受着萧军当着她的面给另外一个女人写情书，忍受着爱人和别的女人不避讳她谈情说爱。

她痛恨自己在爱情上的软弱，但是，在萧军面前她又不得不软弱，因为在他们的爱情中，从一开始萧红就是"弱势群体"，她早已不是处女了，在萧军之前，她和初恋表哥私奔过，和未婚夫汪恩甲在哈尔滨东兴顺旅馆同居过，遇到萧军时，在男人们眼里已经算是二手的残花败柳。

中国男人都有处女情结，他们当然希望自己爱的女人是纯洁的处女，一生只爱自己一个人。他们自己可以三妻四妾，却不许自己的女人出轨，哪怕精神出轨，他们也会很痛苦，更不用说身体出轨了。男人一般会很在意女人的第一次是不是给了自己，对于已经属于过别的男人的女人，他们心里会有一种心理和生理上的排斥。所以，萧军一边爱着萧红，心里一边痛苦着，虽然他在萧红之前有过老婆，但他心里还是莫名的有一丝丝苦涩。于是，他不断寻找新的爱情，通过自己的出轨，他觉得和萧红扯平了。

对这种扯平，萧红如果不想打碎当下这种完整的生活，她只能默默承受。她在萧军面前缺乏自信，那仅有的一点自信，常常被萧军明恋暗恋的女人们击得粉碎。

在上海，当他们在鲁迅的帮助下成为小有名气的作家，当他们摆脱了贫寒的流浪生活，开始过上安逸的温饱日子的时候，那曾经的恩爱却再也找不回来了。有些夫妻只能共患难，不能同甘甜，或许，萧军和萧红就属于这种类型。

萧军在萧红面前，性格越来越暴躁，过去的温馨安宁一去不复返了，他们不断地争吵。萧红除了在外面有了作家的光环，在家里就是一个受欺负的家庭主妇角色。她脸色苍白，一身疲惫，扎着花围裙，像别的普通能干的家庭主妇一样，在家里收拾地板上的烟头、擦满地的脏脚印，而萧军却腋下夹着几本书，说是去法国公园读书。鬼知道他是去读书了，还是和女人幽会了。她的爱情诗《苦杯》后面部分就是写她那个时候的心情：

六

他又去公园了

我说："我也去吧。"

"你去做什么！"

他自己走了

他给他新情人的诗说

"有谁不爱鸟儿似的姑娘!"

"有谁不爱少女红唇上的蜜!"

七

我不是少女

我没有红的唇了

我穿的是从厨房带来的油污的衣裳

为生活而流浪

我更没有少女的心肠

他独自走了

他独自去享受黄昏时公园里美丽的时光

我在家里等待着

等待明朝再去煮米熬汤

八

我幼时有个暴虐的父亲

他和父亲一样了

父亲是我的敌人

而他不是

我又怎样来对待他呢

他说他是我同一战线上的伙伴

我没有家

我连家乡都没有

更失去朋友

只有一个他

而今他又对我取着这般态度。

九

泪到眼边流回去

流着回去侵蚀着我的心吧

哭又有什么用

他的心中既不放着我

哭也是无足轻重。

十

近来时时想要哭了

但没有一个适当的地方

坐在床上哭

怕他看到

跑到厨房里去哭

怕是邻居听到

在街头哭

那些陌生人更会哗笑

人间对我都是无情了

十一

说什么爱情

说什么受难者共同走尽患难的路程

都成了昨夜的梦

昨夜的明灯。

　　萧红变得越来越多愁善感，越来越神经质，她觉得做他的妻子好痛苦。她想哭，却不敢哭出声。瘫坐在椅子上，她抑郁地看着这个光线阴沉的房间。房间里到处是抑郁的深棕色调，地板是棕色的，窗框也是棕色的，连窗帘的色调都是偏棕色的，所有的色彩和她的心情一样，都昏沉沉的。窗外透出的那点天空也满是阴霾，南方的天不像东北，经常是蓝天白云的明朗。

萧红有时候也会想起东北的家，想起自己的亲弟弟张秀柯，她经常会给弟弟写封信，如今弟弟已经去日本留学了，自从他去了日本，信也少了。

想起在日本留学的弟弟，萧红的心里一忽悠，自己眼下这种痛苦的境遇，是不是也该离开萧军，去日本生活一段时间，那样也许能疗一下满心的伤痛。

他们的好朋友《文学》和《译文》的编辑黄源也建议萧红到日本去一段时间，黄源的妻子许粤华当时正在日本留学，他认为萧红去了日本，许粤华可以帮忙照顾她。

转天再去鲁迅家串门的时候，萧红把这个想法告诉了鲁迅，没想到鲁迅却非常支持她。也许，鲁迅也没有更好的办法帮她排解苦闷，清官难断家务事，更何况是自己两个学生的家务事。鲁迅对他们之间的事情不好说更多的话，他同情萧红的境遇，觉得她出去一段时间散散心，也许一切会好起来。

萧红开始着手安排去日本的事，她决定彻底改变自己，首先从外在形象开始。

她剪掉了两条小辫子，告别了美丽的蝴蝶结，从此扎蝴蝶结的萧红时代过去了。她把直硬的头发烫成了弯弯曲曲的，那种蓬松的烫发是当时上海女人的时尚。她还做了套新西服，不过，西服的面料和做工都很差，她过惯了穷日子，已经不懂得穿高大上的高档时装了，所以那西服穿上之后，看上去别扭扭的，新烫的头发也不像那些交际花们的烫发那样摩登自然。虽然萧红自我感觉很时尚，朋友们却不这么认为，他们觉得萧红的气质其实更适合过去的那种质朴。现在这个样子，土不土洋不洋的，反而让人觉得不伦不类，有些像那个时代的朝鲜女人。

萧军对陈涓的爱恋就像当初他爱萧红一样，是很真诚很投入的。爱便爱，他全身心投入到新的恋情中，丝毫不再顾及萧红的痛苦。但是，陈涓对萧军一直是若即若离的，她属于那种观念新潮的率真脱俗的民国女子，用她的话说，她对于萧军的感情是"发乎情止乎礼"的，同时把情与欲的界限也分得相当严格。人总是人，能无情更好，若避免不了，则发乎情止乎礼，又有什么不可呢？

陈涓和萧军的一场感情游戏，随着萧军的又一次强吻而再次落下帷幕，几年前哈尔滨的一幕又重演，她又一次逃离了，这次是离开上海找她的丈夫。萧军资助了她二十元旅费，他和陈涓的恋情算是画上了不很圆满的句号。

虽然萧军和陈涓的恋情结束了，但并不意味着萧红会留下来，既已决定了要走，就不会改变行程，她伤痕累累的心还在淌着血，她的伤痛，还是要去疗养的。

离开上海前，萧红在鲁迅家吃了顿告别饭，还去照相馆和萧军黄源拍摄了一张临别合影，就是被坊间戏谑为"勾肩搭背"的那张。萧红新烫的头发，穿了件格子旗袍，看上去不像二十多岁的女子，年岁显得有些苍老。

就是穿着这身装扮，1936年7月17日，她踏上了上海到日本的渡轮，逃离了这块伤心之地，渴望走进一片新的天地，走向新的生活。

渡船一驶离码头，看着岸上向她挥别的萧军，她的心一下子变得飘忽不定。她这才发现，这些年她太依赖萧军，已经不习惯一个人漂泊了。望着一望无际的由淡蓝色逐渐变成黑蓝的茫茫大海，她站在船尾，鼻子一酸泪水就盈满眼眶：若是我一个人怎敢渡过这样的大海，如果有三郎陪我该多好。黄昏时，船舱里的空气非常污浊，她晕船了，胃里面翻江倒海的。

船刚刚抵达日本长崎，萧红第一时间就迫不及待给萧军发了第一封信，把自己在船上的感觉写给了萧军，其实她还是离不开他，她依然深深爱着他。

到达东京，萧红去找黄源的妻子许粤华，在陌生的东京，她住进趜町区富士见町二丁目九一五中村方。这里的一切都是新奇的，日本居室一般都不很大，这间居室一个人住还算宽敞，是六帖的榻榻米屋子，日式拉门，窗户是那种挂着竹帘的纸拉窗，整洁素雅，只是没有桌椅。

萧红向房东借来一张桌子一把藤椅，刚一安定下来就给萧军写了第二封信，看似在向他报一声平安，其实是在叙说内心的思念和牵挂，信的第一句就款款深情地问萧军，你的身体这几天怎么样？吃得舒服吗？睡得也好？然后叮嘱他不要忘记吃药，饭少吃些，注意锻炼身体，身体太弱不要到海上游泳，并告诉他租住的"屋子里面也很规整，只是感到寂寞了一点，总有点好像少了一点什么！住下几天就好了"。

少了什么呢？少了她又爱又恨的三郎。

在陌生的异国他乡，听着蝉鸣，听着木屐的清脆响声，萧红真的有些想家了，想她和萧军的那个家，她非常不争气地还是思念萧军。在这个世界上，他依然是她唯一的牵挂，他给她的那些伤害似乎随着她的远行都淡去了，给她留在心底的只剩下对爱人的依依眷恋。昨日已经无奈而去，过往的那些伤痛和美好都从指缝中悄悄溜走了。孤独寂寞向她潮水般袭来，这次的逃离看来是失败的，从住下来的第一天，她就深深感觉到这一点。

安定下来之后，她开始和在东京留学的弟弟张秀珂联系，想用亲情来冲淡和抵消自己的寂寞。阴差阳错的，却一直没有见到弟弟。找到弟弟的住处，因为言语不通，费了好大劲才从房东那里了解到，弟弟已经不在东京了。

东京没有她可以依赖的温暖，这些年，她总是在抱怨家庭如何没有温暖，亲朋好友如何对她冷漠，可当她真正离开了那片热土，离开了所有熟悉的一切，更大的孤独让她脆弱的心进入更深的抑郁中。

许粤华不可能天天陪着她，她还有自己的事情要做，每天一大早就要出去，或去图书馆，或去做别的事情。萧红去许粤华住所找她，她不在，只好重回自己的住处。萧红的心里充满莫名的委屈，她想大哭一场，准备给萧军写信，拿起笔来，钢笔没墨水了，墨囊里抽进的墨水一压又随着压出来了，她无比懊丧，如果有萧军在就好了，过去这些小事都是他帮着解决。终于把钢笔搞定了，只是耳边听不到萧军蹬蹬上楼的声音，她又什么都写不出。

她把这种焦虑的情绪写信告诉了萧军：

> 这里的天气很热，一个说话的人也没有，没有书报可看；到街上走走，路不认识，话也不会讲；神保町的书铺好像与她一点关系也没有，这里太生疏了；满街的木屐声，一点也听不惯这声音；总之，心情非常坏，无聊，好像充军西伯利亚一样。

她一个人絮絮叨叨地向遥远的故乡那边唯一牵挂的爱人叙

说，却一直没有见到萧军寄来只言片语，这让她彻底绝望了。焦虑烦躁中，她开始写散文《孤独的日子》和回忆家乡的文字《王四的故事》。

萧军终于回信了，信是从青岛寄来的，他借住在山东大学任教朋友的单身教员宿舍，开始写作了。这是萧红离开上海到东京之后，第一次绽开开心的微笑。她的快乐原来还是源自于萧军的爱，回信的时候，她有了写诗的心情，那首《异国》就是在回信中寄给萧军的：

夜间：窗外的树声/听来好像家乡田野上抖动的高粱/但，这不是/这是异国了/踏踏的木屐有时潮水一般了。

日里：这青蓝的天空/好像家乡六月里广茫的原野/但，这不是/这是异国了/这异国的蝉鸣也好像更响一些。

这里是异国他乡，她必须慢慢适应，让自己安定下来。

她学着独自走上街头，逛逛神保町的大街小巷。神保町是日本文化集散地，类似于北京的琉璃厂和潘家园，那里是日本最大的书店街，密密麻麻到处是书店、出版社、出版批发商代销店。街上的一切风景都是陌生的，街边居然还有一条黑色的河，河上漂着破船，能真切看到床上衣衫破烂的女人和孩子。这街景象上海的徐家汇，不是萧红所喜欢的，那些书，那些书店也不是萧红喜欢的，她只好写信让萧军从国内给她寄书。信里她还嘱咐他：

第一件你要买个软枕头，看过我的信就去买！硬枕头使脑神经很坏。你若不买，来信也告诉我一声，我在这边买两个给你寄去，不贵，并且很软。第二件你要买一张当做被子来用的有毛的那种单子，就像我带来那样的，不过更该厚点。你若懒得买，来信也告诉我，也为你寄去。还有，不要忘了夜里不要吃东西。

这满纸体贴和柔情穿越千山万水寄达客居青岛的萧军手中，任是铁石心肠的男人，都会为之感动。萧军嘴上说对她婆婆妈妈的关心很不舒服，他不愿被人可怜，其实他还是被深深地感动了，所以他用自己独特的表达方式，告诉她青岛如何如何好，刺激她从日本赶回青岛。

既然走出来了，萧红就不会轻易妥协，她想再坚持一段时间。之后的坚持其实并不容易，她水土不服大病一场，且高烧不退。

初秋，许粤华要回国了。

因为经济上的原因，黄源负担不起妻子的学费，许粤华只好结束在日本的留学生涯匆匆回国，临别时，萧红拖着病恹恹的身体为她送行。只是，她没有想到许粤华回国后即将变成她的情敌。

那段时间，距离产生美这句话用在萧红和萧军身上再合适不过。从他们信件的内容看俨然是一对情深意切从来没有产生过间隙和隔阂的亲密恋人，萧军也对萧红的身体很不放心，用他特有的口气命令萧红，如果在东京的日子过不下去了就赶紧滚回来吧。

这句"滚回来"让萧红很温暖，他想她了，想让她回到身边。她没有马上滚回国，而是抓紧写作，一边写她的中篇小说《家族以外的人》，一边上日语补习班。许粤华回国了，没人给她当翻译了，她要恶补日语，以后一切都要靠她自己了。

后来她的身体和心情都很不给力，经常头痛、胃痛，而且痛经的老毛病又犯了，日本的便衣警察偶尔会到她的住处突击检查，影响着她的情绪。也许那时候她真的该听萧军的话，真的该从日本滚回萧军的身边，那样，他们的爱情或许还有挽回的余地，那样，就不会有萧军和许粤华搞婚外情的机会。

她拒绝在萧军的劝阻下回国，是自尊，更是她与生俱来的不服输的性格决定的。她本身就是个多重性格的矛盾体，有时候喜欢逞强，有时候又显得可怜楚楚的柔弱。

东京的秋天到了，深秋时节秋意已浓，时光碾碎在秋阳中，红彤彤的枫树和黄灿灿的银杏被秋天涂抹的浓颜重彩。天气舒适，萧红的心情好了很多，身体也跟着好起来，她终于有了心情到街上闲逛。那天，她给自己买了一套毛线洋装和一张草褥。毛线洋装把她装扮得像一个时尚的女人，草褥折起来当做沙发，身穿毛线洋装的萧红坐在她自制的沙发上，守着小圆桌，桌上有一瓶红葡萄酒，酒瓶下站着一对金酒杯，那画面很温馨。她觉得如果这样话，也许她还能在东京继续住下去，住上一年半载。

她不知道，就在那天的前夜，远在上海的鲁迅逝世。

知道这个消息的时候，已经是鲁迅逝世两天后。是她去吃早餐的时候偶然从一个小饭馆的报纸上看了鲁迅和逝世的字样。依照她的日文水平，是读不懂报纸的，一种不祥的感觉顿时笼罩在心头，她神情恍惚不安，急切想知道报纸的内容，便乘电车赶往市郊一个中国朋友家，她要证实"逝世"之类的字样是否和鲁迅有关。

几经证实，她真切地知道了鲁迅确实于 10 月 19 日晨 5 时 25 分永远地去了，巨大的悲痛袭上她的心头。她手边有一本大画册，那是前几天她从一家书店买的，准备送给鲁迅，画册还没送出去，斯人已去，悲痛的泪水模糊了她的双眼。窗外，萧瑟秋风中有泛黄的叶子随风飘落，那匆匆而去的身影愈发勾起萧红的伤悲，落叶的凋零在秋风里充满悲伤情调，那个祖父般呵护自己的人不在了，中文报纸有鲁迅仰卧床上形销骨立的遗容，那张照片让萧红哭了一夜，寂寞冰冷的长夜，她的泪水一直止不住地流，第二天她给萧军写了封信，告诉他想个法子，好好安慰许广平，告诉许女士，看在孩子的面上，不要哭太多。

这来自海外的哭声和国内朋友们的哭声混在一道，发在《中流》半月刊"纪念鲁迅先生专号"上。

到东京仅仅三个多月，情伤没疗好，遥远的家乡，最敬爱的老师却永远离开了，这使得萧红孤寂、清寒的异乡生活又增添了浓浓的哀伤。

她想，自己只有写出更多更好的作品，才对得起鲁迅对自己的培养。于是，她埋头创作，开启了写作的黄金时代。她在11月19日给萧军的第二十九封信中提到：

> 窗上洒满着白月的光儿，我愿意关了灯，坐下来沉默一些时候，就在这沉默中，忽然像有警钟似的来到我的心上："这不就是我的黄金时代吗？此刻。"

其实，写这封信的时候她正发着高烧，嘴唇这一块那一块地破着，在日本的生活依然落魄不堪。那个冬天没有过完，她决定提前结束在日本的生活，回到上海。

东京那个地方，对于萧红来说一点留恋也没有，她想，若回去就不会再来了。

我不是少女，我没有红唇了

从 1936 年 7 月萧红乘船东渡日本，到 1937 年 1 月回到上海，半年时间，萧红给萧军写了三十五封信。

这三十五封书信依然是情人间的卿卿我我，热烈、浪漫，局外人从这些信的字里行间读到的是两个深深相爱的恋人之间的情深意长，萧红也以为她的三郎回心转意了，还在爱着她。她热烈地思恋着远方的萧军，想念他温暖宽阔的怀抱，于是，抱着满怀的希望，她回来了。

回来的那天晚上，黄源为萧红接风。那天来为萧红接风洗尘的除了萧军和黄源，还有几个东北的文友。萧红感觉大家都有些怪怪的，好像有什么事情隐瞒着自己，说话的时候，总是有意避开一些话题，闪烁其词。

萧军对她的突然回来，并没有表现出她预想的那份小别胜新婚的惊喜。

仿佛昨天刚刚分开，今天又凑到了一起，半年间通信中的情意绵绵好像从来就不存在一样。萧军的样子还是老样子，态度还是过去的态度，此前的情感裂痕似乎依然还在。

只是他们租住的地方又换了新住所，这一次是在吕班路今重庆南路 256 号。房子不错，是一家由俄国人经营的家庭公寓，一排西班牙式楼房，房间比她在日本租住的那个小屋子宽敞多了。

一回到上海，萧红要做的第一件事就是想去鲁迅家看望许广平，她想到那个她光顾了无数次的大陆新村的鲁迅住所，想去寻找鲁迅留下的踪迹和气息。萧军告诉她，因为怕许广平在过去的家中睹物思人总沉浸在悲伤中，也为了防止国民党派人来搜查，他已经帮助许广平搬到上海霞飞路霞飞坊 64 号。

许广平的新家，一切的布置已经是新的格局，物是人非，更深的哀伤涌上萧红心头。

鲁迅已经走了整整三个月了。

她和萧军陪着许广平和海婴去给鲁迅扫墓。

这一天，是上海冬季一个半阴的天气。记得第一次见到鲁迅也是这样一个阴沉沉的日子，那天的情景还历历在目，现在却是阴阳两隔了。万国公墓落叶缤纷，鲁迅就睡在四周长满了青草的墓园里，萧红泪眼模糊地看着萧军清理墓基，墓基上镶着鲁迅的照片，照片上那熟悉的音容笑貌在静静地凝视着她，她觉得自己不是来凭吊鲁迅的亡灵的，而是来看望他的，她俯下身对着鲁迅墓深鞠一躬，把带来的鲜花整齐竖在墓基前。

从此，疼爱甚至溺爱她的恩师就长眠在这个陌生的地方了。

她的心情，和这天气一样布满阴霾。

之后，她写了情真意切的《拜墓诗——为鲁迅先生》：

> 跟着别人的脚印，/我走进了墓地。/又跟着别人的脚印，/来到了你的墓边。/那天是个半阴的天气，/你死后我第一次来拜访你。/我就在墓边竖了一株小小的花草，/但并不是用以招吊你的亡灵，/只是说一声："久违。"/我们踏着墓畔的小草，/听着附近石匠钻刻着墓石，/或是碑文的声音。/那一刻，/胸中的肺叶跳跃起来，/我哭着你，/不是哭你，/而是哭着正义。/你的死，/总觉得是带走了正义，/虽然正义并不能被带去。/我们走出墓门，/那送着我们的仍是铁钻去打着石头的声音，/我不敢去问那石匠，/将来他为你将刻成怎样的碑文？

　　正当萧红的心在悲伤中不能自拔的时候，敏感的她发现，在书信中一直爱意悠悠的萧军，其实在她走后的半年时间，一直没有停下追逐婚外情的脚步，原来他一直在出轨。

　　从萧军寄往东京的最后信件中，萧红已经发现了他再次出轨的端倪，她想回来帮他摆平，只是她无论如何没想到，这个第三者居然是她的闺蜜，萧军好朋友黄源的老婆许粤华。她从东京回来后，许粤华还经常过来看望她，即使这个闺蜜和萧军之间显得有些亲密，她也不会多想。

　　那天，萧红到黄源家串门，上楼走在楼梯上，听到黄源与许粤华争吵的声音，这其中似乎还夹杂着萧军的争吵声。她觉得很奇怪，萧军什么时候跑到人家来吵架了。听来听去，这里面似乎有什么感情纠葛。萧红依然没多想，推门进了争争吵吵的卧室，她的突然出现，让吵架的三个人都猝不及防，吵架声戛然而止，屋里的空气凝滞一般，还带着说不出的尴尬。

　　寒冷的冬日，卧室的窗子是敞开的，许粤华躺在床上，开着窗子，萧红走过去顺手把窗子关上了，轻声对许粤华说："你这样不冷吗？"并随手从床边拿起一件大衣贴心地给她披上了，她的这种无知的傻傻的善良，让许粤华的脸一红一白的，感觉无地自容，萧军看着萧红做那一切，无语沉默着。平时脾气还是很好的黄源却怒喝一声："请你不要管。"

　　萧红一惊，她不知道自己做错了什么，从三个人的沉默而僵持的脸上，她突然意识到，她在楼道里听到的争吵内容是真的，许粤华从东京回来后，就和萧军产生了婚外情。都说朋友妻不可欺，萧军居然恋上了朋友的妻子，难怪黄源发那么大的火，如果是北方火气大的男人，就不仅仅是这样发发火的问题了。

　　萧红初来时的满心喜悦一下子变成了理不清的悲愤和忧伤。

她一时也懵了，不知道该怎么做，悻悻地走出来，她委屈地想：黄源凭什么对自己发威，你们三个人的事和我有什么关系，他或许在怨自己为什么不管好自己的老公，可是自己远在天涯海角，是最无辜的。你们天天在一起，你凭什么不看好自己的朋友和老婆，让他们搞到了一起？

萧军在萧红去日本的半年时间里，搞出来的一个绯闻对象，居然是黄源的妻子许粤华，那个她自认为最贴心的一个闺蜜。一个是自己亲爱的丈夫，一个是自己的好闺蜜，他们怎么会欺骗自己搞到了一起？萧红想不明白这件事，想不明白本来萧军和许粤华互相都不对眼的，怎么会突然搞起了婚外情。

萧军骨子里喜欢纯情的红唇少女，萧红知道自己从遇到他的那天起就已经不是红唇少女了，许粤华是红唇少女吗？许粤华说不上如何美丽，只是性格上和萧红完全不一样，她敢恨敢爱，一旦投入到一桩爱情中，就不怕粉身碎骨，这样的胆量萧红现在已经没有了，她还要依赖萧军的那点温暖，萧军都已经这样了，她还无法说服自己断然结束这段婚姻。

萧军和许粤华疯狂的恋情注定是无果的，他们的这种背叛承载着沉重的道义上的负载。此时，许粤华已经怀上了萧军的孩子，这个孩子不能生下来，他们已经商量好了立即掐断这不被任何人祝福的婚外情。凭着他们自己的力量，现在萧军和许粤华都无力做到斩断情丝，他们请来帮忙的两个人居然是黄源和萧红，这就把四个人之间的情感纠葛搞得错综复杂，彼此之间的矛盾越来越深。黄源和萧红本来都是受害者，两个受害者之间也是互相指责，一场婚外情造成了两家的感情创痕。

萧红忍气吞声，把受伤的尊严隐藏好，她装作没事的样子，像出国前一样，一个人承担着所有的家务活，帮着萧军整理、抄写文稿，加班加点为向她约稿的刊物撰写稿子，甚至出去参加各种活动的时候，也是一脸淡笑，情绪貌似很平稳。她烫过的头发已经变得平直了，脸色比过去好一些了，衣着也比出国前时尚多了。从她的脸上，没人能看出她心灵深处的伤痕。知道萧军和许粤华婚外恋情的人都暗自感叹，萧红真不是一般人，真是量大能容老公出轨事。不是她量大能容，是她不得不容，为了维系自己辛辛苦苦建立起的小家，她只能心甘情愿做爱情的奴隶。

萧军是不会关心他给萧红造成了多大伤害的，他这会儿最关心的是许粤华怎么办？她已经怀孕了，必须把胎儿打掉。大概觉得自己很对不起许粤华，萧军很伤感，天天在家中借酒消愁，醉了，还要找萧红的麻烦。

萧红陪着小心，赔着笑脸劝他："你近来的喝酒是为了报复我的吸烟，这不应该了，你不能和一个草叶来分胜负，真的，我孤独得像一片草叶了……"

这话，或许会让我们觉得萧红太贱。

和同时代张爱玲对胡兰成低到尘埃中的爱情相比较，萧红的爱情更卑微，她在尘埃中卑微的连花都开不出来，只能变成一个不起眼的草叶。

事实上，她连草叶都不是。

萧军为他和许粤华的感情困扰着，他对自己的任何一段感情都非常投入，一旦投入到新的感情中，旧情就如同一块破抹布，对他一点诱惑力都没有了。萧红作为他爱情的过去时，目前依然在他眼前晃来晃去的，晃得他眼晕，烦了的时候，他会平白无故发脾气，平白无故暴打萧红一顿。

毫无顾忌的暴打，往往使萧红的身上伤痕累累。

那段时间，萧军对萧红经常施行家庭暴力。萧军是练过武术的，用这样的拳头打一个娇弱瘦小的女子，不知他怎么下得去手。每次打完之后，看着蜷缩在一边瑟瑟发抖的萧红，萧军有一点自责，但是更多的是出完气之后的舒畅感，根本就不把这个嘤嘤低声痛哭的女人放在眼里。

那段时间萧红的弟弟张秀珂从日本回国后正好就住在姐姐家里，萧军打萧红的时候当然是背着小舅子，但是，张秀珂经常能听到姐姐和姐夫吵架。那天，张秀珂就在另外一个房间，萧军不能打萧红，就冲着电灯泡发威，狠狠地把灯泡打碎了。张秀珂发现灯泡坏了，满地都是玻璃碴子，问这是怎么回事，萧军抢着掩饰："是不小心碰坏的。"那时候的张秀珂根本不知道萧红和萧军之间为了什么总吵来吵去的，他依着姐姐当初在老家时候的性格，以为又是姐姐太强势，所以造成了夫妻之间的不和，心里是埋怨姐姐的。萧红心里有再大的委屈也不愿告诉弟弟，她怕弟弟知道了萧军的事，会影响他在弟弟心目中的形象，从此看不起他。

萧红极力为萧军掩盖着，因为还爱着他，所以她依然处处维护他的利益。她的身上脸上总之伤痕累累，身上的伤是可以遮盖的，但是，脸上的伤却遮不住。

她左眼青着一块去出席一个日本作家和上海进步作家的见面会，咖啡室里，早春的暖阳下，萧红那块明显的淤青在明晃晃的阳光照耀下更加显眼，出卖了刚刚发生完的家庭暴力。

碍着萧军的面子，男人们不好意思多问，梅志和许广平问萧红："脸上怎么青了一块？没碰到眼睛吧？"

萧红下意识地用手阻挡着脸上的那块乌青，掩饰说："没什么，是晚上楼道里灯光暗，不小心碰的。"

明摆着是萧红在为萧军打掩护，作家们都心知肚明，谁都不深究了。萧军听完萧红的谎言，反倒在一边冷笑：别不要脸了，明明就是我打的吗。

就在大家惊骇间，萧红接过萧军的话茬挤出一丝笑：别听他说，他不是故意打的，昨晚他喝醉了，我劝他，他酒劲发作给了我一拳，他喝多了酒总是要发病的。

大家默然无语，女人们看着眼睛里有了一丝泪光的萧红，不知该如何安慰她。萧军得意地笑着，听着萧红善意的谎言，他没有一点羞耻和自责，他就是要这样折磨她，许粤华已经做了人工流产手术，他的心惦记着调养中的许粤华，但是又不好明目张胆地天天厮守在她身边伺候，心中的火气冲着谁发？只有冲着萧红。

在朋友们的眼里，萧军和萧红的感情已经很坏了，萧红在大家心目中的形象就是一个没有骨气的受气包，没有爱情的同居生活还有意思吗？天天被打得鼻青脸肿的生活好玩吗？

其时，萧红也在尝试着像离开上海东渡日本那样，再次为了爱情出逃。男人的滥情，伤的是女人，女人的痴情，伤的还是女人自己。她一次又一次地被伤害，一次比一次伤得狠了，她决定再离开萧军一段时间，等冷静下来，再看看两个人还有没有继续过下去的必要。

她在给朋友的一封信中也曾痛诉：我不知道你们男人为什么那样大的脾气，为什么要拿自己的妻子作出气筒，为什么要对妻子不忠实！我忍受屈辱，已经太久了。

萧红再次想出逃，完全是为了自己的脸面。她已经明白，爱情既已如此，靠一次两次的出逃是挽不回局面的，她是弱者，她的反抗显得那么软弱无力，似乎只有出逃才是唯一的出路。

这些年，不管遇到什么难事，萧红都习惯于逃跑，尽管每一次逃跑都把她搞得狼狈不堪，但关键时候，她还是选择逃。勇于出逃的人是勇敢者，一般女人是不敢离家出走的。但是，勇于出逃的人也是懦弱者，只有不敢直面现实的人才选择逃遁。

这一次逃向何方呢？

东京坚决不能再去了，在东京的那半年对她来说就像一场噩梦。

哈尔滨也不能去，那里没有她需要的温暖。

她想到了北平，六年前，在北平她曾经度过了一段相对安宁的日子，她很怀念那段时光，那里尚有她的一些朋友，她想到那里去住一段时间。

萧军听说萧红要去北平，沉默了一下，他答应了。他知道自己给萧红造成的伤害有多深，他承认自己在爱情上曾经对她有过不忠诚，当萧红在日本期间，他曾经和许粤华有过一段短时期感情上的纠葛，考虑到从道义上来讲彼此没有结合的可能，为了要结束这种无结果的恋爱，才让萧红从日本回来。这种结束曾经使他和许粤华很痛苦。

他没考虑到萧红比他们更痛苦。

萧红要去北平的时候，萧军已经基本上和许粤华了断了那段恋情，所以这次也和当初萧红去日本时一样，萧军处于情感空档期的时候，萧红走了。

萧红和萧军的关系很微妙，她的每次出逃，都选择萧军即将回归的时候，而一旦萧红狠下心来，萧军就会表现出一丝依依不舍。这一次还是那样，萧红要走的时候，萧军告诉她，过段时间他去北平找她，陪她住一段时间。他其实并不喜欢北平，他第一次到北平的时候，古城没有给他留下太好的印象，他也想认真在那座古城住上一段时间，培养一下自己和那座城市的感情。萧红到北平权当是他的先遣部队，先预热一下，他随后处理一下手头的事情就去陪她。

对这些话，萧红没做任何反应。

萧红并没有把他的话当真，他真的会到北平去陪她吗？她将信将疑。

他们像两个玩爱情游戏的孩子，哭哭笑笑，好好坏坏，局外人看不懂他们的爱情到底是怎么回事。

北平那年的暮春时节

暮春四月，萧红只带了一个行李箱，只身从上海踏上前往北平的列车。

行李箱里的东西很简单，除了几件换洗衣物，还有几个苹果和几包香烟，另外还有一张萧军的照片。她曾经吸烟，后来因为身体原因基本上戒掉了，回到上海后，自从得知萧军和许粤华的绯闻，她又开始吸烟了。

萧军的照片是她临出门的时候，又拉开行李箱，从桌上取下来塞进去的。她觉得有这张照片在，就像是萧军陪在她身边，聊解寂寞和可能发生的思念之苦。

列车一路北上，窗外的景色由江南的嫩绿变成鹅黄，过了黄河桥，路边的树木还是光秃秃的，原野上的草刚刚有些绿意。沿路的车站上到处是从西安回来的东北军，西安事变之后，张学良被蒋介石软禁，东北军内部人心浮动。1937 年春，群龙无首的东北军被调出西北，分置到皖北、苏北、南阳、保定各地，那些军人散漫地分布着，他们的战马在铁道旁吃刚刚生出些许绿色的草。

　　已经过了中午，肚子有些饿了，萧红拿出苹果吃了一个，又掏出一支香烟，点燃了慢慢吸着。午后的阳光照耀在车窗外的景色上，她慵懒地看着外面变幻的风景，一片开着洁白花儿的梨园慢慢掠过，一片飞着乌鸦和别的大鸟的坟地从眼前掠过，偶尔会看到田园中春作的农人。

　　离上海越来越远，果然她又开始想萧军了，隐隐又对他生出一些牵挂，就像去日本的路上一样，还没达到目的地，萧红就生出了给萧军写信的欲望。临出发的时候，对萧军的话她还是将信将疑，还没走出多远，他就又成了她唯一信任和牵挂的人。女人心中总要牵挂些什么才充实，萧红唯一能牵挂的只有一个萧军，她把他重新拾回自己的心中来填充那片空白，来给空落落的情感世界压分量。

　　她拿出纸笔，在列车的小桌上摊开信纸，却发觉车摇得很厉害，几乎写不成像样的字。写了几行，歪歪扭扭的，只好停下笔。

　　民国年间，从上海到北平，要经过漫长的旅途，一路上要三四天的时间，这三四天的孤独旅途，似乎比去东京的时候还觉凄冷，那时候她还有即将踏上异国他乡的新鲜感，这一次她没有任何欲望地向北平进发，到那里究竟去找谁，还没有准谱。

　　火车遇到大大小小的站台都会停下来，每每停下来的时候，萧红就抓紧在信纸上写上几句，车一开起来，颠簸得厉害，字就写不好了。

　　断断续续的用几天的时间总算写成了一封信，她急于马上寄出去，她担心萧军得不到她的消息牵挂她，一离开他，她就忘记了自己为什么要离开上海。

　　所有的站台都找不到寄信的邮箱，她只好继续把这封信写下去，直到到了北平，在中央饭店住下之后，那封信才算是发出去。

　　六年前，她曾经在北平上过一段时间中学，那时候的萧红刚从遥远的边陲小镇呼兰县城走出来，北平的一切在她眼里都是新奇的。这一次不一样了，她到过青岛，到过上海，还到过东京，古老的北平城就没有了当初的神圣和新奇。此时正是北方多风的季节，漫天的黄尘迷住她的眼睛。

　　她本来打算住王府井的迎贤公寓，这种公寓式旅店供长时间停留的旅客居住，迎贤公寓就属于豪华公寓了，基础设施完善，住在这个地方的基本上都是些外国商人、律师、官僚等。萧红到了那个地方，觉得不适合自己居住，便到了附近东长安街的中央饭店。中央饭店的住宿费是一天两块钱，与附近的北京饭店以及上海那些高档酒店相比，这个价位就算便宜的了。

　　住下来后，她走出旅店，茫然地站在北京街头四月的风中，不知道该做些什么，她想到要做的第一件事就是找一找鲁迅在北平的家。用了半天时间找来找去，最终也没找到，倒是找到了她自己当年在北京住过的旧居，那里现在已经改成一家公寓了，住在那里的都是一些上学的学生。那些意气风发的少年让她想起了当年的自己，今非昨，时过境迁，如果人生可以重新走一回，她还会以现在的模样站在这里吗？她不知道。

　　顺路走到了当年北平师范大学附属女子中学一个姓胡的同学的家门口，那是一个大户人家，门口有看门的门卫，她向人家打听起那个旧日同学，门卫看萧红的一身装扮像是有钱人家的太太，就很客气地告诉她，胡小姐已经不在这里住了，早就嫁人了。

　　萧红恍悟，时光毕竟已经过去了好几年，当年的小女生都已经为人妻为人母，时光荏苒，那些美好的青春年华已经沙漏般流逝了，旧时的酸甜苦辣只留在了昨天的记忆中，埋在了时光的烟尘里。她的眼睛里有湿润的感觉，不知是风沙迷了眼睛，还是落寞的滋味让她不由自主地流下眼泪。

但是，在北平，萧红只能找寻旧日的痕迹，只能去找旧时的朋友，否则，在这座城市她只能像一只断线的风筝那样漂泊。她费了老大劲，找到了当初在这里上学的时候经常在一起聚会的东北老乡李洁吾。

李洁吾是萧红表哥陆振舜在哈尔滨上学时候的同学，过去萧红两次到北平，都得到过李洁吾的帮助，这次萧红从天而降忽然来到北平，给他带来了意想不到的惊喜。

四月末的一个傍晚，萧红叩响了李洁吾家的门。

李洁吾抱着一个不满周岁的小女婴去开门，只看见柔暖的春风中，一个女子穿着一件黑色大衣静静站立，样子很优雅，她一见李洁吾出现，就抢上一步紧紧握住他的手："洁吾，还认识吗？我是萧红，找到你可真不易啊！"

李洁吾没想到会是萧红，眼前的萧红已经完全变了样，不再是那个跟着表哥私奔到北平，在寒冷的冬天连棉衣都穿不上，连学费都交不起的那个可怜兮兮的少女，她是全国著名作家了。李洁吾愣了一下，似乎不相信自己的眼睛："乃莹，是你吗？"

萧红紧紧拥抱了一下这个当年给过自己许多帮助的老朋友，牵着他的手就进了院子。

他们这个亲昵动作，把正在厨房做晚饭的李洁吾妻子惊得目瞪口呆，她不知道这是从哪里来了一个女人，和自己的老公一见面就抱在了一起。她对萧红表现出女人吃醋后特有的冷淡。

那顿晚餐萧红是在李洁吾家吃的，是东北风味的面条，萧红很久没吃过的那种家乡口味。但是那顿晚餐吃得并不轻松愉快，李洁吾的妻子还对萧红带着敌意，敏感的萧红第一眼就捕捉到了女主人不愉快的神情，所以吃饭的时候空气有些不轻松，吃完饭聊了几句萧红就离开李洁吾家。走出悠长的胡同，坐着洋车回旅馆了，她怕在这里待得太久惹得女主人更加不高兴，经过了这些年的历练，在人情世故上她比当初老成多了。

萧红走后，经过一夜的调查盘问，李洁吾妻子总算消除了对萧红的误会。第二天出现在李洁吾家的萧红，又变了一个新形象，她穿一套深天蓝色的毛织西装套裙，挺阔雅致，头发用丝带束在脑后，这个装扮是日式的，日本女人最时尚的装扮就是这个样子。在相对传统保守的北平城，这个装扮给人眼前一亮的感觉。

萧红和李洁吾妻子后来成了好朋友，在北平，她不能失去李洁吾这个熟络的朋友，不能失去这份友情的温暖，为了拉拢关系，就必须和朋友的妻子结成同盟，所以，最终，萧红和李洁吾妻子把关系拉得很近，近到了近乎闺蜜的关系。

女人和女人之间，只要不是情敌关系，就有可能莫名其妙地迅速成为闺蜜，所有的女人，无论地位高下，都不例外。

对萧红来讲，中央饭店一天两块钱的住宿费还是有些贵了，她接受不了，委托李洁吾帮忙在灯市口找了个名叫北辰宫的旅馆，这个地方要便宜一些。再后来，因为和李洁吾妻子混得相当熟了，萧红索性被女主人邀请接到家中去住，她独占了东屋的一间，室内一床一桌虽然简陋，但能免费在朋友家居住，不但为她省了许多费用，还让她感受到了友情的温暖。

萧红临时住处里的唯一的那张桌子上，被她端端正正摆上了萧军的照片。

李洁吾差不多是萧红和萧军的粉丝，他看了萧军的照片，左右端详说："嗯，看上去是很厉害的人物，并且有魄力。"

女人摆上一张男人的照片，是对自己的一种掩护，李洁吾的妻子端详过萧军的照片，对萧红残留的那点敌意顿时烟消云散了。

李洁吾家的小院很安静，院心种着两棵梨树，此时正是梨花盛开时节，满树的梨花在这个安静的小院显得有些闹。白天的时候，萧红偶尔会替李洁吾夫妇看会儿孩子，怀抱着这个孩子，她忽地一下想起几年前被自己送人的那个女儿，那个孩子现在也有四五岁了吧。

更多的时间，萧红是去外面走走，在东安市场的影院看了一场电影《茶花女》，或者看看书。到了夜晚，她的心又重回情爱的纠结和苦难中，这情景和心情，同她在日本的时候差不多。她白天看上去貌似很快乐，很少和人说痛苦，但是心就像被浸在毒汁里那么黑暗，浸得久了，感觉心就要被淹死了。她害怕夜晚，每个夜晚她都会在噩梦中惊醒，或者从梦中哭醒，夜里，她的恐惧常常会主宰着她的神经，这痛不欲生的长长黑夜，她睁着惊恐的眼睛期待天快快亮起来。

萧军是她前世的冤家吗？她依然放不下他，几乎每天都抽时间不停地给他写信。在给萧军的信中，依然是没骨气地倾诉一腔柔情，问他喝酒了没有，告诉他不要喝酒了，说酒能够伤肝，若是有了肝病，那是不好治的。担心萧军一个人在家菜类一定吃得很少，还告诉他要多吃水果，

接到萧军的信，她会边读边哭。

这情丝剪不断理还乱。她很脆弱，萧军在她心中还是她最坚强的依靠。

在北平的日子，偶尔也会有惊喜，比如不期遇上了他们的老朋友舒群。从哈尔滨到青岛，再到北平，总是有缘遇上他，缘分啊，萧红非常高兴。有故友陪着，他们经常去中山公园散

步，去吃北平小吃，去听富连成小班演唱的京戏，逛逛北海，游游长城。走过王府井大街、东安市场的儿童服装橱窗前，萧红的脚步会不由自主停下来，看看那些四五岁孩子穿的童装，暗想，她的那个没有下落的孩子也该穿这样大的童装了。

一晃从上海到北平一个半月了，萧红的心绪仍是烦乱，她四处奔波为萧军的到来准备找民房长期租住，期待着他早日到来。

临来北平前，萧军曾经许诺很快就会到北平去找她，但是二十多天过去了，他依然没有任何来北平的迹象。五月中旬，萧红收到萧军一封短信，信的内容不是说他要来北平，而是催促她立即回上海：

> 我近几夜睡眠又不甚好，恐又要旧病复发。如你愿意，即请见信后，束装来沪。待至六月底，我们再共同去青岛。

他病了，身体不适。接到这封信，萧红心急如焚，恨不得立即回到萧军身边。

他的话无论是真是假，她都信以为真。

其实这一次萧军又是在骗她，他本来就无心到北平去，自己又不好为当初说出去的谎言圆场，只有用这种方式让她回上海，否则，依照萧红好逗刚强的性格，还不一定什么时候回到他身边，现在他身边没有情人，需要萧红来填充情感的空缺。

萧红告别北平，匆匆回去了。她把一些带不走的行李放在了李洁吾家，天真地以为秋后她还会和萧军一起再回来，她不知道其实萧军根本就无心陪她到北平，他们永远不会一起回去的。

回到上海，萧军看上去好好的，比她当初离开的时候还好，看不出有什么旧病复发的迹象。萧红终于明白了她是被骗回来的，但是她心甘情愿被萧军骗，只要他还爱着她，善意的谎言也是爱，她不在乎。

回到上海，她才知道，回来依然是痛苦。

萧军和许粤华名义上是断了那种关系，实际上并没有中断来往，他们之间还保持着朋友关系。萧军再也不是当年的那个三郎了，萧红不在身边的时候，他也会想她，只要她一回到身边，他就会厌倦。他觉得自己已经不爱萧红了，现在纯粹是在迁就她，迁就的爱情是痛苦的。按照他"爱便爱，不爱便丢开"的哲学，这段爱情其实应当丢开了。不过，萧红不主动提出分手，他是不会率先抛弃她的，只要她能忍，他也能迁就。

萧红回上海没几天，他们的常态性吵吵闹闹就又开始了。吵得最厉害的时候，便会说到分手之类的狠话。

这样的话他们一年中会说无数次，每次说完之后并不是真的分开，过不了多久，也许过一会儿，他们就会和好。

那天又发生了口角，萧军再次说起了分开之类的昏话，说完之后没多一会便道歉，两个人刚刚要破涕为笑和解的时候，许粤华来了。

许粤华还会时常到萧军和萧红的家里来串门，她不想失去萧军和萧红这两个朋友，她这样做无异于在给人家本来就伤痕累累的爱情上不断撒盐，她和萧红之间的关系，因为有了她和萧军的那段绯闻，而完全变了色彩和味道。按理说作为第三者和情敌，应该主动从这错综复杂的地域遁去，但许粤华大大方方地出现了，还柔声细气劝解萧红。

萧红生出一肚子的醋意，扭过头去不作答。

萧军告诉许粤华：我们要分开了，她已经和你没有友情了。你有什么事情明天上午再来。

　　许粤华无趣地看着脸色冷漠的萧红，流着眼泪无言而去。

　　萧红也流下泪水，她本来朋友就不多，她也不愿失去一个好朋友，可是这好朋友直接把刀插到她的肋上，让她无法再接受她。她看见许粤华流泪，她也难过，只是，许粤华为什么就不能替她想想，她现在该走得远远的才是。

　　萧军面对自己已经不爱却还要生活在一起的女人，和依然深爱却不得不黯然分手的女人，对萧红说出了这样一段话：

> 　　许粤华并不是你的情敌，即使是，她现在的一切处境不如你，你应该忍受一个时间，你不能这样再伤害她……这是根据了人类的基本同情……

　　他要求萧红同情伤害她的许粤华，他说萧红这样做将会受到良心的谴责。

　　他理直气壮的爱情谬论让萧红对他彻底失望了。

　　许粤华的处境无论如何，无论她多么温雅贤淑，无论她有什么样的理由出轨寻找爱情，无论她多么值得同情，无论她有多大的委屈，由萧红去同情她，向她伸出温暖的友情之手，萧红怎么可能做得到？别忘了许粤华插足的是萧红的家庭，破坏的是萧红的幸福，说穿了，她是不择手段横刀夺爱的第三者。

　　当蜜糖变成了毒药，当闺蜜横刀夺爱，让自己的男人移情别恋无法自拔的时候，即使她做出一种姿态，说我把男人又还给你了，我们还像当初一样做好朋友吧，她们还能回到从前吗？

　　萧军居然口口声声指责萧红伤害了许粤华。

　　萧红的心又一次彻底凉了。

第六章 缘，聚散了你我

一个北上，一个西去，北上的是萧军，西去的是萧红。人生路上，无奈分道扬镳，那个名叫端木蕻良的男人，能代替她心中永远抹不去的三郎吗？

邂逅端木，恨不相逢未嫁时

萧红从北平回到上海不到两个月，发生了七七事变，中国抗日战争全面爆发，很快，"八·一三"淞沪抗战爆发，上海也成为抗日战场。

战争刚刚开始的时候，萧红还在懵懂中，对突然爆发的这场战争不知道究竟是怎么回事。当好朋友日本进步作家鹿地亘和夫人池田幸子在战争前夜抱着一只颤栗的小猫咪来萧红家中避难，告诉她战争马上就要爆发了，当隆隆炮声中看到勇敢的战士为国捐躯的时候，她从飞机的轰炸声中醒悟过来，这窗外的炮声不是瞬间即逝的烟花，一场日本侵华的血腥战争已经爆发了。

在民族生死存亡的关键时刻，萧红顾不上沉溺于个人的儿女情长中，顾不上个人的小伤感，她以战斗者的激情和姿态，以笔作武器投入到拯救民族危亡的斗争中。她用自己的笔写一些与抗战有关的文字，尽管这些文字的威力显得有些微弱，但是，她投入进去了。

战争的爆发，使上海陷入一片混乱中，许多刊物都停刊了。胡风和上海同仁要创办一份抗战刊物，正在为刊名发愁。胡风本想拟定为《抗战文艺》，又觉得太直白，没有艺术味道。

在时远时近的炮火声和令人心颤的飞机轰鸣声中，八月的一天，胡风邀请萧红、萧军、曹白、艾青、彭柏山、端木蕻良等作家商议筹办刊物事宜，告诉大家他正为刊物的名字发愁，让大家一起出谋划策。

因为已经爆发的战争，那次聚会作家们一反往日的幽默活泼，神情都比较凝重。萧红坐在一边，不断吸着纸烟。对刊物名字的事，她沉吟思考了很久，提议刊名就叫《七月》，纪念七月抗战的爆发，另外一层意思，七月流火，七月是一团熊熊烈火，激发全国人民的抗战激情，有象征意味，还有诗意。"七月"两字采用鲁迅的手迹，也是为了在抗日战争的时代背景下弘扬鲁迅精神。

在这次《七月》创刊会上，萧红第一次认识了端木蕻良。

那天，端木蕻良坐在一个不显眼的位置。在这些文学大家面前，他是没有名气的小辈，所以默默坐在那里，一直没说一句话。萧红对这个陌生的文弱儒雅的男子没太在意，还是胡风把端木蕻良介绍给了萧红，告诉她，这个男青年叫曹京平，笔名端木蕻良，是辽宁昌图人，已经发表了十一部短篇和一部长篇小说，是个很有前途的文学青年。

因为都是东北老乡，因为萧军和端木蕻良都是辽宁人，乡情把他们之间的关系一下子拉近了。

闲谈中，听说端木蕻良已经来上海一年时间了，萧红睁大眼睛天真地问："是吗，都来这么久了，怎么没听胡先生说起你呢？否则我们早就认识了。"她比端木蕻良大一岁，像个大姐姐一样照顾他，给他递上一杯茶。

端木蕻良受宠若惊地接过去，礼貌地笑笑，他没敢多说话，也不知道对萧军和萧红这样的大作家说些什么。其实他来到上海后是见过一次萧红的，只是她在明处，他在暗处，她不知道罢了。听着她大胆提出把刊名改为《七月》，看着她潇洒地夹着纸烟，看她不经意间流露出的知名女作家的派头，端木蕻良暗自佩服萧红的才识。他欣赏这个女人，她有东北女人的直率豪爽，也有女作家特有的浪漫文艺范儿，虽然乍一看她长得一点都不漂亮，但是越看越有味道。

端木蕻良属于有些小资的左翼文青，他是那个时代的高富帅，家境殷实，出生在一个大地主家庭，中学时代就离开老家，到了天津南开中学读书。因为"九一八"事变后搞学生运动，在南开中学没毕业就被学校开除了。

虽然中学没拿到毕业证，第二年端木蕻良却考上了清华大学历史系，其实他对历史并不怎么感兴趣，最喜欢的还是文学创作，经常利用课余时间写一些小说，后来就加入北平左联。他曾经创作了长篇小说《科尔沁旗草原》《大地的海》等。北平左联遭到破坏后，他辗转到了上海，结识了鲁迅、胡风这些文学艺术界的大鳄。

1936 年夏天，端木蕻良刚到上海不久的一个日子，他在上海法租界的一个公园里和几个朋友坐在树下聊天，远远走过来几个人，其中有一个他见过面，是黄源，还有一男一女，朋友告诉他，那个男的是萧军，女的就是萧红。那天，萧红穿了件红色衣服，马上要到日本去了，她已经从外形装扮上为出国做好了准备，头发刚刚烫过，装扮比过去也时尚了不少，远远望去，给人风姿楚楚的美感，有些《红楼梦》中林美人娇弱惹人怜爱的感觉。那一次，萧红给端木蕻良留下了极其美好的第一印象，他几乎产生了要主动上前结识他们的冲动，不过，依照他的性格，最终还是忍下了。

《七月》创刊会上，萧红有了两大收获，一个是刊物采用了她取的名字，她在文化界更加令同仁们刮目相看，另一个就是她正式认识了端木蕻良，她生命中的又一个男人。

1937 年 9 月 11 日《七月》在上海发刊，胡风主编，萧红成为临时编辑部里的一个编辑。这是一份没有报酬的刊物，稿件的质量却很高，编辑水平在当时也是一流的。

　　上海的时局越来越动荡，曾经与萧军深深相恋的许粤华似乎也无心再打扰他们的生活，因为她和萧军的那场绯闻，使她和丈夫黄源之间的关系也变得很微妙。她开始把精力放在编辑上海文化生活出版社的《少年读物》之上，随后跟随也是文化名人的黎烈文到福建永安编报刊，最终和黎烈文相爱，并在和黄源离婚后，嫁给了黎烈文。黄源则把一切的情感纠葛抛在脑后，参加新四军，投入到火热的抗战中去，成为抗日战场上的文化战士。

　　在文化同仁们纷纷搬离上海之后，创刊不久刚刚出版了三期的《七月》也面临着危机。上海即将沦陷，形势越来越动荡不安，《七月》杂志被迫转移到武汉。萧红和萧军也随着《七月》编辑部一起，在 1937 年初秋，在聚满了逃难的难民的上海梵皇渡车站，在拥挤中登上前往南京的列车，从南京坐船转道去汉口。

　　萧红和萧军这对本来已经行将陌路的夫妻，因了突发的战争，相互扶持着离开上海，他们牵着手，像一对恩爱夫妻那样裹挟在难民潮中，相扶来到一个陌生的城市。一座城市的沦陷，暂且缓解了他们爱情分崩离析的速度。生命攸关的时刻，价更高的爱情已经退居到次要的位置，除了爱情，眼下还有更重要的事情要做。

　　从汉口下轮船前，要在江汉关进行例行的检疫。

　　虽然时局不好，萧红他们运气好。

　　船上的乘客毫无次序地拥堵在船舱的各个角落，这种检疫不过就是走过场，检疫船靠近后，有检疫官走上轮船，萧军和萧红发现，其中一个检疫官居然长得很像他们哈尔滨时代写诗的朋友于浣非，笔名宇飞。他开口说话，便是一口浓重而熟悉的东北口音，没错，就是他，他们惊喜地挤上前。

几句热烈的寒暄之后，宇飞从检疫船上叫过一个人，这个人是宇飞的朋友——诗人蒋锡金。他老家是江苏宜兴的，在湖北省农村合作委员会工作，业余时间在汉口和冯乃超、孔罗荪合编《战斗》旬刊，还帮着穆木天编辑半月刊《时调》，每天在武昌和汉口之间忙来忙去，有时候就住在宇飞工作的检疫船上。宇飞把萧军和萧红介绍给蒋锡金，并委托蒋锡金帮助和照顾他们。

之后，萧军和萧红还真仰仗着蒋锡金的照顾了。

武汉到处都是从上海逃过来的难民，在这里租房子是件非常难的事，蒋锡金很仗义地让萧军和萧红住进了自己的房子——武昌水陆前街小金龙巷21号寓所。他把自己的卧室让给他们，他在书房里放了张小床，自己睡进书房。这个新认识的朋友和他们相濡以沫得像一家人，萧红每次做饭都多准备一些，让蒋锡金和他们一起吃饭，洗衣服也顺手把蒋锡金的一起洗了。白天蒋锡金外出工作，萧红就在他书房的桌子上写作，她已经拟完了《呼兰河传》的大纲，开始着手写这部巨著了。

炮火中难得的一段短暂的静美岁月，萧军和萧红的关系缓和了下来，在外人眼里，他们像许多恩爱夫妻那样，安安静静过着自己的小日子。

武汉，成为三十年代末中国文人的避难所。

萧军和萧红的好朋友张梅林也来到武汉，在记忆中这个张梅林生活能力很强，他们一起从青岛逃到上海的时候，张梅林很快就租到了房子，这一次也是，在租房子那样不易的情况下，他居然在小金龙巷不远的地方租到了一间房子。因为住得近，张梅林成了萧红家的常客，他惊奇地发现，和三年前相比，萧红不但白皙了，丰腴了，也洋气了很多。

那天，张梅林在萧红家正闲聊着，门外走进来一个看上去有些闷骚有些文青气质的男人。张梅林因为不认识这个人，就多看了一眼，萧红对这个人的到来似乎也有些怔怔的发愣，她惊喜地问道："端木蕻良，你怎么找到这儿来了？"

萧军说："是我写信把他邀过来的。"

张梅林眼中的端木蕻良留着一头蓬乱的长头发，脸色黄白，说话的声音略有些嘶哑，看上去背微驼，穿着流行的一字肩的西服，脚上是一双那个时候流行的长筒靴子，手上戴着一副棕色的鹿皮手套。

最醒目的是他那双手套，纤秀精致，根本不像男士用品。他把手套从手上摘下来，一双瘦细的手就被解放出来，和大家一一握过手。

萧红拿过端木蕻良刚刚除下的手套，调皮地套在自己手上，忍不住大笑起来："哎呀，他的手真细呀，你们看，这手套我戴正合适。"

这笑侃把端木蕻良搞得有些不好意思，他解嘲说："我的手套还不错吧？"

"嗯，是鹿皮的，质量还好。"萧红笑成一团，萧军和张梅林都善意地笑了起来。几个东北老乡，因为战争，居然在南方的这座城市聚在了一起。

端木蕻良来了，住处成了问题，这个有些小男人的男子汉凭着他的能力，是不可能在武汉租到房子的。萧军把人家招惹来了，就得好人做到底。他忘记了他自己还是借住在蒋锡金的家里，现在又多了一个男人，怎么住？

第一个晚上，萧军索性就让端木蕻良睡在了他和萧红的床上。

三个人睡在一张床上，虽然是苦难的战争年代，也是让人感觉非常不方便，特别是萧红，和衣在床头蜷缩着睡了一夜，第二天整个人都觉得没精神，本来身体就不怎么好，看起来脸色很难看。

考虑到让一个大男人和他们夫妻挤在一张床上多有不便，第二天蒋锡金从邻家借来一张竹床和一张小圆桌，让端木蕻良和他一起住进书房。

四个人挤在这小小的空间，却也其乐融融。白天，萧红忙着参加各种文化界的抗日救亡活动，忙着编辑《七月》，忙着参加《七月》的座谈会，忙着给这个大家庭的成员做饭洗衣，忙着创作她的《呼兰河传》；夜晚，几个人都回家了，大家凑到一起聊天，唱歌唱戏跳舞。萧红会跳却尔斯登舞和萨满舞，癫痫性的却尔斯登舞和跳大神一般的萨满舞都有些夸张和野性，沉浸在舞蹈中的萧红野性率真可爱，惹得对萧红了解还不太深的端木蕻良对这个比自己大一岁的女子说不出的欣赏。

如果生活以这样的轨迹走下去，端木蕻良和萧红之间也不过是互相有些欣赏的朋友关系，发展不到情人的地步。

不久，又来了一个促进他们感情的催化剂。

画家叶浅予的女朋友，同时也是漫画家的梁白波也到武汉来了，来投奔好朋友蒋锡金。

她的到来，让这个已经住了四个人的小空间在住宿问题上陷入无法化解的难题。

男男女女五个人，怎么排列组合都很困难。

大家凑在一起召开了紧急会议，研究怎么把当前的住宿合理布局。思来想去，讨论的最后结果，就是依然让端木蕻良住到萧军和萧红的大床上，三个人共睡一张床，端木蕻良的竹床让给梁白波，梁白波住进书房，蒋锡金尽一切可能到外面借宿，比如宇飞工作的检疫船上之类的地方。

这下子端木蕻良正式驻扎在了萧军和萧红的床上，三个人每天晚上都要挤在一起，虽然萧军睡在中间，但是三个人还是觉得别别扭扭的。萧军和萧红本来是把端木蕻良当小弟看待的，只是这个小弟只比他们小一点点，一张床上两男一女，萧军偶尔还会有在外面加班、晚归之类的情况时有发生，更重要的是，萧军和萧红之间的感情本来就有了深深的裂痕，萧军的粗糙和端木蕻良的细致比较起来，也成了缺点。

这种居住组合的最终结果是，萧红渐渐对端木蕻良产生了好感，她是个在感情上需要温暖的女人，端木蕻良半是崇拜半是尊重半是讨好的关切，让萧红感觉到一种久违的情感温暖。

在探讨一些问题的时候，本来并不坚定的端木蕻良此时会变得坚定起来，旗帜鲜明地站在萧红一边，与她结成同盟，这让萧红变得坚强而自信。胡风的妻子梅志在武汉见到萧红时，惊异地发现，萧红比过去漂亮了，脸色变得白里透红，眼睛变得闪闪发亮，身体明显好多了，神情中多了一些女人的自信，只有爱情的力量才能在短时间内改变一个人的状态，萧红遇到爱情了吗？

梁白波在小金龙巷21号寓所住了一段时间后，叶浅予到了武汉，梁白波立即从这里搬走，去找叶浅予了。虽然那也是一桩谁也判不清的爱情疑案，但那个时候的梁白波对叶浅予还是一往情深，不顾一切和他同居在一起。

梁白波走了，整个居住的格局又有了很大变化，至少，端木蕻良不在萧军夫妇的床上充当第三者了。他恋恋不舍地离开那张已经有了感情的大床，搬到书房的竹床上，乍一离开他还有些不适应，萧红也觉得自己的床上少了一个男人，大床变得空落落的。

萧红一开始只把端木蕻良当弟弟看，端木蕻良看萧红的眼神却带着些温情脉脉，这种眼神萧军从来没有过，他们本来就是两种气质完全不同的男人。他身材瘦高，气质比萧军要洋气的多，同样的衣服，穿在他们两个人身上，效果就完全不一样，端木蕻良没有萧军的粗犷豪放和野性的江湖气，他说话的时候声音柔柔的，文绉绉的，最重要的是，他会搜罗出他知道的所有赞美的词句夸赞萧红的作品，让萧红沉浸在他营造的良好感觉中。

萧红越来越喜欢端木蕻良，越来越离不开他，如果某一天家里少了萧军，她没什么感觉，但是如果端木蕻良因为有事外出没回来，她就像丢了魂一样，不断到门口张望。

这细微的感情变化，萧军已经感觉到了。

虽然看出了萧红对端木蕻良感情上的依赖，萧军并没有感觉到自己有什么危机感，他对自己很自信，不相信自己会败给一个阳刚不足阴柔有余的奶油小生。

直到后来，看到萧红抄录的那句"恨不相逢未嫁时"，他才意识到，事情有些麻烦，比他预料的要复杂得多。

延安向北，西安向西

冬季，萧军和萧红在朋友的帮助下，在外面找到了住处，蒋锡金也搬到外面去住了，原来拥挤不堪的房子只剩下了端木蕻良一个人。

大家还是比较照顾端木蕻良的，依照他不善于交际应酬的性格，自己找不到合适的房子，便让他在小金龙巷 21 号寓所享受单独居住的优厚待遇,这样的好事不是什么人都能摊上的。

热热闹闹的一个大家庭只剩下了端木蕻良一个人,人多的时候,大家烘托着这里的气氛,没感觉到室内的温度这般寒冷,现在却是冷寂的很。

他渴望原来那些朋友常过来陪陪他,特别是萧红。

萧红和萧军搬出去后还是经常回来看看,萧红来的次数比萧军多,坐的时间也比萧军长,她会帮着端木蕻良做些家务,懒得做饭的时候,两个人结伴到门口的小饭馆随便吃些什么,就着饭馆里的温暖多停留一会儿,说些闲话。萧红把这个大男孩一般的男子当成了知己,把许多对别人没说过的事情都说给了他,比如萧军那一宗宗的外遇,这种家丑萧红从来不对外人讲的,不知为什么却愿意讲给他听。有时候,她会在端木蕻良的住处待到很晚才回家,两个人说到无话可说了,就静静赏月。冬季的半弯冷月实在没什么好赏的,他们却能赏出浪漫的诗意来。

那一日,萧红又来了,端木蕻良不在,门却没锁。因为怕萧红来了无法进门,端木蕻良特意给她留了门。萧红推开虚掩的门进了书房,见桌子上摊着纸,就边练字边等着端木蕻良。她顺手写了唐朝诗人张籍的一首诗:

> 君知妾有夫,
> 赠妾双明珠。
> 感君明珠双泪垂,
> 恨不相逢未嫁时。

"恨不相逢未嫁时"那一句,萧红重复写了好几次,直到她自己很满意。

最后没等来端木蕻良，那句诗就摊放在那里。

这句诗是有意写的，还是无意写的，只有当事人自己知道了。若说无意，像萧红这样敏感的人，怎会无意间不断重复那句"恨不相逢未嫁时"？那一句，正是她当时的心理写照。萧军的屡屡出轨，让她对当下的婚姻失望甚至绝望过，萧军对她若即若离的情感，让把爱情当做生命一部分的萧红，总想抓住那已经不再温暖的最后一缕情丝。端木蕻良的柔情是她从来没有感受过的，表哥没有给过她，汪恩甲没有给予过她，萧军也没有给予过她。倘若先遇到了端木蕻良，后遇到了萧军，也许她不会选择萧军。

在爱情上，萧红一直都是失败者，她只是凭着感觉爱上某个男人，至于端木蕻良是不是她想要的那种人，其实她并不知道。

端木蕻良回来后，桌子上的诗让他明白了萧红的心，她原来对自己是有意的。

对那首诗，最敏感的是随后到这里来串门的萧军。

诗就摆在那里，还没来得及收起来，萧军来了，看到那熟悉的字体，看到那诗句，他沉默无语。端木蕻良陪着小心观察萧军的脸色，依照萧军的性格，说不准会大发雷霆甚至掀翻桌子，还好，他没有，只是冷笑一声，拿起毛笔，写下了几句话：

　　瓜前不纳履，李下不整冠。
　　叔嫂不亲授，君子防未然。

端木蕻良看了萧军写的几句话，满心的忐忑和不安。他确实有些喜欢萧红，在这一点上他是心虚的，但是绝对无心破坏人家的家庭，也没敢主动勾引过萧红，他其实属于色大胆小的男人。

萧军挥笔写下的"人未婚宦，情欲失半"几个字，是从《列子》"人不婚宦，情欲失半。人不衣食，君臣道息"这句话演化来的，写在这张纸上，寓意深刻。

萧红恰好来了，看萧军拿着笔潇洒地挥墨狂书，凑上去笑着说："写什么呢？这字写的一点美感都没有，缺乏文人气。"

萧红的到来等于给端木蕻良解了围，他长吁一口气，把战场让给了他们两个，自己退到屋外。

萧军把笔狠狠一摔："文人气有什么好！"

萧军吃醋了？他的醋意让萧红心里隐隐地有些沾沾自喜，你不是不爱我吗，还吃什么醋？你不爱我，有人爱我，不是正合你的心意吗？

三个人的关系和情感纠葛就在这种错综复杂中无序地发展着。

萧军不会主动抛弃妻子，他以为自己对萧红一点爱情没有了，只是出于同情还保持着这种关系，经受了刺激之后，他发现爱情还是有的。

萧红本没想着会爱上端木蕻良，可是，那乱糟糟的心事分明是恋爱中的女人才有的，这边舍不下萧军，那边牵挂着端木，这三角恋的感觉好痛苦。

三个人中，端木蕻良是最矛盾的一个，老乡萧军对他很不错，插足他的爱情他觉得不义气。才情横溢的萧红是他崇拜的一个女性，对于萧红，他的崇拜和尊敬多于爱慕，从萧红那边传过来的暧昧气息，他接收不是，拒绝也不是，有时候只好装傻。不过，他对萧红还是有一些心动，如果不是因为这几分心动，也许他早就远离了这个爱情的是非地带，到一个看不到他们的地方去了。

他们在武汉不过就是住了几个月，却发生了这么多的事情。

年底，阎锡山在临汾创办了山西民族革命大学，他自己担任学校的校长，聘请了李公朴任副校长。李公朴上任后，到武汉准备聘请一批文化人做教员，萧军、萧红以及端木蕻良、艾青、田间、聂绀弩都接受了聘书。

1938 年 1 月，这些受聘的教员和民族革命大学在武汉招收的学生们一起，集结在武汉火车站，在一个寒冷的冬夜，登上开往大西北的列车。

很阴冷的一个夜晚，因为现场热烈气氛的烘托，到处都是火热高亢的热情。那场面，使萧红恍若回到久违的学生时代，记得十年前她也是这样的热血贲张，也是这样的热情奔放，受到这热情的感染，她变得很激动，萧军看上去比她还要激动，身边的端木蕻良虽然是搞学生运动出身的，但是看上去一副不动声色的样子，黄白的脸上看不出一点情绪的变化，他的沉着冷静让萧红觉得自己更像一个不谙世事的小女孩，他像一个成熟的智者。

萧红穿着她的毛领呢子大衣，和大家挤进货车的车厢，一路向西，向陌生的西北进发。

在冬日灰蒙蒙的临汾城，萧红遇到了女作家丁玲。

丁玲是 1937 年 10 月从延安率领"西战团"抵达临汾开展抗日宣传活动的，那时候的丁玲已经是一个坚定的女革命者，她的装扮也由小资女作家变成了穿着臃肿粗糙军装的女战士，整个人都显得很粗线条。而在丁玲眼里的萧红还完全是一个苍白的小资，她一身黑色长裙，白色围巾，这身装扮不但在丁玲面前显得很个色，在寒冷的临汾城都显得鹤立鸡群，美丽动人。也许确实有些冷，萧红的脸色是苍白的，对于不熟识的人，她紧闭的嘴唇常常给人造成错觉，以为她很有城府，熟了之后，她一开口说她的东北话，才让人觉出来，这个貌似深沉的女子其实还是自然率真，少于世故的，这一点，恰恰被丁玲认为是女性的弱点，丁玲觉得，萧红这种保有纯洁和幻想的女人，容易显得有些稚嫩和软弱。

丁玲的目光是敏锐的，后来的萧红没有跟随丁玲去延安，而是选择了一条另外的道路。

临汾并不是安定的大后方，日军不断南下，作为同蒲路上南下咽喉的临汾，成为日军的一个重要目标，临汾不断遭到日军飞机的轰炸，晋南战局急剧变化，民族革命大学刚刚开课一个月，必须立即转移。

丁玲率领的西北战地服务团决定转移到运城，萧红、聂绀弩、艾青、端木蕻良等人想跟随"西战团"到运城去，关键时刻，萧军的拧劲儿和江湖气上来了，他不打算跟他们一起行动，而是独自留在临汾打游击。

丁玲劝说萧军，还是跟着他们一起走吧，晋南这一带的老百姓现在都已经跑光了，连人都没有了，还跟谁一起打游击啊，这里现在没有打游击的基础。

萧军说，打不了游击他就去延安，反正不躲躲藏藏地跟着他们去运城。

形势紧迫，没有时间做更多的抉择。

此时，也就在此时，萧红惊喜地发现，自己怀孕了。她和萧军这些年都梦想有一个孩子，现在孩子来了，在这战火纷飞的不合时宜中，他悄然而至。

刚刚有了怀孕初期的反应，恶心呕吐，浑身无力，萧红的脸色更加苍白了。自从萧军做出了要打游击的打算，萧红的心里就变得无比失落，她不想离开萧军，有了身孕之后，就更不想离开他了，依照自己现在的身体现状，她又不可能留下来跟他一起打游击，只有劝萧军跟着他们一起走，她几乎是流着眼泪在苦苦哀求："三郎，我还没来得及告诉你，我怀孕了。"

她以为这个消息能让萧军惊喜，让萧军毫不犹豫地选择跟着她一起走。

萧军确实震惊了一下，也只是一下，却没表现出什么惊喜，几乎什么表示都没有，甚至还有几分冷漠。这冷漠深深刺痛了萧红的心，这是深爱过她的那个三郎吗？六年前，萧红肚子里怀着别人孩子的时候，他都没有这么冷冰冰的，现在，这个女人肚子里是他的骨肉，他凭什么这样对待她？萧红的泪水本来是不准备流下来的，终于忍不住了，鼻子一酸，眼泪不由自主流下来。

萧红低声说："三郎，你可以不顾及咱们的孩子，但是你要想想你憧憬并追求着的文学事业，我并不仅仅因为你是我的爱人才劝阻你，我只是想到我们不该放弃，还记得我们在哈尔滨时立下的志向吗？你忘了自己的岗位，简直是胡来。"

萧军这种人一旦认了死理，十头牛都拉不回，他认准的道理是："每个人的生命价值是一样的，前线战死的人不一定全是愚蠢的，为了民族、国家，谁应该等待着发展他们的天才，而谁应该去送死呢？"

这道理萧红是懂得的，她只是不想在这陌生的地方，失去自己的爱人，让肚子里的孩子失去爸爸。她依然苦苦相劝，那一天她说了无数话，不断劝，劝，劝。

萧军烦了，投笔从戎是他少年时代就有的愿望，只是历史没给他机会，现在机会来了，却被女人孩子拖着后腿。他最终不计后果地说出了一句最伤情的话："我们还是各自走自己要走的路吧。如果我没有死，如果我们再见的时候也还是乐意在一起，那我们就在一起，不然就永远分开。"

我们还是各自走自己要走的路，这句话掷地有声，这句话把本来就已经伤痕累累的爱情推向了悬崖，萧红完全忽略了后面的那些话，她伤心地说："好的。"

此时，真的不是说这种绝情话的时候，如果萧红像过去一样，没有身怀有孕，这句话她只当是萧军的一句浑话，这样的话在婚姻中他其实已经说过无数次，但是这一次不一样。

萧红抚摸着还没有隆起的小腹，哀伤地沉默了。

眼前这个男人，已经彻底令她失望。

他是她唯一的亲人，关键时刻，这个亲人却是这样绝情。

她不明白为什么自己遇上的每一个男人都这样无情无义，不明白为什么自己总是遭遇这样的命运。

这是萧红和萧军一生中最后一次大吵。

这次争吵之后的次日晚上，队伍要坐火车离开临汾；萧军帮着萧红提着行李奔赴车站。他们一前一后走向临汾车站的月台，萧红情绪很低落，端木蕻良适时走过来，说了两句暖心的话，萧红嘴角勉强牵出一丝笑容。

萧军把行李放好，拉着聂绀弩走到一边，他们在上海的时候都是好朋友，这次他是想把萧红托付给聂绀弩照顾。

月台上灯光很暗，萧军把聂绀弩拉到更加昏暗的地方，告诉他："临汾是守不住的，你们这一去大概不会回来了，就跟丁玲一道过河去吧！"

聂绀弩问："你呢？"

萧军说："我要到五台去，但是不要告诉萧红。萧红和你最好，你要照顾她，她在处事方面什么也不懂，很容易吃亏上当的。她单纯、淳厚、倔强、有才能，我爱她。但她不是妻子，尤其不是我的!"

这些话让聂绀弩一头雾水，不知道这对夫妻究竟出现了什么矛盾，他侧身看着远处落落寡合的萧红在黑暗中的剪影，问萧军:"你们没事吧?"

萧军轻描淡写地说:"我爱她，就是说我可以迁就。不过还是痛苦的，她也会痛苦，但是如果她不先说和我分手，我们还永远是夫妻，我决不先抛弃她!"

聂绀弩长吁一口气:"那就好。"

战乱之中，萧军这句我决不先抛弃她听起来还是很仗义的，一个男人，即使不爱自己的女人了，在战火纷飞中，在她身怀六甲时提出分手，总会让人觉得不够爷们儿。

列车驶离临汾，目送萧红凄然离去之后，萧军以为从此自己就轻松了，但他不知为什么还是心事重重。

离开临汾的时候，萧红不单单把最心爱的男人萧军留在了月台上，也把她最喜爱的一双小红靴落在了他们的住处，那是她最心爱的一件东西。

列车启动了，她才猛地想起来，想想连自己最爱的人都丢失了，丢失一件心爱的东西算什么? 沉沉的冬夜，列车呼啸着驶过黑暗的夜，萧红强迫自己忘掉萧军，忘掉她丢失的心爱物件。

相忘是一种痛苦，缘尽了，心痛还在，这漫漫黑夜中，她独自舔舐自己的伤痛，谁可以安慰她呢? 在人前，即使有泪，也只能往肚里咽。

这次的分别，对两个人的感情和命运都是历史性的。

从临汾出发，萧红随"西战团"经过西南边的运城，最终到达西安。

从临汾出发，萧军原本是准备到五台山打游击的，结果没去成，南下辗转到了延安。

从临汾出发，延安向北，西安向西，这是他们人生的分水岭，这是他们爱情的分水岭，从此两个人天各一方，走向陌路。

三郎，我们分手吧

"西战团"最终到了西安后，把大本营驻扎在梁府街女子中学。

到西安之后，萧红的情绪渐渐好了起来。走了萧军，身边还有一个端木蕻良，他永远不温不火的情感，虽然让萧红找不到和萧军在一起时火爆热烈的激情，却是别样的温馨。

她的心已经明显向端木蕻良倾斜了。

端木蕻良不太善于和大家掏心掏肺地交流，所以不像萧军那样有许多好哥们好朋友，大家都看出了萧红和端木蕻良之间的那点暧昧，但是都不看好他们的感情。

萧军的一句"我们还是各自走自己要走的路吧"并没有起到离婚证书的作用，此时的萧红还在萧军名下，她还是萧军的妻子，她和端木蕻良之间的感情，只算是婚外情。

有看法归有看法，朋友和同志之间，谁都不好说太多的话，谁都不知道萧红和端木蕻良之间究竟算是什么关系。

不过，萧红的情绪确实比刚离开临汾的时候好多了，古城西安是她非常喜欢的一座城市，在端木蕻良陪伴下，她遍游了西安的名胜古迹，那个春天，西安的景色是萧红这些年到过的城市中她最欣赏最喜爱的。或许有新的恋情的滋润，她的气色配合着春天的风景,有了些春风满面的感觉。和丁玲等一起,他们编排宣传剧,尽情欢唱,在抗战岁月的缝隙间,享受了一个春季相对安宁的生活。

萧红和端木蕻良走得越来越近。

临行前,萧军把萧红托付给了聂绀弩,聂绀弩觉得自己应当不辱使命,如果萧红和端木蕻良真的好上了,他坐视不管不闻不问,似乎有负朋友的嘱托。恰好丁玲约他一起去延安办事,那时候他们已经听说萧军辗转到了延安,担心在延安遇到萧军后他问起来,自己不好和他交代,他决定临去延安前的几天找机会和萧红谈一谈。

春夜,西安的正北路,朦胧的月色下,聂绀弩约萧红出来谈谈,他只能把她约出来,在驻地,萧红都是和端木蕻良黏在一起,根本没有机会。

那天的萧红穿得不太讲究,但是那做派还是很小资的,一件酱紫色的普通小棉袄,外面披了件黑色小外套,头上的毡帽也有些旧了,但是被她歪戴着,就戴出了俏皮的韵味。她手里拿着根小竹棍,一边走一边用那根小竹棍敲打着沿路的电线杆和街树,走路不是在走,而是蹦蹦跳跳的,看上去超级萌。一个孕妇挺着已经有些显形的肚子,还能有这样的活泼和童真,足以看出,爱情的力量把她武装得完全变了一个人。

聂绀弩不知道话题该如何切入,只好先说萧军,说萧红和萧军的爱情,说他觉得萧军还爱着她,她应当有信心等待着萧军云云。

因为实在绕不开萧军这个话题了,萧红实话实说,说出了这些年她和萧军在爱情上的风风雨雨,磕磕绊绊,她承认她爱萧军,今天还爱,他是个优秀的小说家,是一同在患难中挣扎过来的同志，但是，做他的妻子却是件痛苦的事，他把妻子当出气包，爱情上不忠诚，这种屈辱她不想再忍受了。

"你知道吗？我是个女性。女性的天空是低的，羽翼是稀薄的，而身边的累赘又是笨重的！而且多么讨厌呵，女性有着过多的自我牺牲精神。这不是勇敢，倒是怯懦，是在长期的无助的牺牲状态中养成的自甘牺牲的惰性。"

萧红说这些话的时候，理智而冷静，不像是在说与自己有关的事情，却像是在说一个与自己不相干的人。

绕来绕去，终于绕到端木蕻良身上，这是聂绀弩要切入的正题。大家都发现端木蕻良最近一段时间似乎在追萧红，或许这只是大家的错觉，他希望萧红告诉他，她和端木蕻良真的没什么。

说到端木蕻良，萧红把手里的那根小竹棍举起来给聂绀弩看。

月光下，那根小竹棍发着柔和的光，其实在南方这是一根普通的竹棍，二尺多长，二十几节，小指头那么粗。萧红有时候像是一个长不大的孩子，她喜欢一些稀奇古怪的东西，比如她前两年送给鲁迅儿子海婴的那对枣木旋成的小棒槌，再比如这根两年前从杭州买来的小竹棍，这些物件在别人看来没什么好玩的，她却当做宝贵的玩具带着，珍藏着。

她说，白天的时候，端木蕻良想让她把这根小竹棍送给他，她没答应，谎说明天再给他，明天，她也不准备送他，而是打算放回自己的箱子里，她想让聂绀弩帮她打个掩护，如果端木蕻良再讨要这个物件，就说小竹棍送聂绀弩了。

也就是说，端木蕻良想要萧红的这根小竹棍当定情礼物，萧红还在犹豫不决中，她还没对端木蕻良承诺什么。

为了萧军，这个忙当然是要帮的。聂绀弩毫不犹豫地答应下来，如果端木蕻良问起来，就说萧红把小竹棍送自己了。他以为萧红是不爱端木蕻良的，因为有时候她也会说端木蕻良身上缺乏男人的阳刚气，爱装腔作势，是胆小鬼，势利鬼，马屁鬼。

他忘了，中国有句古话：褒贬是买家，喝彩是闲人。陷入爱情中的女人，哪句话是真，哪句话是假，局外人是分不清的。聂绀弩自以为看懂了萧红，听懂了她的意思，其实，他根本就闹拧了。

走出了萧军的爱情，萧红已经把端木蕻良当成了自己的感情寄托。

聂绀弩临去延安前一天，在路上遇到萧红，两个人在路边一家小饭馆吃饭，他邀请萧红和他们一起去延安，说是到了那里说不定能遇上萧军。

萧红沉默了。

就在那天，她已经把那根小竹棍当做定情物送给了端木蕻良。

聂绀弩暗暗替远方的萧军着急，他提醒萧红："萧军说你没有处事经验。"

萧红听聂绀弩说到萧军，心中不由一颤，声音也变得有些颤抖，她故作镇定地说："在要紧的事上我有！"

她所说的要紧事就是她爱上端木蕻良这件事，就是她把心爱的小竹棍当做定情物送给端木蕻良这件事。

端木蕻良的个性大家都不喜欢，所以，人们都不看好萧红和端木蕻良的爱情，其中包括聂绀弩，也包括丁玲。他们到延安办完事后，打听到萧军就住在延安招待所，便顺利地找到了他。

萧军也是刚到延安不久，还没有正式投入工作，那天他正在无聊地看一本闲书时，门被推开，进来的是丁玲和聂绀弩。老朋友异地重逢，先是寒暄，寒暄之后聂绀弩进入正题，劝萧军跟他们一起回西安，再不回去萧红恐怕就彻底移情别恋了。

不就是和那个端木蕻良吗？萧军确信自己的魅力会在这场爱情争夺战中大比分胜出。他雄心勃勃地跟着丁玲和聂绀弩上了路，搭一辆军车奔赴西安，挽救爱情。

用萧军的话说，他和萧红之间的关系"如同两个刺猬一样，太靠近了，就要彼此刺得发痛，远了又感到孤单。当彼此刺得发痛的时候，往往容易引起裂痕，引起误会和猜疑，结果带来痛苦……"。当他们两个人一个在延安，一个在西安的时候，萧军这只刺猬又觉得孤单了，开始想念另外一只刺猬了，听说萧红和端木蕻良之间的感情发展神速，他决定随丁玲他们走一趟，想要挽救回他和萧红之间的爱情。

春深时节，萧军和丁玲一行回到了梁府街女子中学的院子。

丁玲先回院子，她离开半个多月又回来了，大家聚在她的屋子里迎接她，萧红和端木蕻良也去了，问候完丁玲走出房间的时候，迎面碰上正好走过来的萧军。

萧红和萧军四目相对，这曾经是她最亲近最熟识的爱人，现在她对他却有了陌生感。萧军望着因为怀孕身子已经变得有些笨重的萧红，就像当年在东兴顺旅馆第一次见到她的时候那样，目光是深情的，不同的是，那时候的萧红肚子里怀的是人家的孩子，现在她怀的是自己的孩子。

萧红别过脸去，不去和萧军对视。

端木蕻良尴尬地站在萧军对面，上前一步主动拥抱了萧军一下，却不敢正视萧军的眼睛，目光躲躲闪闪。他无助地看看萧红，萧红的脸正扭向别处，他又向周围寻找求助对象，一下子瞄上了正要进房间的聂绀弩，就抓住救命稻草跟着他进了屋，非常殷勤主动地拿起刷子帮着他刷衣服上的尘土。

他是想通过讨好聂绀弩，想让他关键时刻助自己一臂之力。

他那可怜兮兮的样子着实让人又恨又怜又鄙视。

萧军以为只要他一出现，萧红就会像以往那样，不计前嫌，奋不顾身冲上去和他重修旧好。这一次萧红表现得非常冷静，更确切地说，是冷漠。

西站团迅速给萧军腾出一间屋子，萧军进屋准备洗脸，萧红也跟了进去。

外面，暖洋洋的春风中，西站团的团员们大都在院子里，听说萧军来了，他们便知道萧军、萧红和端木蕻良之间会有一场冲突发生。人或多或少都是有些八卦心理的，一看萧红跟着萧军进了屋，人们表面上在谈笑着与那场三角恋无关的事情，心思其实都集中在这边的屋门口。

萧军往脸盆里倒了些水，撩起水刚开始洗，萧红在后面拍了拍他的肩："三郎，我们永远分开吧！"那声音听上去轻松平静，似乎还带着微笑。

萧军擦着脸，心里很不舒服，嘴上还是回答："好。"

萧红这一次神色变得严肃了些，她一字一顿地说："若是你还尊重我，那么你对端木也须尊重。我只有这一句话，别的不要谈了。"

这句话只需说完就行了，她知道萧军也不会回答她。她表述完自己的意思，扭头走了出去，留下萧军怔怔地站在那儿。他刚到西安，一个回合还没有展开，就看到了自己的败局，他不甘，心里觉得憋屈，难受。如果败给了别人，也许还好些，偏偏败给了端木蕻良，这个他从来没放在眼里的男人。

这种酸味的失落是人的本性，一个人，一段爱情，一件物品，自己不喜欢了，可以闲置在那里，可以忽略他不重视他，却不容许别人当宝贝捡回家，当丢失的时候，才觉得其实那件东西还是自己喜欢的，却为时已晚。

既然不甘心自己的失败，萧军就想找机会和萧红单独谈谈，

傍晚，萧军匆匆吃过晚饭，去萧红的宿舍找她，约她出去走走，萧红答应了，但是拽上了端木蕻良。三个人一前一后走出了梁府街女子中学，这个散步团队让西战团的人们都屏住呼吸，这是什么节奏，会不会出门就打起来？

三个人各怀心事默默走着，近处就是莲湖公园，走到了公园门口，萧红停下来，这史上最奇特的散步团队整体都停止了前进。

萧红说："我们到公园里去走走吧。"

若是在往常，端木蕻良会毫不犹豫跟着萧红走进去，这次有萧军在，他不敢贸然前行，只是偷窥萧军的脸色。夜色已经黑下来，脸色是看不太清楚的，但可以看出萧军并没有跟随萧红走进去的意思。

"天都黑了，到里边去干什么？"萧军自己不想进去，也不准备让萧红进去。

现在的萧红已经不是两个月前的萧红了，她执拗地坚持要进去，而且叫上端木蕻良，跟她一起去。

端木蕻良胆怯地看看萧军，沉吟了一下，最终选择留在原地。

萧红一个人走进了黑暗中的公园，深一脚浅一脚向前走着，她希望有人响应她，至于跟上来的那个人她希望是萧军还是端木蕻良，她自己也不知道。

身后终于有了脚步声，从声音判断，是萧军的，端木蕻良没有跟过来，他没那个胆量。

萧红故意加快了步伐，就在萧军快要追上来的时候，她躲在了一棵树后面，让他失去了目标，听着他焦急地呼喊着自己

的名字，萧红心中无比矛盾，他还是在乎自己的，现在如果她从树后面走出去，萧军一定会紧紧拥住她，他们就又回到了从前。

回到从前又怎么样？吵吵闹闹，好了分，分了好，那样的生活还有什么意思？

她强迫自己不要出去。那一夜，他们走散了，什么都没谈成。

从那个夜晚之后，萧军变得非常消沉，他在以后的若干个傍晚，一个人走进莲湖公园，看隔年的残荷，看湖上的孤舟，想他和萧红过去六年生活中的旧事。别看他天天吵吵着闹分手，真的要分手了，他舍不下。

那个夜晚离开莲湖公园回到驻地，萧红告诉端木蕻良她已经和萧军彻底分手了，她边说边哭，哭得端木蕻良束手无策，不知道该如何安慰她。

谁都无法安慰她的心，她也舍不下萧军，但她不想回到过去那痛心的日子，如果他再辜负她，再闹绯闻怎么办？

为了表示分开的决心，萧红把她保存的萧军的那些信件都还给了他。

萧军把萧红遗忘在临汾住处的那双小红皮靴带来了，亲手交给了萧红，问她："这双小靴子不是你最喜欢的吗？为什么把它遗落了呢？你啊，总是这样不沉静，怎么能让人放心啊。"

萧红接过那双失而复得的小皮靴，心头也曾经一热，眼睛有了潮湿的感觉，但一想到端木蕻良就在门外等着她，就把泪水忍了回去。

萧军看着萧红已经微微隆起的肚子，动情地说："我有话说，我们是不是等孩子生下来再离，如果你不愿意要孩子，可以由我来抚养。"

萧红倔强地昂着头，但泪水已经不争气地留下来了。

现在你想起孩子的事来了，当初在临汾的时候，分离前的那次谈话，你说的那些绝情话，你都忘了？

萧军这次彻底绝望了，看来萧红是铁了心要分开了。爱已破碎如斯，他已经无回天之力了。

西安是他的伤心地，不能再久留了。

他黯然离开西安，去了兰州。

重组的婚姻能走多远

萧军离开西安没几天，1938 年 4 月底，萧红和端木也决定离开这个地方，去武汉。

对于萧红跟随端木蕻良去武汉这件事，大家都不赞成。丁玲极力劝说萧红跟他们一起去延安，萧红拒绝了，她的拒绝一方面是因为当时她以为萧军已经到了延安，如果在那个地方再度和他相遇，两个人都会很尴尬，另一方面，因为延安对于她并没有那么大的诱惑性，她不想让她的写作更多地沾染上政治的成分，她想做自由的无党无派的文学人，她要给自己一个宁静的不受任何约束的个人创作环境。她不像丁玲那样懂政治，只想寻找一处安静的温暖的港湾，安下心去写自己的作品。

她以为温文尔雅的端木蕻良，可以给她一个温暖的港湾。

回到武汉，他们决定重新住进小金龙巷 21 号寓所。萧红的日本女友池田幸子那时候也住在武汉，大约觉得萧红和一个男人住在一起不太合适，就邀请她住进自己家，并把家里最好的屋子给她腾出来。盛情难却，萧红答应了，当晚就住下来。

入夜，端木蕻良一个人住在那边感觉寂寞了，他和萧红刚刚进入热恋，热恋中的男女是难以安静下来的，这撩人相思的初夏夜，让他更加思念萧红，于是平日里温文尔雅的端木蕻良，那个夜晚竟然走街串巷来到萧红借住的池田幸子家那间屋子的窗下，轻轻地呼唤起来。萧红醒了，她虽然怀着身孕，却猫一般轻巧地爬到窗台上，跳窗跟着端木蕻良回了他的住处。

这一幕恰恰被惊醒的池田幸子看到了，她惊骇地看着萧红跳窗跟着端木蕻良逃走，像夜猫子一样飞速离去。爱情的力量原来这样巨大，那个日本女人轻声在后面嘀咕："真没办法！我真的没办法！"

回到武汉，萧红认为最好的朋友就是胡风了，她带着端木蕻良到胡风家做客。也许端木蕻良觉得自己和萧红一起这样贸然出现，会引起萧军和萧红那些老朋友的质疑，所以快到胡风家的时候，他故意和萧红拉开一段距离，萧红进去了，他站在外面的蔷薇花丛的阴影下发呆，他不知道，其实比他们先回武汉的艾青等人早就把他和萧红在一起的事跟武汉的朋友们讲了。

在武汉，此时还有许多萧军和萧红共同的朋友，重新回来后，萧红发现，朋友们突然变得对她很冷漠。

因为她离开了萧军，和端木蕻良相爱吗？

按说不相干的外人，不至于这样嫉恶如仇，感情上的事情谁说得清，缘聚缘散，是每个人自己的因缘，别人犯不着在爱情上替谁打抱不平。

萧军的朋友们就替他打抱不平了，如果萧红离开萧军，找了一个他们圈外的人，他们是另一种心态，关键是她居然爱上了端木蕻良。

于是端木蕻良成为众矢之的，大家都把怨气撒到他头上。

端木蕻良也觉得委屈。

在他和萧红的爱情中，他一直比较被动。

那时候的端木蕻良还是没有结过婚的青葱小伙儿，过去他是否谈过恋爱不知道，但是肯定从来没有结过婚或者和别的女人同居过，从这一点上来看，他和萧红的恋爱，就显得有些不对等了。萧红在他之前不但和三个男人有过实质性的婚恋经历，还为别人生过孩子，同时肚子里还怀着另外一个男人的孩子，还有，从年岁上来说，也比端木蕻良大一些。这样一场恋爱，让性格本来就懦弱的端木蕻良勇敢承当，真够难为他的。

我们不应该一味地指责端木蕻良不担当，在他和萧红的婚恋问题上，他还是有过勇敢担当的。比如带着萧红离开西安，回到武汉，公开两个人的恋情；比如不顾家里的极力反对，和萧红大张旗鼓举办婚礼。

在辽宁，端木蕻良家曹家是当地的大地主，她的母亲年轻的时候大概长得很美，被父亲抢回家，变成自己的女人。这个女人虽然成了富人家的妻子，却并没有过上了养尊处优的奢华富贵生活，她的娘家或许出身贫寒，即使嫁入豪门，依然没有地位，要亲力亲为做一些苦活累活。母亲劳碌半生，只盼着养大儿子，娶回一房好儿媳，生了孙子，她就有了翻身的机会。当最小的儿子端木蕻良把他和萧红的事情告诉母亲，母亲已经提到了半空的希望瞬间被摔得粉碎，她拼死不同意儿子娶回这样一个离过婚且带着拖油瓶的女人，她觉得这个女人不吉利。母亲的哭闹声让端木蕻良在他和萧红的婚姻上情绪一直高昂不起来。

经过认真反思，端木蕻良最终决定，不通知家里，他和萧红在武汉公开结婚，在汉口大同酒家举行一场婚礼。

这是萧红一生中唯一的一场婚礼。

端木蕻良觉得，既然两个人要结合在一起，就要通过婚礼给她一个名分，绝不能不明不白地同居在一起。这似乎也是在挑战萧军，因为萧军虽然和萧红做了六年夫妻，却从来没有过任何婚礼之类的形式，端木蕻良至少要在形式上胜出萧军一筹。都说端木蕻良是个胆小如鼠的人，可是，要和萧红举办婚礼，需要多大的勇气啊，他能做到这一点，就该给他点一个赞。

五月一个晴好的日子，萧红与端木蕻良在汉口的大同酒家举行了婚礼。这场婚礼在当时战火的武汉就算是隆重的了，虽然没有双方的家长参加，但端木蕻良三哥的未婚妻带着父亲和同学们作为亲属参加了婚礼，当时在武汉的许多文化界名流如胡风、艾青等以及萧红的日本朋友池田幸子都参加了。有的人为萧军打抱不平，心里是不想去参加的，但是碍着萧红的面子还是去捧了场。

为了这一生中的第一次婚礼，萧红特意做了件新旗袍，尽量把衣服做得肥大了些，为的是遮住怀孕的体型。已经进入武汉的五月，天气炎热起来，只能穿薄薄的单旗袍了，那薄薄的一层无论如何也遮不住她浑圆的腰身，如果萧红是一个体态丰满的人说不定还不会太显眼，她本来就是单薄瘦削的女子，怀孕五个月的肚子真的是藏不住的。

新娘腆着一个大肚子，穿着一袭旗袍，在新郎的臂弯中走上婚礼。新郎穿着得体的西服，脸上和嘴角还带着大男孩的稚气，新娘幸福地微笑着，看上去有一丝与她年龄不相符的沧桑。明眼人一看他们就是奉子成婚，只是，这个孩子不是新郎的，新郎不是新娘肚里孩子的爸爸。

胡风为了渲染婚礼的气氛，提议让这对新人谈谈恋爱经过。

　　这个提议是一对新人没有想到的，这没在他们今天准备的议程中。端木蕻良看了看萧红，他是一个比较内向的人，不习惯在公共场合讲话，萧红只好硬着头皮说了几句："其实也没有什么恋爱经过，掏肝剖肺地说，我和端木蕻良没有什么罗曼蒂克的恋爱史。是我在决定同三郎永远分开的时候我才发现了端木蕻良。我对端木蕻良没有什么过高的要求，我只想过正常的老百姓式的夫妻生活。没有争吵、没有打闹、没有不忠、没有讥笑，有的只是互相谅解、爱护、体贴。另外，我深深感谢端木，像我眼前这种状况的人，还要什么名分。可是端木却做了牺牲，就这一点我就感到十分满足了。"

　　萧红满足的是，端木蕻良不会对她家庭暴力，不会打她骂她，这是萧军做不到的。在萧军名下的时候，她永远都是受气的小媳妇的形象，那些年她在人们心目中一直是娇柔的小女人。现在嫁给端木蕻良了，她从小女人翻身解放成为女汉子。

　　婚礼之后，萧红深情地送给端木蕻良一份定情礼物，礼物装在一个橘黄色的丝袋里面，端木蕻良打开一看，是几枚红彤彤的相思红豆，这几枚红豆是几年前鲁迅和许广平送她的，现在她送给端木蕻良了。

　　端木蕻良属于从小养尊处优的富家少爷，根本不会保护女人，也没有生活能力，家里家外的一切都要靠萧红支撑，萧红苦苦追求来的这个新生活并不幸福。他们在一起给朋友们最深的感觉是，萧红当初和萧军在一起的时候，两个人一起外出，萧军挺着胸脯在前面甩开膀子走，萧红在后面迈着碎步紧紧追赶；现在和端木蕻良在一起，每每都是萧红挺着怀孕的大肚子在前面开路，端木蕻良缩头缩脑远远跟在后面。

　　从温婉的小女子，变成顶门立户的女强人，萧红迅速适应着角色的变幻。

天气越来越热，萧红的体型越来越臃肿，但是她必须每天上街去买吃的用的，这些琐碎的事情端木蕻良是不管的。六月的一天，她上街买东西，顺便买了一张报纸，回家后慢慢浏览，其中一条消息让她的心情非常失落，那是萧军和王德芬的结婚启事，分手不过刚刚一个多月，萧军就恋上十九岁的女孩王德芬，而且是闪恋闪婚。

萧军在婚恋上是善于搞闪恋闪婚的，他和萧红当年也是这种模式。不过，和王德芬恋爱的套路与萧红是完全不一样的，遇上萧红的时候，她在婚恋道路上已经很成熟，王德芬则不同，她是一个单纯美丽的小女孩，从来没有恋爱经验。萧军那时自认为是被萧红甩了，所以觉得很没面子，要立即把丢失的面子找回来，他所谓找回面子的最直接办法就是立即找一个年轻美丽的女孩结婚，一到兰州，就把目标锁定了王德芬。

萧军写给王德芬的情书是一般小姑娘招架不住的：

> 爱的！只要我一接近你，就感到一种眼睛看不见的温柔包围了我，真的会变成一个孩子了，像一只羊羔似的伏贴在你的怀中，任着你抚摸吧，我会在这抚摸中睡得香甜而美丽！爱的！爱的，当然有时我也希望你也变成一只羔羊，让我做这个母亲……是的，我不否认，我从你的身上感到一种我从不曾经过的爱！我一时用言语说不出来，总之它是珍贵的！不像蜜，也不像糖……它像唱歌里面的低音那样使人不能不感动！

这一招确实很实用，王德芬哪是萧军的对手，一个月零几天的时间，他们就火速登报订婚。

报纸上萧军订婚的消息让萧红心如刀绞，虽然离开了萧军，她心里还是爱他的，当他彻底不属于自己而是属于别的女人了，她的心底还是无言的痛，别忘了，她肚子里还怀着萧军的孩子，如今，孩子他爸又娶了新娇娘，作为旧人，不论是以什么形式分手的，总会心酸失落一阵子。

其实，她如果知道萧军在新婚不到一个月，就移情别恋喜欢上一位去往延安的女学生粉丝，她应该为自己的勇敢离去而骄傲。那个她爱过的三郎简直太不让人省心了，给这样的男人做妻子，痛苦是没有尽头的，她的选择是对是错姑且不论，至少是结束了一种痛苦生活。

结束了一种痛苦，又步入另一种痛苦，只能说萧红遇人不淑，这是她的命，谁也无奈。

六年前的这个季节，她也是拖着笨重的身子，怀着汪恩甲的孩子成为萧军的女人；六年之后，她又以同样的尴尬，怀着萧军的孩子嫁给了端木蕻良。

每次怀孕，她肚子里的孩子都成为她的累赘。

萧军已经有了新妇，他不会在乎旧妇肚子里的孩子了。

他不在乎了，萧红还会在乎吗？

萧红不想生下这个孩子了，她准备到医院堕胎。

夏日的上午，天气凉爽的时候，她经常穿着一身宽大的服饰，到胡风家闲坐。胡风的妻子梅志也正怀着第二胎，两个孕妇大腹便便坐在蔷薇架下，抚摸着各自的大肚子，商量着一起找医生打胎。梅志想打掉孩子，主要是考虑到兵荒马乱的战争年代，带着个小孩子逃来逃去的太不容易了，萧红嘴上也是这么说，但是她想打掉孩子还有深层次的意义，就像当初不想让汪恩甲的孩子给她和萧军的生活带来阴影，她不想让萧军的孩子给端木蕻良的生活带来阴影。

恰好，梅志租房的那家房主人的夫人也怀孕了，听说梅志和萧红不想要肚子里的孩子，想去打胎，就打算和她们一起去医院。

萧红、梅志以及房主人的夫人相约来到一家医院，组团去打胎。到了那里，医生提起手术费，一个人的手术费就需要一百四十元。

三个人一听，都吓呆了。这么贵啊，她们哪里出得起这么多钱。

孩子只好留下来，顺其自然在肚子中生长着。

做女人好难啊，萧红拖着笨重的身子步履艰难回了家。女性的天空在战争年代更低了，羽翼更稀薄了，身边的累赘更笨重了，她为自己的命运而哀叹。

萧红回家了，端木蕻良并没有关心她去了哪里做了什么，看她没有买回菜来，就是满脸的不高兴，他饿了，还等着萧红回家做饭给他吃呢。

第七章　流浪的脚步在天涯

　　　　女性的天空是低的，羽翼是稀薄的，而身边的累赘又是笨重的！她永远的一无所有，荒芜的亲情，惨淡的爱情，虚无缥缈的友情，为了寻找温暖，她无法停止流浪的脚步。

只有一张逃命的船票

萧红和端木蕻良结婚后，她感觉最疏远她的恰恰是过去最好的朋友，比如当时在武汉的东北作家群中的那些人，罗烽、白朗、张梅林等人。

萧红和萧军在一起的日子，爱情婚姻中有过多少痛苦，受过多少伤害，他们是最清楚的。他们大约觉得，当年萧军对萧红是有恩的，无论承受什么样的痛和苦，萧红都不能先提出和萧军分手，她主动离开婚姻，率先和另外一个男人结了婚，就是不厚道。另外，萧军和萧红的爱情曾经是他们心目中最浪漫最美好的爱情传奇，这个传奇因为多出了一个端木蕻良而破碎了，这破碎的美丽，让他们牵恨萧红，也牵恨端木蕻良。

张梅林从哈尔滨到青岛，再到上海，后来到武汉，一直和萧军、萧红相伴左右，突然间，萧红离开了萧军，她身边的男人变成了端木蕻良，张梅林从内心深处是不接受萧红的这次婚姻变故的，虽然早就听说萧红和端木蕻良又回了武汉，又住回了过去那个地方，张梅林的住处紧挨着萧红和端木蕻良的家，他却从来没有去过。

张梅林不愿意到那所房子去，过去那里住的是萧军和萧红，现在男主人变成了端木蕻良，他怕自己去了会产生不必要的联想。

既然张梅林不愿意登自己的门，萧红便主动去看他。她放下身价，舍下脸皮，用她的真诚又寻回许多朋友，又挽回无数友谊，她和朋友们去找他聊天。

初夏的一天，萧红和几个朋友邀张梅林一起去蛇山散步。

张梅林兴致并不高，沉默地随着大家走着，他一直一言不发，过去在萧红面前，张梅林不是这样的，他说起话来总是停不下来。

萧红挺着大肚子和张梅林并排走，她一直想跟他谈谈，但好朋友的这个态度，让她心里难过。

"你不爱理我，是因为我对自己的生活处理得不好吗？是因为我离开三郎，嫁给了端木吗？"萧红鼓足勇气，没头没脑对张梅林说了这么一句。

张梅林不知道该怎么回答，只好讪笑了一下："这是你自己的事。"

"可是，你为什么用那种眼色看我？不仅仅是你，还有那么多的好朋友，就好像我做错了什么。"

"哪里，是你多想了，哪里有什么眼色"张梅林不知道该如何解释。

萧红委屈地说："自从我从西安回来，你们看我的目光就变得不坦直，含蓄了。过去那个生活模式太痛苦了，我只是想换一种生活，不管我的选择对与错，已经走到了今天。我真心希望好朋友们给我一点温暖和鼓励，还像过去我和三郎在一起的时候那样。你们不理我，我好难过。"

她的眼角有了泪，张梅林沉默不语，他不知道该说什么，不知道该怎样劝她。

那段时间，萧红处在各种痛苦和焦虑中：朋友的疏远和不理解，因为怀孕越来越沉重的身子，武汉越发紧张的战局，各种焦虑使她变得很浮躁。她戒掉烟酒，想静下心继续写《呼兰河传》，却无论如何都难以安静下来。和端木蕻良刚刚结婚的那段时间，她在写作上没什么成就，也没有文字公开发表。

好在在武汉还有一个文人圈子，她在这个圈子里又结交了许多朋友，和臧克家、老舍等一些中国文学史上的重量级人物交往密切。

和端木蕻良一起生活，并没有找到她所想象的幸福甜蜜。她挺着大肚子在端木蕻良眼前晃来晃去，那个刺眼的庞然大物在端木蕻良眼里是耻辱和累赘，蜜月还没过完，他就对她变得很冷漠。他和萧军完全是两种不同风格的男人，他对萧红的态度就像一杯温吞水，从来没有炽烈地爱过，从来没有火辣辣的激情。萧军却正好相反，他打打闹闹哭哭笑笑，总要把生活和爱情搞出点动静来，那种打是亲骂是爱的剑走偏锋的极端爱情方式，让人过目不忘。

没了炮声，没了蝉鸣，没了燥热的夏夜，萧红躺在端木蕻良身边，听着他均匀的鼾声，抚摸着自己高似山峰的肚子，她会想起萧军，想起他山呼海啸的呼噜声，想起他火辣辣的爱。如果这两个男人中和一下该多好啊，她有时候这样想。

到了七月中旬，武汉的形势越来越紧急，日军的飞机不断来袭，重庆成为武汉人逃离的首选目标，东北作家群的朋友们也商量着一起去重庆，此时，船票已经变得一票难求。

端木蕻良的朋友很少，让他出去搞船票也真够难为他的。他本来认识的人就很少，因为和萧军的前妻结婚了，东北作家圈的许多朋友也不跟他来往了，最熟识的就剩下罗烽和白朗夫妇，听说罗烽也准备离开武汉去重庆，他就托罗烽买船票。罗烽费了很大周折，打通各种关系，也只搞到四张船票，分到萧红和端木蕻良名下的只有一张。

船票拿回家，两个人一张票，谁走谁留？

端木蕻良主张萧红先走，他觉得萧红怀着孕，到了重庆那边，她安全了，他也就放心了，自己一个男人怎么都好办。

萧红告诉端木蕻良："还是你和罗烽先走吧，我肚子这么大，和他一起走，万一有点什么事，他也不好照顾我。倒是你，要是我走了，你一人留在这儿，我还真有点不放心呢。"

端木蕻良觉得自己丢下萧红，一个人逃命，将来会落下一个坏名声，他名下的坏名声已经不少了，不少人觉得他是萧军和萧红之间的男小三，如果再丢下怀孕的萧红逃走，那么他就是一个十恶不赦的小人了。他说："哪能让你一个留下来，要不你先走，要不我俩一起留下来。"

在萧红和端木蕻良的生活中，她一贯做拍板的角色，这一次她又果断拍了板："好不容易有张票，不能浪费了，你先走吧。我在武汉还有许多朋友，留下来会有人互相照应。你留下来连个朋友都没有，局势紧张了，谁来照顾你？"

八月初的那个微雨蒙蒙的下午，萧红把端木蕻良送到码头。她一只手撑着雨伞，另一只手抱着笨重的行李，端木蕻良走在她身后，一只手捏着最流行的那种司的克，也就是手杖，像一个不太懂事的还需要妈妈呵护的大孩子，他的这种公子哥派头萧红也看不惯，但既然嫁给了他，就必须容忍他，她只能无语地轻叹一声，但愿他独自到了重庆能收敛一下这种不让人喜欢的个性，能好好生活。

远处，不时传来飞机轰炸的爆炸声，码头上人头攒动，比上一年他们从上海逃往武汉时的场面还混乱，这些逃难的难民，涵盖了各种身份各种社会角色，有西装革履的，也有背着棉被草席、挑着担子的。萧红腆着个巨大的肚子挤在人群中，看上去极其危险，随时有可能被人挤倒，但端木蕻良急着赶船，怕迟到一步赶不上了，顾不上过去扶她一把。

谢天谢地没误了航班，端木蕻良从萧红手中接过行李，和罗烽赶上了船。

端木蕻良真的走了，船启动的一刹那，他遥遥地和萧红四目相对，看上去像一个离开妈妈的大孩子，很无助的样子。

他走了，萧红放心了。

目送着那艘船消失在江面上，萧红才步履沉重地从码头缓缓往回走，路上，不留神脚下一滑，差点摔倒。

还好扶住了路边的一棵树，她把身体倚在湿滑的树干上，喘息着，让自己安静下来。

她又变成孤苦伶仃的孤家寡人了，她必须让端木蕻良先逃离这里去重庆避难，她觉得，她和肚子里的孩子不应该成为他的负累，这孩子和他没有关系，他没有这个责任和义务。

如果萧军在她身边，会拿着那张船票先走吗？

也许不会吧，倒不是因为他更爱萧红一些，依他的性格，他不会让一个怀孕的女人独自流浪在战火中，即使这个女人怀的是别人的孩子。

这就是萧军和端木蕻良的区别，就是因为这件事，端木蕻良成了天下人所不齿的那种灾难中抛妻逃命的无担当男人。

在这件事情上，端木蕻良觉得自己很无辜，他是奉萧红之命先走的，怎么就变得无担当了呢？过后想想，其实端木蕻良也不必为自己叫屈，按照中国人的理念，一个大男人，不管出于什么原因把女人特别是一个怀孕的女人丢在战火中，自己先逃了出去，都会受到谴责。萧军打女人的耳光，背着女人搞绯闻，大家都可以接受，因为他没有在灾难中丢下女人不管，端木蕻良在武汉大轰炸中让女人一个人守着孤岛，不管这个女人后来是死了，还是劫后重生，活得风风光光，他都会被诟病。

端木蕻良走后，日本飞机的来袭加大了密度，萧红独自居住小金龙巷，有时候，她感觉轰炸声就在不远处，骇人的爆炸声中，她会下意识地躲到桌子下或者床下，躲下了，身子笨重，费很大劲也站不起来。

她手里已经没有钱了，困苦的生活貌似又回到了当年的哈尔滨时代。端木蕻良走的时候，只给她留下了五块钱，这五块钱，连交房租都不够。

萧红又一次面临独自流浪街头的厄运，遇到萧军之前，她一个人挺着大肚子流浪，离开萧军找到了她渴望的新生活之后，她还是一个人挺着大肚子流浪，命运真是作弄人，她寻找的爱情总是这样不确定，她寻找的温暖总是这样带着寒意，她害怕孤独，却总是时不时陷入孤独中。

她只有继续寻找温暖，她把求援的手伸向了朋友们。

汉口三教街的"中华全国文艺界抗敌协会"总部是孔罗荪的家，那个地方是属于汉口的特三区，原来曾经是租界地，日军的飞机暂时没有光顾那里，那个地方成为朋友们的避难所，孔罗荪、蒋锡金、冯乃超、鹿地等人已经住在那里了。

萧红知道那里已经很挤了，所以提出自己想住进去的请求时，口气是弱弱的，她说，她可以睡在走廊楼梯口的地板上，不用床铺，买条席子就行。

大家怎么可能让一个孕妇睡在走廊的地板上呢，就是再挤，也要给她一个地方住。1938 年 8 月 11 日，萧红带着简单的行囊也搬了进去，成为那个大家庭新的一员。她不想给大家添麻烦，执意要在过道搭个铺，她的性格谁也拗不过她，只好依她。

这些人都在等机会逃离武汉，等候买船票入川。

孔罗荪的家成了临时抗战文学活动中心和抗战文化的据点，大家挤住在一起，有钱的出钱，有力的出力，这里像一个温馨的大家庭，那浓浓的友情，浓厚的文化氛围，浓郁的文人情结，让萧红恍若回到了上海时代，回到了一年前的武汉时期。她又恢复了过去的活跃，暂且忘却了已经不属于她的萧军，忘却了离开武汉就音讯皆无的端木蕻良。一个有事业的女人，只有做回自己的时候，才是最充实，最受人尊重的。

没多久，胡风一家也搬到这边来了，这里真正成为了抗战文化大本营。

胡风不知道萧红住到了这里，当发现端木蕻良不在，就问她："怎么没看到端木，他不和你在一起？"萧红告诉他端木蕻良去重庆了。胡风又问去重庆做什么工作？萧红顿了一下，她也不知道此时的端木蕻良在重庆的什么地方做什么工作，临走的时候他说去当战地记者，就讪笑说："人家从军去当战地记者了。"

在这个地方，大家从来不谈论端木蕻良，只有胡风来了才问了这么一句。在大家的心目中，端木蕻良丢下萧红不管，实在不够爷们儿，他们都为这个男人觉得丢人。萧红表面上很快乐，心里也是苦的，只是从来不表露出来。她用那种一贯的有些轻松有些直率的语气告诉胡风，冯乃超已经交代过了，过些日子让她跟着冯乃超的妻子李声韵结伴走。

住在这里的文人们共同的特点是穷，当然现在最穷的就算是萧红了，她已经一无所有，全靠着经济条件好一些的朋友拿出钱来买吃的用的，这里进入了临时共产主义社会。在乱世有这样一个地方住，萧红真的很知足了，至少这里目前是安全的，武昌那边不断传来爆炸声，站在窗前向天空望去，就能看到日本人的飞机在空中盘旋，飞到不远处的武昌丢下几颗炸弹，于是，那一带便是火光一片。

幸亏离开了武昌，不知道昨天住的那个地方是不是遭到了轰炸，萧红点燃一支香烟，边吸边凭窗看着远处令人心悸的惨烈场景。

日军的空袭经常在夜间进行，窗外的夜空中火光冲天，作家们习惯了这样的生活，在炮声隆隆的夜晚，他们煮上咖啡开文学研讨会，探讨怎样写好抗战文学作品。

萧红被这样的氛围所感染，那段时间，她写了小说《黄河》《孩子的演讲》等。

刚开始的时候，住在这里她什么都不用做，他们雇了一个女人帮着做饭打杂，雇来的女人也不是当地的，据说也是逃难过来的难民，大家从来不把她当外人，直到他们中最富有的一位把钱全部丢了，丢钱的同时，女佣人一起消失了，大家才哀叹原来他们雇来个女贼，后悔也晚了，钱没了，幸福美满的小康生活也结束了，大家只能凑合着过，只能轮流做厨师。

李声韵是货真价实的大家闺秀出身，做饭上讲究养生美容，炖鱼不放盐，大家不敢把做饭的重任交给她，怕她做出来的饭没法吃，于是就到各个饭店订饭，锦江的炒锅豆腐，冠生园的什锦窝饭，这些饭风味独特，只是太贵，吃了几顿就吃不起了，还要靠大家自己动手丰衣足食。

萧红有时候也主动承担做饭的任务，她做的饭好吃，最受大家欢迎。她亲自到大街上买牛肉、包菜、土豆和番茄，做她最拿手的汤菜，这种汤菜是俄罗斯风味的，要就着面包吃，在武汉根本吃不到这样的美食，她做的那锅汤成为大家记忆中最美味的一顿午餐。

餐后的萧红点燃一支香烟，幸福慵懒满足，她让自己笼罩在淡淡的烟雾中，开始憧憬到重庆后的理想，她说她最小的最琐细的理想就是到重庆以后，要开一座文艺咖啡室。

说这些话的时候，萧红瞪着圆圆的大眼睛，一本正经的，李声韵嗤嗤偷着笑，孔罗荪斜躺在租来的沙发上眯着眼享受着饭饱之后的片刻安逸，他们这种不以为然让萧红很失望，她继续阐述她的宏伟蓝图：

"这是正经事，不是说玩笑。作家生活太苦，需要有调剂。我们的文艺咖啡室一定要有最漂亮、最舒适的设备，比方说：灯光、壁饰、座位、台布、桌子上的摆设、使用的器皿等等。而且所有服务的人都是具有美的标准的。而且我们要选择最好的音乐，使客人得到休息。哦，总之，这个地方可以使作家感觉到是最能休息的地方。中国作家的生活是世界上第一等苦闷的，而来为作家调剂一下这苦闷的，还得我们自己动手才成啊。"

萧红是敏感而前卫的，不论是她的作品，还是她的观念，都远远走在了前面，那个年代，她就想到了让作家的灵魂到美丽中去安顿，那个理想温馨而美好，似乎也很容易实现，但是，到如今，中国作家也没有一间这样的文艺咖啡室。

重庆，不见日光的米花街

买到船票的那天，大家都很兴奋，互相开玩笑说，离实现我们文艺咖啡屋的目标越来越近了。

九月的一个夜晚，萧红和李声韵相携登上去重庆的船。继续留守武汉的朋友们看着朦胧的灯光下两个女人手挽手站在船上向他们挥别，萧红挺着高高的肚子很威武雄壮的样子，大家的心里还是觉得放心不下，大家担心的是，李声韵能照顾得了萧红吗？李声韵的父亲李书城是国民党元老，那时候曾任湖北省建设厅厅长、民政厅厅长，新中国成立后是中央人民政府首任农业部部长，李声韵是父亲的掌上明珠，作为家里的娇娇女，从来没吃过什么苦，连她和冯乃超生的女儿都在很小的时候就送回了奶奶家养着，人们都担心路上怕是萧红反过来要照顾李声韵。

后来的情况和大家猜想的差不多。

船启动没多久，刚到宜昌，李声韵突然大咯血。

李声韵脸色苍白，不断咳出鲜血，萧红从来没见过这种阵势，她几乎吓晕了，手足无措不知如何是好。幸好同船的《武汉日报》副刊《鹦鹉洲》编辑段公爽出手相助，带着李声韵下了船，直奔宜昌医院，萧红不放心，跟着他们下了船。

正是黎明前的黑暗，从船走上码头，一切都笼罩在黑暗中，段公爽告诉萧红，李声韵放心交给他好啦，让她快上船，一个孕妇在黑夜的码头上确实让人不放心。目送着段公爽带着李声韵匆匆而去，萧红觉得一切像是在梦境中，好不容易等来了船票，两个人一直说结伴去重庆，李声韵又半路病倒了，自己这个样子，又照顾不了她，真让人心焦。

磕磕绊绊往船上走，天还没亮，眼前的景物看不太清，一个不小心，萧红被码头上纵横的缆绳绊倒了。

那时她已经怀孕快九个月了，九月的夜晚，地上冰冷。倒在地上她想爬起来，徒劳地费了好大劲，就是没办法站起来。她哀伤地躺在地上，腹中的胎儿因为她这一跌，躁动了一阵，随着她的平静，胎儿也安静下来。

是不是把他摔坏了？萧红抚摸了一下腹部，她怕这一摔摔掉了这个孩子，又盼着这一跤把胎儿摔出来，当她一个人面对艰难生活的时候，她生出一些恨，恨那些不负责任的男人，恨萧军，也恨端木蕻良。这个孩子生出来之后，她拿什么养活他啊，他出生在这样一个家庭，将会面临怎样的尴尬。

腹部没什么反应，也就是说没摔到胎儿。听着航船的汽笛声，大约是要开船了，萧红很着急，她继续挣扎着想站起身，还是站不起来。眼睁睁看着自己坐的那个船驶出码头，开走了，她搂紧自己的行囊，好在没把东西落在船上。

在冰冷的地上一直躺着，看着天上的星月渐渐淡去颜色，这陌生的星空不是呼兰河畔的深邃星空，不是上海的晴朗星空，不是武汉战火染红的星空，这里是流浪旅途的星空。

直到天蒙蒙亮的时候，才有人过来赶船，发现地上躺着个怀孕的女人，有好心人赶紧过来把她扶起来。

她站起来，试着走了两步，除了脚步有些蹒跚，没什么大碍。她的那趟航班已经走远了，她只能独坐宜昌码头，饥肠辘辘地望着不断逝去的江水，等着下一趟船。

九月中旬，萧红形单影只踏上重庆的土地，从武汉到重庆，一路上经历无数的艰险。

船到了重庆码头，一见到来接她的端木蕻良，萧红的眼眶就湿润了，现在端木蕻良就是她最亲的亲人了。

端木蕻良告诉她，昨天他已经来接了一次站，等到最后也没见到萧红的影子，所以，今天在武汉航班到达的时间又来接站，还好这次没扑空。

萧红坐上端木蕻良雇来的滑竿，她没告诉他路上发生的那些事，怕他担心。

此时的端木蕻良并没有像他自己离开武汉前说的那样做战地记者，而是应复旦大学教务长孙寒冰邀请，担任了迁到重庆的复旦大学新闻系兼职教授，同时还兼职做复旦大学《文摘》副刊主编和编辑。他住的地方就是《文摘》的门市部，和别人挤住在一起，萧红来了，没有住的地方，暂时安排她住进了他在南开中学时的同学范士荣家里。范士荣来重庆比较早，租的房子大，家里住满了逃难的人，女主人一口一个曹太太叫着，萧红这才恍然意识到，这是在叫自己呢，端木蕻良的真实姓名不是叫曹京平吗，自己自然就成了曹太太。

萧红以曹太太的身份在范家住了几天，这里环境嘈杂，端木蕻良把萧红放在这里，就开始忙自己的工作了，根本顾不上萧红，他们虽然住进了一个城市，还和两地分居一样见不上面。

预产期临近，萧红感觉住在这里不是个办法，和范家人不熟，不可能让人家照顾自己，而端木蕻良这种连自己都不会照顾的人，让他照顾产妇能靠谱吗？最重要的是，这个要出生的孩子跟他一点关系都没有，萧红不愿意让他一边伺候月子人一边心里不舒服，就联系上了好朋友白朗。白朗六月份就已经陪着婆婆来到重庆了，当时住在江津，萧红准备搬到江津白朗的家里去。

好朋友有难，白朗当仁不让地要伸出援助之手。那时候，白朗的丈夫罗烽在外面忙"文抗"会的工作，经常不回家，正好可以腾出房子让萧红住，将来生了孩子，白朗的婆婆还可以帮着照顾月子，于是萧红又独自坐船来到江津。

又是一个人的寂寞旅途，就像她自己说的那样："我总是一个人走路，以前在东北，到了上海后去日本，现在到重庆，都是我自己一个人走路。我好像命定要一个人走路似的……"

江津白沙的一处民宅里，是罗烽、白朗租住的家，萧红在1938年秋季，在那里住了两个月。那段时间她先是无所事事的待产，实在无聊的时候就给朋友写写信，修改完成一篇纪念鲁迅先生的文稿，然后做衣服，给自己做，给即将出生的孩子做。

她并不像即将做妈妈的女人们那样，陶醉在幸福的等待中，而是经常处在焦虑和烦躁中，动不动就发无名火。也许，在萧军的孩子即将出生的时候，她又想起了萧军，也许，她已经意识到自己亲手甄选的新生活并不像她想象的那么美好，这不是她想要的那种生活，现在这种贫苦落魄的状态令她绝望。许多心里话大概连她最推心置腹的老朋友都不能说，那是她无法言说的隐痛，她对白朗说的最敞开心扉的一句话是："贫穷的生活我厌倦了，我将尽量地去追求享乐。"

这种焦虑一直延续到她临产，白朗把她送进当地一家私人妇产医院，顺产一个男婴，据说那个孩子低额头，四方脸，模样长得极像萧军。这孩子的模样更加勾起她的痛苦记忆，孩子很乖，不像第一个孩子那样哭个没完。白朗在萧红产后，尽心尽力去照顾她，送可口有营养的肉汤和饭菜，作为萧红和萧军共同的朋友，她觉得自己有责任照顾好这对母子。

孩子出生后第四天，萧红告诉白朗，孩子昨天夜里抽风死了。说这些话的时候，萧红很平静，脸上没有太多的悲伤。

这个孩子的生死一直是一桩历史疑案，孩子究竟是自然死亡，还是送人了，还是人为的夭亡了，谁也说不清。就在萧红言说孩子死亡的前一天，她曾经让白朗到街上给她买来德国拜尔产的镇痛药"加当片"，那天晚上孩子说死就死了，确实有些蹊跷。不过，按照常理，萧红作为一个母亲，一个喜欢孩子的善良的女子，不会忍心对一个刚刚出生的幼小的生命怎么样，孩子出生时她那样细心地做了可爱的小衣服，或许那个不该来到这个世界上的小生命确是抽风死了。

六年前，第一个孩子生下来，送人了。

如今，萧军的孩子生下来了，死了。

萧红的第二次生产程序完成了，她没有在妇产医院久留，稍稍恢复了一些体力，就出了院，穿着白朗为她准备的厚衣服，又独自从江津码头登上去重庆的客船。

和白朗在江津码头握别的时候，萧红凄然地说："我愿你永远幸福。"

白朗说："我也愿你永远幸福。"

萧红苦笑了一下："我会幸福吗？未来的远景已经摆在我的面前，我将孤寂忧郁以终生。"

这声苦笑，她是已经对她和端木蕻良的爱情婚姻不抱希望了，设想到了自己的未来会以孤独而终结。

重新回到重庆，端木蕻良依然没有为她找到住处，不知是真的找不到呢，还是不积极寻找，总之萧红回来后依然没有一个家。她暂且住到位于米花街一个阴暗的小胡同里的老朋友池田幸子家，日本女作家绿川英子也在那里借住。

米花街，名字听起来很好听的，萧红独自寻到那里的时候是早晨，街上的晨雾依然浓重，路边的街灯还没灭掉，绿川英子和怀着八九个月身孕的池田幸子到街上迎她，老朋友虽然只隔了几个月不见，在这兵荒马乱的年月，见到之后分外亲。产后已经恢复了一些的萧红，看上去气色不错，大眼睛很有神，也显得很娴静。来到这个不见日光的米花街，她立即融入这里的生活，为大家煮牛肉，聚会的时候谈天唱歌，当然，依然改不掉抽烟的毛病。

陪池田幸子住了一段时间，萧红在歌乐山保育院找到住处，就搬到那边去了。那段时间是萧红创作丰盛期，她静下心来创作了散文《滑竿》《林小二》《长安寺》，短篇小说《山下》《莲花池》等。后来，在重庆创作的几篇小说和在武汉完成的

《黄河》一起结集为《旷野的呼喊》，1940 年 3 月由上海杂志公司出版，在歌乐山居住时写的散文与后来写的《放火者》等，一起收入《萧红散文》，1940 年 6 月由重庆大时代书局出版。

胡风、梅志夫妇也到重庆了，在武汉的时候，萧红和梅志相约去打胎没打成，现在，梅志的孩子出生了，是个可爱的小女儿。孩子出生没几天，萧红得到消息，手捧一株清香扑鼻的红梅去看望她。此时的萧红已经恢复了精神气，她穿一件黑丝绒长旗袍，在梅志眼里，她亭亭玉立，高贵清雅，脸色也像梅花白里透出点淡淡的红色。那件旗袍是上个冬季她在等待孩子出生的无聊中自己做的，从在地摊上选了衣料、金线和铜扣子，金线沿边钉成藕节凹凸花纹，铜扣擦得锃亮。

穿越历史时空，可以清晰看到，手执红梅、高贵娴雅出现在梅志眼前的萧红是那样的美丽自信，那时候她还借住在池田幸子家昏暗的米花街，她必须靠自己调整心态，去迎接未来的生活，尽管她和白朗分手的时候把未来说的那么灰暗，但是，未来还很长，她还不到三十岁，漫长的未来她要调整心态给不太平坦的路上铺上一些阳光。

萧红和端木蕻良在一起似乎并不是很默契，时常会感觉到寂寞，就像在上海的时候那样，她排解寂寞的方式依然是到朋友家串门闲坐。在上海的时候，是到鲁迅家闲坐，招惹得许广平经常不高兴，在重庆，她到迁到这里的朋友们家闲坐，照样也是打扰人家的生活。池田幸子生了女儿后，不愿再让人打扰，萧红看不懂人家的心思，一如既往地到那里去串门，池田幸子就对梅志抱怨过：真没办法，你的饭做好了他们来了，不够吃的，阿妈不高兴。他们要住下了，就在阿妈住的大厅里打地铺，阿妈更不高兴，就要不干了，这怎么能行，我没有阿妈不行的。

这些抱怨，萧红是听不到的，她要到这些朋友那里寻找阳光和温暖，不知道自己给大家添了麻烦和不便。

胡风和梅志的家也是她经常光顾的地方，多年的老朋友了，彼此没说的，到了这里似乎更随意一些。梅志也对萧红无话不说，那一日，萧军从兰州给胡风寄来一封信，信里夹带着萧军的新婚合影照。正好萧红来了，看到了那张照片。

照片上，萧军和他的新婚妻子并排坐在山石上，相互偎依，一脸的幸福甜蜜。萧军身边的女子年轻漂亮，他们身边还温馨地坐着一只狗。照片的反面写着几行字：这是我们从兰州临行前一天在黄河边"圣地"上照的。那只狗也是我们的朋友……

萧红无语沉默，脸色由红变青，神色也变得凝重了。萧军的这张照片让她想起来她一生中最美好的爱情，如今曲终人去，最爱的那个人变成了别人的丈夫，她欲哭无泪，此时她才意识到，其实在内心深处，她还深深爱着萧军。

放下照片，忍下泪水，萧红强作笑颜对梅志：我走了。

刚来还没说两句话就要走，这不是萧红的风格，梅志看出来了，她似乎是在逃避什么，萧军是她一生永远的痛。

栖居北碚，为寻找一丝安宁

萧红到了重庆的第二年初夏，端木蕻良才把萧红接到重庆北碚黄桷树镇秉庄的复旦大学教授楼居住，这已经距离萧红到重庆的时间八九个月了。好事多磨，尽管等待的时间长了一些，住房条件还不错，他们住的那座楼房是镇上唯一的新式楼房，靳以等人也住在那里。

端木蕻良有了固定工作，他们一家的经济条件有所改善，家里也雇了保姆，萧红无聊的时候，会带着保姆到镇子的集市上去赶场，买些日用品。现在不愁没钱了，她厌倦的贫穷生活告一段落，去市场买东西她可以像一个有钱的太太那样只需动动嘴，保姆就手提肩扛地把需要的东西买回家了，但她却找不到她刚到上海安家时的乐趣，不知道该怎样去追求享乐。

心中有一股说不出的苦闷，有时，她会站在学校的篮球架下望着远处的山峦云雾发呆，穿着蓝底白花旗袍的萧红大概还没找到做教授夫人的感觉，她会独自散步到嘉陵江边，望着滔滔江水想自己的心事，这江水，是不是让她想起了遥远的故乡，想起呼兰河，想起松花江。

离开呼兰河畔的故乡已经很久很久了，自己最牵挂的弟弟张秀珂参加了八路军苏鲁豫支队，故乡已经没有人想起她了，但是，她魂牵梦绕的依然是那片土地，她正在着手写《呼兰河传》。

对于松花江，记忆最深的是和萧军在江边一起生活的日日夜夜，那是她生命中最难忘最幸福的一段时光，如今，她和她的三郎劳燕分飞，今非昨，人成各。

嘉陵江畔，她的角色是连她自己都不习惯的曹夫人，这个陌生角色是她自己选择的，她不得不强迫自己去适应。

住进教授楼的萧红逐渐把自己的角色由女作家弱化为教授夫人，这样的角色定位增加了一些从属性，事实上，萧红对于端木蕻良的从属性也确实在一天天加强，她离过去的朋友们越来越远了，并且很少再到朋友们家中去串门添乱，她变得比过去懂事了，沉默寡言了。

从夏天搬到教授楼，到深秋时节，萧红像是突然成熟了很多，也老了很多，过去那个单纯幼稚的女作家萧红不见了，取而代之的是深沉低调的教授夫人。秋色尽染的嘉陵江边，端木蕻良穿着时尚的咖啡色夹克，斜着肩低着头在前面走，萧红走在后面，穿着素色旗袍，天有些凉了，她在旗袍外面加了件红毛衣，这打扮类似于《红岩》里面的江姐，也是当时重庆最时尚的装扮。两个人一前一后地走着。当初，萧红和萧军在一起的时候，他们就是这样在街上走，后来嫁给了端木蕻良，刚开始的时候，是萧红走在端木蕻良前面的，从哪天开始，她又变成了这样的从属者？

梅志看见过萧红这样的背影，那背影消瘦骨感，两肩也比过去耸得更高，抬着肩缩着脖，背还有点佝偻，那年萧红还不到三十岁，今天，三十岁的女子还被称作女孩子，正是青春靓丽的好年岁，那个年岁的萧红的背影看上去却如同一个沧桑的中年妇女。

她永远不和她的那些男人肩并肩走在一起。

她永远没有最无忧无虑的快乐过，总有这样那样的不如意。

端木蕻良当上了教授和刊物主编，还是像个长不大的孩子，一头茂密蓬乱的长发，那形象有些像现代动画片里的美少年，很帅气很艺术的感觉，这样形象的男子一般都活得洒脱，不但不知道作为一个男人该怎样保护自己的女人，有时候连自己都保护不了。他很散淡，散淡得不食人间烟火，家里的俗事一件都不做，他教授的课程是下午两点开始，只要没有事情做，他最热衷的事情就是躺在床上蒙头大睡。天一黑就睡，一直睡到第二天中午十二点钟才起床，吃过午饭，有时候还能接着再眯个午觉，然后才去上课。

因为爱好睡觉，所以，他们家的窗户索性就用纸糊住了，为的是挡光，在那个时代，日军的飞机不断空袭，这样做大约也为了起到防空袭的作用吧，总之，他们家的光线很阴暗，一般人长期在这样的环境中是很痛苦的。萧红强迫自己要适应端木蕻良的一切，适应他天一黑就睡，适应他赖床不起，适应他不和外界来往，适应他什么家务活都不做。她把一切都承担起来，烧饭做衣，饿着肚子等着他吃拖到中午十二点的早饭。端木蕻良喜欢独往独来，远离社会远离朋友，他很少陪着萧红走出自己的小天地到外面拜望朋友，萧红只能独自从这偏僻的小镇子上走出去，偶尔走进山城去看望过去的朋友，当然，只是偶尔，她还要照顾端木蕻良的情绪，还要照顾他的生活。

空闲的时候，萧红开始写回忆鲁迅的文章，对她写得那些东西，端木蕻良不再像当初刚认识萧红的时候那样吹捧她了，他在一边睡他的懒觉，并不关心她写些什么，对她絮絮叨叨琐碎的写作手法，表现出一丝不屑和反感。

住在他们家楼上的邻居靳以见证过这样的瞬间。

端木蕻良的性格和萧军不一样，萧军经常会用拳头说话，招惹是非，按说文质彬彬的端木蕻良不会对谁动拳头的。不过，这个文质彬彬的人比较偏执，他偏执起来，还是会大打出手的，好在不是打了萧红，而是打了邻居家的女佣人。

几十年过去，那年那月的故事已经积上厚厚的尘埃，究竟因了什么芝麻粒大的琐事，引得端木蕻良一个大男人和女人动手，已经考证不清了，如果能让端木蕻良这样动气，一定是邻居家的女佣人不占理，那么既然打了就打了，气已经出了，然后再去处理打架的事就是了，男子汉敢作敢当，大不了就是到镇公所被拘留几天。

被打的人是一个泼辣的四川女人，常年吃辣椒的四川女子脾气火爆，性格泼辣，挨了男人的打自然是不依不饶。女佣的主人是复旦大学端木蕻良的同事，平时他和同事们从来没有任何交往，人家的女佣人挨打了，就更不给他面子了，便给自家的女佣人撑腰。有了主子撑腰的那个四川女人打上门来，撒泼打滚，说端木蕻良把自己打坏了，非要讨个说法。

事情闹到这个地步，端木蕻良不知道该怎么应对，躲进屋里把门一插，死活不敢出来了，他让萧红出去应对那个女人。

这样的阵势萧红也没遇到过，她一个女作家哪是一个乡村泼妇的对手，低三下四可怜兮兮地一趟一趟跑镇公所，还陪女佣人去验伤。萧红柔弱的肩膀替端木蕻良担起这些本来不属于她的责任，她其实也委屈，也曾对人委屈地说："好像打人的是我不是他！"最后，这件事情还是萧红请求靳以出面帮他们调停周旋，赔了人家不少钱，才息事宁人的。

男人闯了祸，让一个娇弱的女人去替他摆平，这件事成为周围的同事和邻居的笑柄，茶余饭后说起那个不敢担当的丈夫，大家对这种作家抱有很深的成见，用很瞧不起的口吻调侃：丈夫打了人叫老婆去跑镇公所，原来作家就这点水平？

贪恋温暖的萧红，本来是想从一个缺少温暖的地方奔向温暖，她以为她寻找到的新生活会幸福温暖，她以为强势男人的拳头让她痛苦不堪，找一个儒雅的弱势男人，她就拥有了温柔的臂膀替她遮风挡雨，到最后，却变成了她要用自己的双手为男人撑起一片天，她要用自己的付出为男人开辟一个安静的港湾。

和萧军在一起的时候，她为萧军抄写书稿，换成了端木蕻良后，她又为端木蕻良抄写。她也是一个作家，是比他们还要优秀的作家，却心甘情愿把自己宝贵的时间和精力用在为他们抄书稿上。对端木蕻良让萧红替他抄书稿这件事，曹靖华就真诚地提出过自己的意见，他对萧红说："你不能给他抄稿子！他怎么能让你给他抄稿子呢？不能再这样。"

朋友们的这些话萧红已经听不进了，她走进了人生的漩涡中不能自拔，在写作上她是个聪明的女子，但在爱情和生活中，她的智商和能力都比不上智商平平的一般女子。她的每一段爱情，刚刚启程的时候都是美好的，她都掌握着主动，她是主宰感情的女王，三混两混，几个回合之后，她最后都沦为被人主宰的女奴，屡战屡败，她依然不汲取教训，依然不改她的手法和套路，从这一点来讲，她又是个笨女人。

在武汉的时候，飞机轰炸让萧红产生了心理上的恐惧，她以为到了重庆就能躲开日军的轰炸。来到重庆后，她发现，这里并不是躲避日军侵略的净土，1939 年的一年间，几乎过不了十天半月就有一次日机轰炸。到年底，连地处城外的北碚也不能幸免，飞机不分白天黑夜的开始光临这个地方，复旦大学也受到严重破坏。

生活在惊恐和不安中，萧红每个夜晚都在失眠，多雾的重庆天气潮湿，这个东北长大的女子对这里的冬天本来就很抗拒，日夜不得休息，进一步破坏了她的健康，她的身体越来越差。

端木蕻良考虑不能再在重庆生活居住了，应当接着向安全的地方转移。此时，他的作品《大江》正在香港的《星岛日报》副刊连载，《大公报》副刊邀端木蕻良写《新都花絮》，复旦大学教务长孙寒冰也邀端木蕻良为大学设在香港的"大时代书局"主编一套"大时代文艺丛书"，随着与香港方面联系的密切，端木蕻良决定离开重庆，到香港发展。

《星岛日报》当时正由诗人戴望舒主编，他也向萧红发出约稿函，之后，萧红的作品《旷野的呼喊》《花狗》《茶食店》《记忆中的鲁迅先生》等也开始在《星岛日报》副刊发表，香港文化界对萧红的作品是很推崇的。萧红的生命中，爱情和事业都居于很重要的地位，为了她和端木蕻良的爱情，为了她最热爱的文学事业，她决定离开火热的抗战前沿，远离战火，到遥远的香港安安静静地过温暖的生活，在平静安宁中完成她一直没有完成的《呼兰河传》。

有了这个想法的时候，已经进入深冬腊月初。从重庆到香港的机票非常难买，就像从武汉到重庆一样，也许要等一两个月甚至更长的时间才能买上票，他们只能把去香港列入计划中，想先托人买票，等票买好后再收拾行装，反正也没有多少值钱的家当，收拾起来也快。腊月初六那天，萧红陪着端木蕻良到了重庆城里，托朋友购买去香港的机票，那个晚上他们住在城里没回北碚，夜里得到消息，很凑巧这两天正好有去香港的机票，明天有一张，后天有两张。

端木蕻良说那就订后天 1 月 17 日的吧，两个人一起走。从武汉来重庆的时候，因为他一个人先行，到如今萧红的那些朋友们见了他还耿耿于怀，骂他不仁不义，他可不敢再一个人先走一步了。

如果后天就出发，他们就没有时间回北碚的家中收拾东西了，也没有机会和朋友们告别了，这样就有些太匆忙。

萧红最放心不下的是自己的那些书稿，别的东西不要了也就罢了，自己写下的所有手稿还在北碚的家中，无论如何也要带走，那是她多年的心血，她一定要回去把那些稿子收起来带在身边，否则她不踏实。再说，也该和靳以、胡风等朋友打个招呼，就这么悄无声息地走了，大家还以为他们失踪了呢。

这一次，端木蕻良态度很坚决，他的理由是从城里到北碚一天打来回根本来不及，书稿他将委托二哥的同学王开基夫妇帮着收拾，然后再寄给他们。实话实说，他真的不想和那些所谓的朋友们打什么招呼，他知道那些人不喜欢他，他也不喜欢他们，那些朋友不是他的朋友，而是萧军和萧红的朋友，他永远都不想见到他们，正好用行程匆忙做借口，不打招呼也就罢了。

2014 年 1 月 17 日，农历的腊月初八，萧红跟随端木蕻良，几乎是两手空空坐上重庆飞往香港的班机，匆匆飞向一个遥远陌生的地方。

飞机起飞了，透过玄窗看着高空下微缩的渐渐远去的山城重庆，萧红的心中没有过去离开任何一个城市去往另外一个地方的那种从容和新奇，不知为什么，她有些不舍，对即将飞往的那个未来感觉心里没底。

飞机一路向南，离重庆越来越远，离她远在祖国最北端的东北家乡越来越远。一路上她沉默不语，听着端木蕻良在身边响起均匀的呼噜声，这个男人真是睡觉能手，无论何时何地都能安然入睡。

她也觉得很疲惫，她想闭目养神，却心绪烦乱，没有来由的心神不宁。她想，也许到了香港就好些了，那里的生活也许会安宁一些。

如果她知道，此去她将永远不会再回到这片土地，她年轻的生命将最终留在即将飞往的那个地方，她无论如何也要多看几眼下面这可爱的秀美河山。

他们离开重庆后，马上就到春节了，老朋友兼楼上楼下的邻居靳以有几天没见到萧红一家了，只有他们家的女佣人还在，问时，女佣人说主人去城里了，已经好多天没回家了。直到后来，端木蕻良委托人来收拾东西，他才知道，萧红已经跟着端木蕻良去香港了。后来，靳以对梅志说："不告诉朋友们倒也罢，怎么连大娘都不辞退。……走得这样神秘，这样匆忙，为什么？连我这个老朋友都不告诉？怎么会想到去香港哩！"

　　在朋友们的一片质疑声中，萧红去到了她人生的最后一个目的地。不管她是以屈就别人牺牲自己的精神去香港的，还是为了寻找一个安静的创作环境，当她离开这片热土后，并没有找到预想的温暖和快乐。

　　在香港，她依然是一个人孤单地行走着，一直走到最后。

第八章　凋零在浅水湾的梦

在生命最后一刻，她爱过的那些男人们都去哪儿了？
她留给世界的最后一句话是：我将与蓝天碧水永处，留得
那半部《红楼》给别人写了。半生尽遭白眼冷遇……身先
死，不甘，不甘！

一部《呼兰河传》写尽悲欢

从异乡到异乡，萧红从阴冷潮湿、雾气蒙蒙的重庆来到香港。

飞机停在九龙的启德机场，萧红走下飞机，潮湿的风扑面而来，这里的天气比重庆要温暖得多，有一步来到春天的感觉。

复旦大学教务长孙寒冰已经事先为他们安排好了一个住处，暂让他们住在九龙尖沙咀诺士佛台三号大时代书局隔壁二楼，这是孙寒冰生命中为他们做的最后一件事，四个月后，孙寒冰就在一次日机轰炸中，在重庆复旦大学校园罹难。

他们在九龙尖沙咀金巴利道诺士佛台住的是个带阳台大房间，居住的条件与内地相比，似乎要差一些，但是一落脚香港就有地方住，在那个乱世已经算是非常不错了，他们对这个住处很知足。

在这个地方，萧红住了近一年，一年后因为大时代书局调整房子，他们又搬到了九龙尖沙咀乐道八号二楼大时代书局的一间小屋里。萧红和端木蕻良这最后住处的原貌究竟什么样我们已经见不到了，后来居住的乐道八号时代书店那片楼宇早已拆除，现在那个地方已经是香港最繁华的商业购物中心区，他们当年居住的地方沧海桑田几经改建，那块土地上建过一座五星级大酒店凯悦酒店，后来又建了覆盖半条街的国际广场，古旧的痕迹一点都找不见了。

虽然与内地相比香港要温暖得多，在屋子里待久了依然很冷，特别是总赶上阴冷的天气，气温的总旋律还是清冷，萧红的身体本来就不好，总是咳嗽，她忍受不了这种南方的阴冷，于是便从街上购置了一个小火炉，用来取暖，也用来做饭。

　　家很快就安置好了，从哈尔滨到香港，这些年萧红不断地流浪迁徙，在脚步到过的每一个地方，不断地租住各式各样的房子，她已经习惯了这种动荡，也习惯了在一个陌生的地方迅速安家，迅速熟悉新的生活环境。

　　七十多年前的岁末年初，萧红住到香港九龙尖沙咀之后，心情一直包围在陌生感和孤独感之中。从被俄罗斯文化浸染的哈尔滨走出来的萧红，走进被大不列颠文化熏染的香港，有些东西是似曾相识的。和哈尔滨街头一样，这里的大街上也行走着许多蓝眼睛高鼻子的洋人，只是，哈尔滨街头的洋人满嘴都是打着嘟噜的俄语，这里的洋人甚至中国人，都说着她根本听不懂的英语。即使不说英语，当地的南粤话她也听不懂，在这里有一种到了异域的陌生感。虽然是在朋友的安排下来到了这里，也有朋友接应他们，与内地相比，这里的朋友还是太少了。

　　不知为什么，这里总让萧红想起一个人在东京的日子，想起在东京时语言不通的陌生和孤独。好在有端木蕻良陪伴着她，否则，她真的不想生活在这个地方。

　　战火还没烧到香港，人们的生活从容恬静，井然有序。尖沙咀位于九龙半岛南端，从住的地方走不出多远，就能看到美丽的海湾。那碧蓝碧蓝的海，让萧红暂时忘记了正在进行的那场战争，忘记了他们刚刚从令人心惊胆战大轰炸的重庆逃出来。

　　只是，心情就是快乐不起来，总有一丝愁绪写在心头。

　　她曾经给朋友写信，叙说这里的美丽：

　　　　不知为什么，莉，我的心情永久是如此的抑郁，这里的一切景物是多么恬静而优美，有山，有田，有树，有漫山遍野的鲜花和婉转的鸟语，更有澎湃泛白的浪潮。面对着碧澄的海水，常会使人神醉。这一切不正是我所梦想的写作佳境吗？然而啊，如今我却只感到寂寞！在这里我没有交往，因为没有推心置腹的朋友。因此，……我将尽可能在冬天回去。

马上就要过年了，这里年节的氛围和内地似乎也不一样，许多东北传统的过春节必需的道具，在这里也买不到。在这动荡的年月，过不过春节倒也无所谓，朋友少倒也清静，正好静下心来认真完成大部头著作。但是，人是群居动物，离群索居的生活是孤独忧伤的。

静静的午后，百无聊赖，萧红摊开稿纸继续写她一直魂牵梦绕的长篇小说《呼兰河传》，这部书已经酝酿了近两年了，起了个头之后，写写停停，这两年一直没有完整的时间和合适的心情让她完成，香港的安静给她提供了继续写下去的机会和条件。这个下午她写得很顺，正沉浸在创作的酣畅情绪中，房门被敲响了。

会是谁呢？他们在香港没几个认识的朋友。

端木蕻良去开门，探头进来一个戴着眼镜个子高高大大的男子，这样的大块头，特别是那黝黑的肤色有些像东北大汉，萧红看到这个人的第一眼，就有了一种与生俱来的亲切感。进来的眼镜男谦恭地微笑着，那张笑脸密密麻麻布满细碎的麻子，他自我介绍说："我是戴望舒。"

萧红惊诧地扭头看着那个自称戴望舒的眼镜男，他怎么可以是戴望舒？过去从来没有和戴望舒谋过面，但是她读过而且很喜欢他的诗，一直以为戴望舒这种将诗歌写得朦胧而优美的人，应当是个儒雅斯文的帅哥，没想到真实相貌会是如此类型的。不过，看上去这个人倒是一脸的真诚善良，让萧红有一见如故的感觉。她放下走中的笔，迎上去和戴望舒握手。

此时的戴望舒是《星岛日报·星岛》副刊的主编，那个下午他们谈得很投机，俨然就像久别重逢的老朋友那么默契。

谈着，一晃天色已晚，到了晚饭时间，他们一起出去吃了饭。

第二天一早，戴望舒就又来了，他这次是来接萧红和端木蕻良到家中做客的，他的家在薄扶道香港大学网球场对面山坡的"林泉居"。那个时段，是这个一生爱情婚姻并不幸福的多情诗人最幸福的一段时光，他于两年前带着娇美的妻子穆丽娟和女儿朵朵从上海来到香港，比戴望舒小十二岁的穆丽娟那年不过二十三四岁，年轻美丽，小女儿纯美可爱，萧红一到他们家就喜欢上这一家人，喜欢上他们居住的优美环境。戴望舒一家欢迎他们搬来一起住，说这里更适合萧红写作。当时，端木蕻良的腿因为风湿病不能爬山路，只好谢绝了这一家人的好意。

因为萧红和端木蕻良总有作品在《星岛日报》和《大公报》发表，在香港，他们是有知名度的内地作家，他们来到香港的消息几天后就在叶灵凤主持的《立报》副刊《言林》发了出去。初到一个新地方就如此被关注，有几个人能有此殊荣，萧红总觉得到了香港后没了朋友，没了温暖，她是没捕捉到这些身边的温暖。

事实上，到了香港之后，萧红和端木蕻良的社会活动还是很多的。

2月5日，在大东酒店，中华全国文艺界抗敌协会香港分会，也就是香港文协，专门为萧红和端木蕻良来香港举行欢迎仪式。这样隆重的文化聚会让萧红仿佛又回到了当年在上海自己文学创作的黄金阶段，会议时间不长，主要的内容就是欢迎会。在来香港参加的第一个会议上，萧红穿着她自己缝制的那件最喜欢的黑丝绒旗袍善良登场，她给人的感觉，消瘦，端庄，秀雅，有女作家独有的个性。她和端木蕻良都在会上做了发言，她的发言，精简干练，是与抗战有关的，内容是关于重庆文化现状的，她的发言，让大家看到了一个四处漂泊的女作家在国破家亡之时的一份责任和担当。

为了进一步融入到香港的文化圈，他们加入香港文协，出席香港文协换届大会，不断结识文化界的新朋友，还积极参与各种社会活动，不论是女子中学的三八主题座谈会，还是大学的文艺座谈会，萧红一般是有请必到，到了必发言。

香港文协举办的各种活动他们几乎都参加，那一年，萧红曾出席"黄自纪念音乐欣赏会"，参加文艺讲习会有关文艺的演讲活动，最重要的活动是纪念鲁迅先生诞辰六十周年和逝世四周年的两次大规模的纪念活动。

在纪念活动筹备工作中，萧红接到一项任务，由她执笔写一部关于鲁迅先生的剧本，让鲁迅形象走上舞台。之所以把执笔的任务交给萧红，是考虑到她对鲁迅最熟悉。对于这项任务，萧红没有立即接手，她觉得，用舞台艺术形象表现鲁迅是件严肃认真的事，弄不好就会歪曲了鲁迅的形象，鲁迅先生一生所涉至广，想用一个戏剧的形式来描写是很困难的一件事。经过再三斟酌，她决定用哑剧的形式来表达，哑剧沉默、严肃，适宜表现伟大端庄、垂为模范的人物。

哑剧剧本的初稿是萧红和端木蕻良共同完成的，经过修改，那个哑剧的表演收到了意想不到的效果。

即使这样的忙碌，萧红一直在坚持她的创作。

萧红的创作是神速的，只要稿子写顺了，便文思泉涌。到香港后，她的《呼兰河传》写得很快，这里和平的大环境使她能静下心来，细细回忆童年的故乡，遥远的东北小镇呼兰的风土人情，跃然纸上。

这部小说的文笔也与过去有了区别，显得更加细腻、优美，那纯净的亲切的口语化语言，给人眼前一亮的感觉。她用唯美的散文式写作手法，用一个小女孩的眼光，来看故乡的人和事。小说里面描写的都是一些小人物，天真活泼的小团圆媳妇，孤苦无依的有二伯，贫困的磨官冯歪嘴子，这些小人物都是萧红童年时代生活中的人物，他们很草根，很平庸，甚至卑琐、落后、愚昧，他们的悲惨遭遇发人深思，萧红通过给读者描绘出一个悲凉的童话世界，来表达自己对扭曲人性损害人格的社会现实的否定。茅盾曾这样评价《呼兰河传》："它是一篇叙事诗，一幅多彩的风土画，一串凄婉的歌谣。"

这部小说与传统意义上的小说不一样，它不是那种以人物为中心的模式，而是一部回忆性、自传性的小说。

这部小说尚未写完定稿，就被戴望舒看中了，他从 9 月 1 日开始在《星岛日报》上对这部小说进行连载，一直连载到 12 月 27 日，用了三个月的时间把这部小说载完。《呼兰河传》边连载，边修改完善，到年底，算是正式定稿了，1941 年由桂林河山出版社出版。

1940 年的 9 月，对萧红来说，是她到香港后最快乐的一段日子。《呼兰河传》开始在香港最有影响力的报刊连载，她开始动笔写一部新的长篇《马伯乐》，就在那个金黄的九月，在上海的时候通过鲁迅认识的美国朋友史沫特莱回国要途经香港，准备来看望。萧红得到这个消息很兴奋，她喜欢这个开朗有个性的美国女作家，从第一次见面她们就感觉对方对自己有一股独到的吸引力，也许因为她们都是有个性的文化女子，所以惺惺惜惺惺，很快成为好朋友。

快乐中的萧红是美丽的，尽管身体还不是很好，一如既往的消瘦羸弱，但是她的精神很好。到了香港后，她比在内地的时候时尚多了，添置了一件浅色的西服，发型也有了改变，不再是简单的直发或者梳两条干巴巴的小辫子，而是把扎好的辫子盘在头上，这发型在当时的香港是最时尚的，透着知性女人的妩媚和干练。

那个九月，就是这样的一身装束，她在家中迎来了史沫特莱。

史沫特莱这次来香港是因为身体的原因，一个女人终究经受不住长期艰苦的军旅生活，她的健康状况很差，这次是从香港回国治病。得知萧红住在香港，她第一时间就去九龙尖沙咀萧红的住处去看望她。当史沫特莱的颀长身影出现在萧红家的门口，萧红无限惊喜，两个人紧紧拥在一起，在史沫特莱的衬托下，愈发显出萧红的瘦弱。

史沫特莱一到，萧红和端木蕻良平时沉寂落寞的家立即生动热闹起来，史沫特莱响亮地笑着，说话也是大嗓门的，她这次见到萧红，发现她比过去更加清瘦娇弱，但是，比在上海的时候更增添了知识女性的优雅知性，总之，萧红变漂亮了。

只是，萧红居住的这个环境和条件有些差。当时史沫特莱住在香港会督英国人何鸣华博士的乡间别墅沙田地哨号玫瑰园，那里环境优美，居住和生活条件都是香港最好的，那个地方很适宜萧红写作。史沫特莱不管端木蕻良是否同意，自作主张就把萧红接到了自己住的玫瑰园乡间别墅。

在玫瑰园乡间别墅，萧红完成了《呼兰河传》的最后定稿，并继续写她的长篇讽刺小说《马伯乐》的续稿。

终点港湾玛丽医院

史沫特莱在玛丽皇后医院全面检查了身体，她的胆囊出现了严重问题，已经到了非手术不可的地步，于是，她在这家医院做了胆囊手术。手术很成功，她以为从此就完事大吉，又可以像过去那样全身心投入到工作中，但是，回到玫瑰园，她依然头痛得厉害，不得不回美国做进一步检查治疗。

身体是事业的本钱，直到自己的健康出了问题，一贯不知关爱自己的史沫特莱才深深体会到这一点。看着比自己年轻很多却病病弱弱的萧红，史沫特莱劝她也去医院检查一下身体。

这些年，萧红和医院打交道基本上都是生孩子这样的大事，她身体虽然一直很差，却很少去医院，很少看医生。她到了香港后，湿热的天气并不利于她的身体，原来就有的肺病似乎比在内地厉害了一些，有时候会咳嗽不止，她以为自己最近有些累了，忙完这段就会好一些，但是，她总有忙不完的事，总有写不完的作品。

刚到香港的一个夏日，萧红给重庆的好朋友华岗的信提到："我来到了香港，身体不大好，不知为什么，写几天文章，就要病几天。大概是自己体内的精神不对，或者是外边的气候不对。"

病恹恹的身体，无形中影响着萧红的创作，最终，她还算是听了史沫特莱的劝说，通过朋友找了两个中医，也吃了一些药，偶尔也会有些起色，不过没有完全治愈。

史沫特莱觉得，萧红应当住院治疗，不能总这样拖下去了。

第二年夏天，史沫特莱要离开香港的时候，萧红从玫瑰园回到自己的家中，那时候，萧红的家已经搬到九龙尖沙咀乐道八号。萧红搬离玫瑰园的时候，史沫特莱劝她将来也离开香港，或者回重庆，或者到新加坡。

萧红想了想，说：如果真的要走，她不想回重庆，最后是去新加坡。

她不是不热爱自己的国家，不是想逃避热火朝天的抗战，她还有许多要写的东西，只是想寻找一个安静的地方，安安静静完成她的作品，仅此而已。太平洋战争眼看就要爆发了，他们已经嗅到了战争来临前的硝烟味道，去新加坡也许是个不错的选择。

但是，端木蕻良正主持着《时代文学》刊物的编务工作，脱不开身陪她一起走。

萧红想，这次到一个陌生的地方，要找个熟识的朋友一起走，不能像那年去日本似的，人生地不熟一个人在异国他乡生活，寂寞也会把人寂寞死的。她又把目光转向朋友圈，鼓动茅盾夫妇和她一起去，茅盾当时在香港正编辑刊物，也离不开。

大家就劝萧红先不要急着走，等一等，会有人陪她一起去的。

作为好朋友，史沫特莱是很讲情义的，离开香港前，她利用自己的特殊关系，联系了香港最大的医院玛丽医院，帮萧红预约好了医生，让她抓紧时间去诊治。

然后，史沫特莱才安心离开香港，她不知道这一去，和萧红就是永别。

关于玛丽医院，它坐落在香港薄扶林道 102 号，是技术领先、设备一流的西式医院，因为这家医院是以英王佐治五世的皇后玛丽的名字命名的，人们习惯于将这家医院叫做玛丽皇后医院，单从这名字来看，就透着上层社会的高贵。事实上，这家医院也确实是贵族医院，里面的设施都是高档的，病房比一般医院宽大、整洁，院长是英国人，连护士都有许多蓝眼睛高鼻子的美丽西方小姐，医生是香港大学医科毕业的高材生，药品是一般医院听都没听说的新药。这样的豪华医院，虽然冠以公立的名声，一般人根本住不进去，它不接受一般患者的预约。萧红不好拂了朋友的好意，既然史沫特莱帮她把一切都安排好了，不妨去检查一下身体。

找到了史沫特莱推荐的医生，经过粗略检查，萧红的妇科病很严重，在她生完第一个孩子之后就落下了这个病根，每个月有一次肚子痛，是痛不欲生的那种痛，每每到腹痛的时候，如同大病一场，几天不能起床。医生怀疑她的头痛等疾病大约也与妇科病有关，于是为她做了一次子宫手术。

头痛会与妇科病有关吗？我们不是医生，不好妄自断言，著名的玛丽医院医生的医术也是良莠不齐的，这次诊断并没有完全到位，因为手术之后，萧红的健康非但没见什么好转，头痛的毛病更加严重了，依然还是咳嗽。

秋天，健康水平每况愈下的萧红再次走进玛丽医院。

这一次，医院对她进行了系统的体检，通过照 X 光片子，才发现她的肺部有黑点，萧红被查出患有严重的肺结核病，肺部患处多处已经钙化，按说这也没有什么大事了，医院给出的建议是，入院彻底治疗肺病，以防后患。

那个时代，肺结核病在中国内地基本等同于现在的癌症，不过，在医疗条件相对先进的香港玛丽医院，这算不上什么疑难杂症。

萧红和端木蕻良的日子过得穷困潦倒，周鲸文等朋友立即筹集资金，帮助萧红住进医院。医院的治疗方案是，用打空气针的方式治疗萧红的肺结核，所谓空气针，就是向胸腔中打空气，提高胸腔气压，把已经钙化的结核轰开，激活，让病人得到彻底治疗，这个医治肺结核的方法在当时是最先进的。但有时候也很危险，如果空气量小，可分散到肺泡毛细血管，与血红蛋白结合，或弥散至肺泡，随呼吸排出体外，因而不造成损害；如果把握不好量，空气进入血管，能引起气体栓塞。

不过，与危险性这些副作用相比，打空气针的治疗作用还是比较显著的。

玛丽医院的一等病房是宽敞明亮的大房间，萧红住不起这样的高级病房，只能选择三等病房。三等病房的房间条件差得远，即使是这样的病房，一般人也是住不起的。

因为肺结核是传染病，萧红一开始住的是隔离病房。条件最差的隔离病房还不如三等病房，后来萧红就住在玛丽医院四楼的病房前方走廊的阳台上，阳台不是我们现在住房那种全封闭的类型，这所医院的阳台上没有窗，只有竹帘。按照医生的说法，患结核病的人就应该住在这种阳光和空气都很好的地方，让阳光照耀着，让风吹着，呼吸着最新鲜的空气，有利于身体康复。

晚上，没了烈日的照射，竹帘便卷起来。无风的炎炎夏日或者炎热的初秋日，睡在这样的阳台上还是很舒服的，但赶上风大的日子，特别是刮台风的时候，住在这样的阳台上冻也要把人冻死。萧红就赶上过这样一次，那一次让她深深感觉到了香港的寒冷，她无助地在风中颤栗着，那一刻，特盼望有护士来照顾她，有亲人守在她的身边。

没有极好的护理，没有极好的疗养条件，萧红的病虽然经过治疗，并不见好转。她住的那个阳台外面，是美丽的海湾，刚开始住进来的时候，凭窗临海，可以面对蓝色的海湾，看潮起潮落，她的心情还是很愉快的，后来心情却越来越差。

住在医院里，什么稿子也写不成，她心里焦急，最焦急的是，花了很多金钱、时间和精力治疗疾病，却丝毫不见好转。她心情不好的时候，更会感觉到孤独寂寞，希望有人陪伴着自己，希望朋友们经常来看望自己。端木蕻良有自己的一摊工作，还要为她治病筹措资金，不会常陪在她的病榻前，朋友们的探视也是有时间限制的，三等病房每周星期三、星期四是探病时间，其他时间都不允许探视。

萧红盼望着周三和周四的到来，说不定会有朋友来看自己呢。

柳亚子的女儿柳无垢那次是无意中在医院见到萧红。

她并不知道萧红住在这家医院，本来是探望一个自己住院的同事，她从楼下走过的时候，萧红正站在窗前，失落地向外张望，这个探病日没有朋友来看自己，从院子里她看到一个熟悉的女孩子的身影，认出是朋友柳亚子的女儿柳无垢，萧红的脸上绽出一丝笑容，她使劲招手，大声呼喊着柳无垢的名字。

柳无垢隐隐听到楼上的病房有女人在叫着自己的名字，她侧过身，眯着眼睛向上看去，发现在一个阳台上，一个女病人穿着医院统一的病服，披散着头发，正站在阳台上朝她频频招手，她认出这个女病号是爸爸的文友萧红。

柳无垢和萧红只是认识，见过几次面，算不上特别熟识。萧红实在是太寂寞了，但凡见到一个自己熟悉的面孔，就有见到亲人般的感觉。

那一日，柳无垢眼中的萧红是那般楚楚可怜，在香港那样炎热的日子里，萧红穿着厚厚的绒睡衣，比过去更瘦了，看上去非常疲惫，面色苍白没有血色，嗓子有些发哑，不能多说话。她说自己头痛得厉害，身体也衰弱。她边说边咳嗽，有时候咳的说不成话。她说如果病情依然还是这样，她就回家，不在这里住院了。

柳无垢同情地对萧红说："怎么会不见好呢，多到海滨走走是不是对康复有利呢？"

萧红无限落寞地看看窗外的海边，压着嗓子细声说："刚做过手术，不能多走动。"

起初，朋友们都怀疑主治医生的治疗手法是不是存在问题。和萧红一起入住的还有三个这样的病人，其中就有一个著名舞蹈家戴爱莲，戴爱莲是叶浅予的女人，那时候，叶浅予和梁白波已经分手了，和戴爱莲爱得如火如荼，萧红和叶浅予的女人们真是有缘，总能住在一起。病房里，她和戴爱莲是邻床，人家也住在阳台上，也整天这样风吹日晒的，病情却是一天比一天好起来，只有萧红，一天比一天萎靡，貌似病情也越来越重，到医院别的地方检查和治疗，都要由护士推着轮椅去。

像这种面朝大海的新鲜空气治疗法其实也是因人而异的，另外几个病人用这种方法有效，到了萧红身上也许恰恰就适得其反。她没钱买营养品，身体底子又弱，瘦弱的身体哪里顶得住长期暴露在阳光空气中，日夜吹这种强劲的海风？特别是进入深秋之后，香港的夜晚也是很冷的，寒风阵阵袭来，萧红蜷缩在单薄的棉被中，每个夜晚都被冻得瑟瑟发抖，这哪里是住院治病，简直如同坐监受刑。她暗暗告诉自己，要坚持，要坚持，这样做是为了治病，为了尽快让自己康复起来。

一直忍到十一月底，她实在忍无可忍了，咬着牙也实在坚持不住了。

十一月下旬，香港夜晚的气温在天气好的时候也不过十五六度，赶上恶劣天气，会更冷一些。这样的气温下，暴露在寒冷的海滨空气中，冷风扑面而来，很快就把萧红身上单薄的被子打透，即使裹紧薄被，也无法安睡。萧红夜夜在寒风中失眠，就算是实在困极了偶尔入睡，也都是些冰冷的梦，关于哈尔滨冰天雪地的冰冷的梦境，让她总能想起正沦落在日本铁蹄下的遥远故乡，想起童年的呼兰河畔的故乡。甚至，有一次，她还梦到了自己从来都不喜欢的父亲，梦中的父亲已经十分苍老，醒来，她把身子缩成一团，蒙着被子坐在病床上，看外面的星月。这里是香港，是离家乡很远很远的地方，从一出身就经历坎坷的萧红，病倒在这遥远的远方，在这里，她并没有寻到她想要的温暖，这里的夜晚和家乡一样冰冷如水。

受了冷风刺激，她剧烈地咳嗽起来，咳得很厉害。

她想，必须赶紧出院，不然，会被活活冻死在这个地方的，她平生最害怕的就是寒冷，这医院的寒冷总能勾起她许多不愿回想起的记忆。

1941 年 11 月下旬，在萧红自己的坚持下，她出了院，回到九龙尖沙咀乐道八号自己的家中。

那间房子大约有两百尺左右，相当于大陆二十平方米左右的房子，房子中间放了一张大床，占据了不小的空间，那张床看上去已经有些年头了，色调老旧，显得有些破烂不堪。室内还有一张书桌，比床的成色稍好一些。

这破破烂烂的家条件虽然不好，但是比医院里温暖得多，至少，晚上不用在冷风中睡觉了，可以暖暖和和睡个安稳觉了。

萧红以为回到家之后，经过一段时间的静养，她的身体会逐渐好起来，可以继续搞创作。然而，脱离了玛丽医院阳台的冷风，她的病情依然向不好的方向发展，出院几天后，周鲸文和夫人，以及柳亚子都去乐道 8 号看望过萧红，那时，她咳嗽得比住院的时候还要厉害，嗓子完全变哑，连说话都成了问题，她有气无力地躺在家里那张破床上，来了朋友，想起身迎送，却没有气力爬起来，只能疲惫地躺着。

萧红病成这个样子，柳亚子心里很不是滋味，他感慨万千地为萧红赋诗写道：

轻扬炉烟静不哗，胆瓶为我斥群花。

誓求良药三年艾，依旧清淡一饼茶。

风雪龙城愁失地，江湖鸥梦倘宜家。

天涯孤女休垂涕，珍重春韶鬓未华。

生命中的最后一个男人

离开医院，萧红的身体不见好转。

依然是寒冷，萧红觉得，这个冬季异常寒冷，比哈尔滨的冬天都冷。香港的冬天，已经习惯了这种轻度潮湿寒冷的人们是不用点煤火炉子取暖的，最冷的时候也就是那么几天，穿上件夹袄就扛过去了。萧红耐不住湿寒，在卧室燃上炉子，情况才稍稍好了一些。

头痛、无力、剧烈的咳嗽让她无法安宁下来，无法拿起笔来写作。来看她的朋友们告诉她不要急着写作，先把病养好再说。

她听了大家的劝，决定好好养病。

时间已经是十二月初了，她一个人躺在床上，现在回家了，端木蕻良依然顾不上她，他似乎比过去更忙了一些，连陪伴她的时间都没有。萧红心里多少有些怨，卧病在床的人都比较脆弱，她比任何时候都需要温情，但是端木蕻良永远是长不大的孩子，他不知道女人是需要体贴爱护的。怨恨和失落中，萧红不经意间就会想起萧军，想起她最需要一个有力臂膀的时候，萧军给她的爱，如果有萧军在，他不会整天把自己一个人扔在家里面不管的，虽然他照顾人属于粗线条的，却不会让她渴着饿着。

朋友们为萧红的病况担忧，他们觉得，萧红在家里这样的养病方式对身体康复不利，过些日子还是要到医院去。柳亚子和周鲸文正筹集萧红下一步治病的费用。

抱病在床的萧红并不清楚，此时，一场大规模的战争即将在香港爆发。

1941年12月8日清晨，萧红被剧烈的爆炸声从噩梦中惊醒。

她不知道发生了什么，吃力地想爬起来透过窗子向外面看看究竟，那恐怖的声音在她听来这般熟悉，在上海听到过，在武汉听到过，在重庆听到过，一路被爆炸声追赶着逃到了香港，终究是逃不过去的，它又追到了这里。

爆炸声之后，是尖利刺耳的警笛声，又是在搞防空演习吗？似乎不像。

她心惊胆战地半坐着，凭着经验，凭着外面人们嘈杂慌乱的声响，心里清楚意识到，战争不可避免地在香港爆发了，她现在这个状况，已经无处逃遁。睡在一边的端木蕻良也被爆炸声惊醒，他走出屋门，想到外面去看个究竟。

端木蕻良走出去，被时代书店的一个看门的伙计叫住，说有他的电话。

这个时候有谁会给自己来电话？端木蕻良过去接听，是不久前来香港的一个名叫骆宾基的东北文学青年打来的，他打电话是向端木蕻良辞行的，来香港三个月了，萧红和端木蕻良给了他很多帮助，现在香港战争爆发了，他想回内地。

骆宾基的电话让端木蕻良眼前一亮，他正发愁一个人无法转移病重的萧红，孤家寡人的骆宾基不失为一个好帮手，他在电话中恳求骆宾基能不能晚走几天，留下帮忙照顾萧红。电话那头的骆宾基似乎没有犹像，立即答应下来，说自己马上过去。他住的地方离九龙尖沙咀乐道八号很近，很快就可以赶过来。

端木蕻良心里踏实多了，他放下电话，放心地走出去，他知道骆宾基一会儿就赶过来了，他可以安心地去街上打探消息了。

端木蕻良走后，萧红六神无主地躺在床上，她好害怕，她想找一个人问问外面的情况，第一个想到的是柳亚子，柳亚子住的离她的住处不远，她挣扎着起来让人给柳亚子捎去一个便条，想让他过来一趟。

端木蕻良出去了一直没有回来，给柳亚子送信的人走了，也没有回音，萧红在焦急的等待中，终于听到一声屋门推开的声响，她举头看时，进来的不是端木蕻良，而是一个二十出头的青年，他没有敲门直接就进来了，在这个时候，是顾不上讲究礼貌的，萧红现在特渴望有人来，不管来的是谁，她都会觉得有了主心骨。

那青年气喘吁吁的，惊魂未定，便先奔到萧红床前："姐姐你没事吧？"

萧红认出来，来的这个人是骆宾基，来自东北的一个文学青年，前不久刚刚来到香港，十月份的时候，他们见过两次面，他是从浙东一带辗转过来的，是弟弟张秀珂的朋友。

萧红嘴角展出一抹笑容："我没事，这不好好的。外面怎么回事？"

骆宾基说："日本飞机轰炸香港了，这里不安全了。"

是的，萧红住的地方已经不安全了，太平洋战争爆发，日本轰炸机随时有可能轰炸这里，把这里化作一片灰烬。

"必须抓紧离开这里，实在不行就躲到九龙的农村去。"骆宾基急急地说。

此时，这个比萧红小了六岁的大男孩显得特男子汉的感觉。

到外面探听完消息的端木蕻良终于一脸惶恐地回来了，他说九龙启德机场那边已经被日本的飞机炸毁了，飞机场炸毁之后，想坐飞机离开香港是不可能了。他满脸愁苦，显得特别无助，特别没主见。端木蕻良见到骆宾基真的来了，也感觉很温暖，毕竟有个人帮他拿主意，他心里踏实多了。

骆宾基和端木蕻良、萧红以及萧军的相识，源于他们都是东北籍作家。

其实他的祖籍不是东北，而是山东平度，和萧红一样，祖上都是山东人，1917年生于吉林珲春，原名张璞君。

和许多文学青年一样，骆宾基从小就怀揣着文学梦。上学的时候，他不是那种门门功课全优的学生，只上到初中一年级就辍学了，后来在北京大学旁听、自学过一段时间，又在哈尔滨精华学院学习过俄语，靠着学得不太系统的这些知识，在哈尔滨当教员，做编辑谋生。那时候，他在哈尔滨的文友中，经常听到萧军和萧红的名字，他成为萧军和萧红的铁杆粉丝。左翼文艺青年金剑啸是萧军和萧红的好朋友，骆宾基从他那里听说萧军的《八月的乡村》和萧红的《生死场》在鲁迅扶持下出版了，这个消息让他悟到，要在文学道路上有大的建树，必须到上海去。凭着对文学的一腔热情，十九岁的骆宾基流亡到上海，参加青年救亡运动，在上海左翼文艺阵营影响下，他开始创作反映东北抗日义勇军的长篇小说《边陲线上》。

骆宾基是幸运的，这部小说一动笔，他就和鲁迅联系上了，病榻上的鲁迅给他回了信。但是，遗憾的是，当这篇小说要写完的时候，鲁迅逝世了，茅盾又给了他大力支持，他的处女作报告文学《大上海一日》就是由茅盾主编的《呐喊》发表，《边陲线上》完稿后，茅盾又帮他推荐出版社，最后这部小说由巴金任主编的文化生活出版社出版。

骆宾基在文学道路上起步很早，起步之初就得到了文学巨匠们的提携，这增加了他在文学道路上的自信。骆宾基和萧红的渊源颇深，在上海的时候，他和萧红的弟弟张秀珂就认识了，因为他们同龄，因为他们都是从东北逃亡到上海的流亡青年，因为骆宾基和张秀珂的姐姐萧红都是作家圈的人，他们很快成为挚友。

来到香港，骆宾基第一个要拜访的人就是萧红。据说骆宾基临来香港之前，张秀珂曾委托他替自己去看看姐姐萧红。张秀珂认为，姐姐在香港得病住在医院，他不能前往探望，让自己的朋友替自己去看看，对姐姐也是一种安慰。

他乡遇乡人，那个秋日，萧红见到骆宾基特别高兴，听说他是弟弟张秀珂的朋友，她顿时觉得亲近了许多，几乎把这个小老乡当成了自己的亲弟弟。她把骆宾基引荐给端木蕻良，告诉端木蕻良要对骆宾基多多关照。

端木蕻良对骆宾基还是很照顾的，在他主编的刊物上编发骆宾基的作品，这对骆宾基来说就是最大的帮助。

骆宾基是个知恩图报的人，这个从东北过来的年轻人有情有义，听到轰炸声，他第一时间就来到萧红和端木蕻良的家，从这一点上来看，骆宾基确实很仗义。

早晨的一轮轰炸已经平静下来，骆宾基坐下来，和端木蕻良商量把萧红转移到安全地方的事。正在商量着，柳亚子匆忙赶过来了，虽然是寒冷的冬季早晨，五十多岁的柳亚子走得满头是汗，能看得出他心里很急，他把自己知道的最新消息带给他们，告诉他们这里无论如何不能久留了，要尽快转移。

萧红见到这位仁厚的长者，仿佛见到了救星一般，她紧紧握住柳亚子的手，像一个委屈的孩子说："我害怕！"

柳亚子安慰她说："不要害怕，还有大家呢。"

骆宾基也安慰她："不要害怕，还有我呢。"

这时候的萧红完全就是一个可怜兮兮的不懂事的孩子。她平时并不是特别不懂人情世故，但是，每逢到了最需要关爱的时候，就不再顾及别人的感受，本来大家很同情她，她的不懂事有时也会让人无奈甚至反感，比如当年在上海的时候，她每天泡在鲁迅家，引起许广平的不满。在这炮火连天的日子，年逾五旬的柳亚子冒着炮火来看她，他的家人还等着他速速回去商量逃难的事，萧红却不许老先生离开这里，她大概觉得，有父亲般的老者陪伴在身边，她会更有安全感。

大家哄着劝着，等萧红稍稍安静下来，让柳亚子脱身回了家。

萧红心理非常恐惧，她害怕自己会马上死去，害怕被大家抛弃，总感觉抓住些什么才能踏实，她紧紧抓住骆宾基的手。骆宾基坐在她身边，任她抓住不放，他轻轻拍着萧红的背安抚她。在骆宾基的安抚中，萧红疲惫而虚弱地闭上眼睛，慢慢睡着了。

端木蕻良让骆宾基守着萧红，自己到外面办一些事情，前天，斯诺夫人给萧红汇来二百港元稿酬，他要去银行取出来，另外他还要买些吃的用的，以备逃难之用。

办完事情端木蕻良赶回来，就和骆宾基一起带着萧红转移，萧红睡意懵懂被他们唤醒，草草穿好外套，奔向街上逃难的队伍中。

街上一片大乱，到处是无头苍蝇一般寻找避难场所的市民。九龙已经被日军占领了，街上随时都能看到日军的铁丝网，现在只有渡海到香港。

白天渡海根本不可能，必须捱到夜晚，趁着夜色偷偷渡过去。

中共地下党组织了解到萧红的情况，已经派于毅夫和他们联系，并准备好了夜渡船只。骆宾基想回自己的住处把作品的手稿和平日穿的衣物带上，萧红不愿这个懂事的大男孩离开，他离开了，她怕他再也不回来了。端木蕻良就说，以后再回去取吧，骆宾基只好作罢。

入夜，萧红躺在一副临时做的担架上，冒着被日军巡逻人员发现的危险赶赴港口，连夜渡海到香港。

到了香港，他们先是赶到《时代批评》宿舍，那里已经人去楼空，人们都到别处逃难了，然后他们又来到香港半山的住宅区，再转到铜锣湾，最后通过关系在思豪大酒店落了脚，住进张学良胞弟张学铭长期包租的一套房间。

思豪酒店的老板夫妇是东北人，一口亲切的东北话让他们立即有了到家的感觉。住进去的时候，天色已晚，萧红的脸上写满疲惫，不过住进这豪华的房间，她有些兴奋，强撑着精神没有昏睡。房间很大，过去应当是最豪华的一个房间，因为战争突然爆发，已经撤去了所有盖在家具上的精美的布艺伪装，现出了斑驳陆离的原形，这里的豪华透着破败，整个房间显得很诡异。

他们确实太疲惫了，从昨天早上的大轰炸，到这个夜晚，已经两天一夜没有休息了，即使是身强力壮的二十五岁青春小伙骆宾基也感觉到了疲惫，他瘫坐在沙发上，觉得自己已经一点气力都没有了。

这里虽然不敢说将来是不是安全，至少，现在算是安全的地方，今夜可以不用担心日军的炮火炸到他们的头上。萧红长吁一口气，灯光下，她看着把整个人埋在沙发中的骆宾基，这个从昨天起才真正熟络起来的弟弟很可爱，这两天真的要感谢他，如果没有他，单是端木蕻良，她说不定今夜还住在九龙尖沙咀乐道八号，还要忍受炮火的袭扰，没准什么时候就葬身炮火中了。从大家的闲谈中，她听到，港九间海运通船今天已经中断了，昨夜如果不是冒险连夜赶到这边，就是想逃过来也难了。

那一夜，端木蕻良把萧红安顿好，和骆宾基交代了几句，只说是让他帮自己照顾着萧红，他要出去办些事，然后他就出去了。

大家都以为他出去一会儿就回来了，他却一去就是踪影不定。

端木蕻良走后，又有朋友来探望萧红，应酬完探望萧红的来客，骆宾基告诉萧红让她好好睡觉，自己要趁着夜色回一趟九龙，把自己住处的《人与土地》的手稿抢回来，那部稿子他写了两年，不能让它葬身炮火。

萧红有气无力地说："你回不去的，码头已经戒严了，回去是冒险。"

骆宾基说："我偷渡回去。"

听骆宾基的口气是执意要走，萧红的眼睛里充满泪水，他这一走也许永远再不回来了，她身边还有谁呢？他走了，她就只剩下孤零零的一个人了，她害怕孤独。于是，萧红哀求他不要离开："你朋友的生命要紧，还是你的稿子要紧？"

　　骆宾基沉默了，他的稿子就是他的命，朋友的命比自己的命更要紧，看着满眼是泪的萧红，他不忍扔下她一个人离去。不过，端木蕻良终究会回来的，今夜不回来，明天也会回来的，那么就等他回来后再去取。

　　那个夜晚，端木蕻良一直没有回去。

　　第二天，依然没有回去。

　　他们只在思豪大酒店睡了一个夜晚的安稳觉，之后，日军就从九龙山头架炮隔海轰炸香港市区，两天后，空袭也开始了，香港也不再是安全之地。

　　端木蕻良音讯皆无，他活着还是葬身炮火中了？骆宾基守在萧红身边，六神无主的，他还牵挂着他落在九龙的书稿。

　　萧红看出了他的心思，叹息一声，用嘶哑的声音低沉地说："端木也许不会回来了？"

　　这话让骆宾基很吃惊，怎么会？他怎么会抛下重病的萧红逃掉呢？

　　萧红依然在低声自言自语："我早就该与端木分开了，过去不肯分开是因为那时我还不想回家，现在我已然惨败，丢盔弃甲。我要回家，与我的父亲和解。我的身体倒下了，想不到我会有今天！"

　　她的语气哀婉，伤感，一张惨白的脸闪着蜡光，显得那么弱小无助。骆宾基彻底打消了离开她的念头，此时，如果自己这个弟弟也弃她而去，她一动不能动地躺在床上，还怎么活下去？

　　他决定留下来，用友情温暖这个一生苦难的姐姐。

　　想到自己有可能毁在炮火中的书稿，骆宾基还是盼着端木蕻良能快些回来。

永远的浅水湾，永远的萧红

对于萧红和端木蕻良的关系，没有婚恋经历的骆宾基是看不懂的。

端木蕻良说失踪就失踪了，连萧红也不知道他去了哪里。按照正常人的思维方式和生活方式，一个丈夫就是碍于情面，也不能丢下重病在床的妻子，突然离去杳无音讯。

过了几天，端木蕻良终于出现了，这些日子他做什么去了，他没有解释，也就没有人追问他。或许，萧红已经习惯了他的这种失踪，或许，过去那些骆宾基看不到的日子，端木蕻良一贯就是这样三番五次的失踪的。

端木蕻良不知从哪里给萧红带了两个苹果，萧红冷漠地看着那两个苹果，问他："你是不是准备突围离开香港？"

端木蕻良回答："在等消息。"

骆宾基以为端木蕻良这次回来，是要带着萧红一起突围离开香港，他既然回来了，自己就可以回九龙找他的书稿了。但是，端木蕻良只在思豪酒店停留片刻，就又匆匆忙忙消失了。

他把病妻交给一个外人，把自己沉重的责任卸给了一个刚刚认识三个月的新朋友，好在这个朋友重情重义，比较靠谱。此时的骆宾基完全有理由像端木蕻良一样不辞而别，他和萧红，和端木蕻良都不过是刚刚结识的新朋友，没有责任和义务在战火中冒着生命危险陪伴一个病入膏肓的别人的妻子。

有人说骆宾基和萧红之间有男女之情，有姐弟恋情，细思量，这里面情是有的，却不会是多深的男女之情，充其量也就是友情和乡谊。对于骆宾基来说，一个二十出头的毛头小伙，对刚刚见过两次面，见面时就已经容颜憔悴，已经病得爬不起床来，而且比自己大了六岁的大姐姐萧红，会有什么爱情上的非分之想吗？似乎不会。他对萧红的感情，更多的是粉丝对偶像的喜爱，以及因为朋友相托，不能食言的忠义之情。

至于萧红对骆宾基，感情上可能要复杂一些。端木蕻良的离去让她的心凉透了，骆宾基是她最后的救命稻草，她一生在感情上都非常依赖别人，非常想从别人那里得到温暖，眼下能给她温暖的只剩下一个小她六岁的大男孩骆宾基。她对骆宾基，是危难时机人与人之间所需要的那种温暖支撑，是姐姐需要弟弟的亲情，也是女人对男人的依赖。窗外火光冲天的枪炮声中，有骆宾基在身边，她心里感觉温暖踏实。

相守在一起的那些天，萧红把自己一生的故事讲给骆宾基听，其中有关于她和萧军的，有关于她和端木蕻良的。对端木蕻良她已经彻底失望了，她说起端木蕻良，只是冷冷地说，她看不明白他在追求什么，各人有各人的打算，我们之间不能共患难。

这一生中，她遇上了几个不能共患难的男人，她的表哥陆振舜，她的未婚夫汪恩甲，还有现在还在她名下的这个丈夫端木蕻良。

她也遇上过可以共患难的男人，就是那个她一直忘不掉的萧军，她想，如果在现在这种情况下，萧军是不会丢下她不管的。

骆宾基也是一个可以共患难、敢担当的男人，但他不是她的男人，他只是一个非常讲义气的小老弟。

思豪酒店已经没有客人了，他们居住的那个楼层变得空空荡荡的，似乎只有他们两个了。外面时不时的轰炸声，愈发衬托出这座寂寞的宾馆的空阔，只要醒着，萧红就不停和骆宾基聊天，只有不停说话，才能减弱一些她的恐惧情绪。

这些天的接触中，萧红很喜欢这个大男孩，和他也很亲近，有时候开句玩笑，也说过等她病情好转，一定嫁给骆宾基。这句话是不能当真的，听起来更像一句玩笑话。还有一句不是玩笑的话，就是炮弹落在离他们居住的宾馆很近的地方，萧红以为很快就会炸到这里来，曾经对骆宾基说过："我们死在一起好了！"在生死关头，说这句话的时候，能带着几分深情？

萧红并不知道自己的健康已经糟糕到什么程度，也不知道外面的战争形势已经发展到什么地步，她抱病躺在床上，还憧憬着等身体好了，就回老家呼兰。她有些想家了，甚至有些想念她并不喜欢的父亲张廷举，她在1941年写的《小城三月》中，父亲就不再是冷酷的封建家长了，而变成了开明绅士，随着离家越远越久，她越开始怀念那个远在天边的家，和家里那些与自己血浓于水的人。她不知道，其实父亲也在变，随着一天天老去，他也开始反省和后悔自己当年对女儿的冷漠，到了晚年，他请别人帮忙在图书馆查找萧红的作品看，和一些老朋友小聚的时候，他端起酒杯说起女儿，会老泪纵横。那时候，萧红已经死去了，父亲的原谅她没有听到看到。

萧红在生命最后的那段时光，想到的是等她病好了，要回到老家续写她的《呼兰河传》第二部。她还要邀几个朋友和骆宾基一起，共同完成一部表现红军长征题材的小说。

这样的美好憧憬最终停留在了梦想阶段，战争进入了升级版，12月18日夜，日军和守土英军隔海展开激烈炮战，旅店的客人们都躲进了酒店地下室，萧红已经虚弱到不能行走的地步，骆宾基陪着她依然住在五楼的客房里，骆宾基知道这种陪伴面临的是生命危险，他没有逃离，一直陪伴在萧红身边。

那个夜晚显得无限漫长，炮弹就在他们身边炸响，在近在咫尺的隔壁，他们随时可能变成炮灰。

好不容易熬到天亮，端木蕻良居然回来了。

思豪酒店昨夜已经被炮弹炸到了，这里已经十分危险，端木蕻良雇了民工抬着萧红往后山别墅转移。一路上，不断有炮弹落到他们身边不远的地方，抬到半路上，民工说这里太危险了，他们丢下担架想不抬了。这时候，骆宾基想的是，如果他们逃走了，他就和端木蕻良一起把萧红抬到目的地。还好，民工们被即将到手的那点儿工钱诱惑着，总算是把萧红抬到半山腰一幢四壁空空的弃置别墅。

刚刚来到这里的当晚，这个所谓安全的地方就遭到了炮弹袭击。

端木蕻良对骆宾基说，他要下山另想办法，让他好好照顾萧红。

这次真的不能冤枉端木蕻良，他下山后确实是去想办法了，经过一番曲折的周旋，才把萧红抬下山，住进告罗士打酒店。

刚住进去两三天，日军就登陆香港了，听说这家酒店马上要成为日军指挥部。端木蕻良和骆宾基抬着萧红立即转移，走出酒店，不知道哪里是最安全的地方，先是在何镜吾家落了一下脚，之后住进中环一家裁缝铺。他们刚离开告罗士打酒店，日军就占领了那里，并把那家酒店改名为半岛酒店。幸亏早出来一步，想想好后怕。

临时落脚的那家裁缝铺也不是理想的避难所，不安全是一方面，另外条件极差，屋子里阴暗潮湿，光线极差，白天也要开灯，吃饭问题也没法解决。

端木蕻良和骆宾基的分工是，骆宾基继续守在萧红身边，端木蕻良到外面寻找更合适的住处。也就是说，自从太平洋战争爆发，端木蕻良就把自己解脱出来，把陪伴守护萧红的担子交给骆宾基。端木蕻良只负责对外联络的事情，守在萧红身边的只有一个骆宾基。

端木蕻良神秘兮兮的，基本上属于神龙见首不见尾，所以，后来在一生打不完的官司中，骆宾基说萧红最后的四十四天都是自己陪在身边，端木蕻良逃脱了自己的责任。

随后在周鲸文的安排下，萧红住进时代书店后面的斯丹利街另租的书库里。

书库很宽敞，除了一些码放整齐的存书，就是为萧红安置的一张床。一代女作家在战乱中抱病颠沛流离，最终能有这样一个去处，守着满屋子的书香，她很满足。圣诞平安夜的午前，她搬进了书库，就在那个下午，新一轮大规模的轰炸就又开始了。

书库里面，书香阵阵，书库外面，炮声震天，到处弥漫着硝烟味。经过这些日子的折腾，萧红的身体更加虚弱，呼吸都困难了。书香的味道是她最喜欢的，在这个味道中她安静下来，昏昏沉沉睡着，不再去思量外面的枪炮声，她已经无力去想那么多了，时局已如此，只有听天由命。

那个圣诞前夜的傍晚，一杆白旗在港督府竖起，港督无奈投降了，香港彻底沦陷。

枪炮声归于寂静，萧红的病情却变得险恶起来，她一直在昏睡，如果不抓紧时间送医院救治，只怕会有生命危险。战乱中，找不到几家开业的医院，只有一家号称香港最好的私立医院——养和医院还在营业，他们把萧红送进去经过检查，医生说萧红肺气管里有瘤，必须立即实施手术切除。

端木蕻良本来就是优柔寡断的人，他拿不定主意，年轻没有任何生活经验的骆宾基也无法帮他做决定，依照端木蕻良的初步意见，最好还是不开刀，保守治疗。

　　或许是因为强烈的求生欲望，萧红想快一些把病治好，她自己拿定了主意，亲自在手术单上签了字，她对端木蕻良说：你不要婆婆妈妈的，开刀有什么了不起。

　　刚刚完成手术的时候，当时表面看起来很成功，萧红的病情有了好转。

　　看萧红情况稳定下来，有端木蕻良在她身边陪护着，骆宾基决定回一趟九龙，把自己的手稿带出来。另外，这么长时间一直没有换洗衣服，浑身都馊了，他要回住处带几件换洗衣物。

　　骆宾基离去之后，萧红的病情又出现反复，她突然胸痛得厉害，声音更加嘶哑，这一次手术，进一步缩短了萧红的生命旅程。那家私立医院面对病情突然恶化的萧红束手无策，端木蕻良连夜把她转到玛丽医院。

　　玛丽医院还没来得及对萧红实施救治，那家医院就被军管了，萧红又被转到一家法国医院在圣士提反女校设立的临时救护站。

　　来到圣士提反女校临时救护站的时候，萧红已经奄奄一息。

　　她知道自己的生命已经进入最后阶段，趁着清醒告诉端木蕻良，她若死了，将来把她埋在鲁迅先生的墓旁，现在回不去，要用白色的绸子包裹自己，先埋在一个面向大海的风景区；让端木蕻良将来有机会去趟哈尔滨，找到她与汪恩甲生的女儿；端木蕻良要保护好她的作品版权，不要让人随意删改。《商市街》的版税留给她的弟弟，《生死场》的版税留给萧军，《呼兰河传》的版税留给骆宾基。此时，她把这些天一直陪伴在自己左右的骆宾基当成了自己的亲人，把刚刚完成的《呼兰河传》将来出书的版税送他，足以看出她对这个小老弟的深情厚谊。

骆宾基回到九龙的住处，那里经过了炮火的洗礼变得一片狼藉，还好，书稿还在。他通过重围再次返回时，却找不到萧红的踪影了，听说转到了玛丽医院，他去了，那里已经被军管，医院的牌子也变成了日本陆军医院，门口有日本兵站岗。骆宾基怀里抱着苹果，冒险进去寻找，医院已经人去楼空，没有萧红的踪影。他只好回到时代书店的书库，等来了端木蕻良，才知道萧红已经住进了圣士提反女校临时救护站。

骆宾基匆忙赶到圣提士反中学，萧红昏迷着，气息很微弱。他走过去，握紧萧红的手，萧红感觉到了另外一双手的温暖，她稍稍清醒了些，慢慢睁开眼睛，看到眼前的骆宾基，大约是想挤出一丝笑容，却无论如何也笑不出来。

骆宾基把萧红半扶起来，躺在自己的怀里，他觉得这样萧红应该更舒服一些。

萧红已经无力支撑自己的头，她娇弱地倚在骆宾基怀里，已经说不出话，但是心里很明白，明白自己已经不久人世，目光中闪着一丝倔强的不甘。

她示意让骆宾基找来纸笔，用最后的力气，在纸上写了一生中最后一段话：

我将与蓝天碧水永处，留得那半部《红楼》给别人写了。半生尽遭白眼冷遇……身先死，不甘，不甘！

1942年1月22日中午12时，三十一岁的萧红带着对这个世界的留恋和不舍，饮恨而逝，她死在了骆宾基的怀里。这个最终把她拥在怀里的男人，不是她的任何一任丈夫，属于她的那些男人们都没有在她弥留的最后一刻给她一点温暖，她感觉到非常冷，她渴望有人给她温暖，给她爱。

但是，曾经属于她的那些男人，都没有能把这些给她。

　　她不甘，她只有三十一岁，她的眼角带着一滴泪离开人间，还有那么多没来得及写的作品等着她去写，只有留得那半部《红楼》给别人写了。

　　到处是硝烟战火，萧红想葬在鲁迅墓旁的遗愿一时难以实现，端木蕻良选了香港风景最好的浅水湾，把她葬在了这里。这个地方面向大海，风光旖旎，上边是丽都饭店，下边是游泳场，相信萧红会喜欢这里。当时，写着"萧红之墓"几个字的墓碑只是一块简陋的木板，在那个形势下，没有条件立更好的墓碑。

　　从此，萧红永远留在了这里，香港美丽的浅水湾。

　　不过，浅水湾的萧红墓里只葬了萧红一半骨灰，另一半却葬在了圣士提反女校土崖的一棵树下，这里是萧红逝去的地方。之所以分葬两处，是怕埋在浅水湾的墓得不到保护被毁掉，因为浅水湾是风景区，不能葬人，而且，日军已经占领了浅水湾，这个墓随时有可能被毁。

　　后来，萧红被埋葬在香港浅水湾的骨灰迁回广州银河公墓安葬，她只是回到了广州，永远没有回到鲁迅先生身边。

　　而埋葬在圣士提反女校后山的萧红另一半骨灰，因为埋葬地树木茂密，端木蕻良再也找不到埋葬的地方了，萧红的这半骨灰永远留在了香港。

　　萧红走了，她爱过的恨过的嫁过的没嫁过的，与她有着爱情、友情等千丝万缕关系的男人们都还在。

　　端木蕻良和骆宾基在萧红刚刚逝去的那些日子，还是很和谐的，他们一起送走萧红，一起埋葬了萧红，一起离开香港，逃回广西桂林。

　　之后的若干岁月中，端木蕻良、萧军、骆宾基之间因为萧红，却是说不尽的恩恩怨怨，是是非非，形成一个个扑朔迷离充满悬疑的文坛公案。

事实上，这一切，与长眠地下的萧红都无关了。她已经静静地走了，不再需要伤痕累累真真假假的爱情，不再需要永远抓不住的温暖。

最终，没有哪个男人落在了她的名下，没有哪个爱人对她情有独钟，那所有的过眼烟云般的情感故事，不过是喜欢八卦的人们嘴里的花边新闻。

只有那些不朽的作品永远属于她。

《生死场》《呼兰河传》至今还被人们喜欢着，流传着，有这些，就足够了。

萧红，人们不会忘记这个才情横溢的悲情才女。